金融与繁荣

OTHER PEOPLE'S MONEY

The Real Business of Finance

[英] 约翰·凯(John Kay)
—著—
贺娟
—译—

中信出版集团 | 北京

图书在版编目（CIP）数据

金融与繁荣 /（英）约翰·凯著；贺娟译 . -- 北京：中信出版社，2023.3
书名原文：OTHER PEOPLE'S MONEY：The Real Business of Finance
ISBN 978-7-5217-5307-3

Ⅰ.①金… Ⅱ.①约… ②贺… Ⅲ.①金融－通俗读物 Ⅳ.① F83-49

中国国家版本馆 CIP 数据核字 (2023) 第 023078 号

OTHER PEOPLE'S MONEY: The Real Business of Finance by John Kay
Copyright © John Kay, 2015
First published by Profile Books
Simplified Chinese translation copyright © 2023 by CITIC Press Corporation
ALL RIGHTS RESERVED
本书仅限中国大陆地区发行销售

金融与繁荣
著者：　　［英］约翰·凯
译者：　　贺娟
出版发行：中信出版集团股份有限公司
　　　　　（北京市朝阳区东三环北路 27 号嘉铭中心　邮编　100020）
承印者：　嘉业印刷（天津）有限公司

开本：880mm×1230mm 1/32　　印张：10.5　　字数：248 千字
版次：2023 年 3 月第 1 版　　　　印次：2023 年 3 月第 1 次印刷
京权图字：01-2023-0056　　　　　书号：ISBN 978-7-5217-5307-3
　　　　　　　　　　　　　　　　　定价：79.00 元

版权所有·侵权必究
如有印刷、装订问题，本公司负责调换。
服务热线：400-600-8099
投稿邮箱：author@citicpub.com

然而，这类公司的董事管的是别人的钱而不是自己的钱，不太可能指望他们像私人企业的合伙人永远对自己的钱保持警惕那样对这些钱保持警惕……因此，在管理这样一家公司的事务时，疏忽和挥霍总是会或多或少占上风。

——亚当·斯密，《国富论》，1776年

近年来，当我说高级金融是一种有害因素时，我指的是少数人，其中包括用别人的钱进行投机的那种人——你如果在芝加哥，就应该知道我指的是哪种人。

——富兰克林·D. 罗斯福，美国总统竞选演说，1936年10月14日，芝加哥

目录

序言 ｜ 从一头牛说起 V
前言 ｜ 好事过犹不及 Ⅶ

第一部分 ｜ 金融化

1   历史   波特维尔之路 003
                          交易员的崛起 008
                          新市场，新业务 015
                          从危机到下一次危机 026
                          强盗大亨 034
                          我们就是那1% 039

2   风险   奶牛、咖啡和信用违约掉期 046
                          追逐梦想 055
                          逆向选择与道德风险 062

3	中介	中间人的角色 070
		流动性 077
		分散投资 085
		杠杆 089
4	利润	更聪明的人 094
		竞争 099
		优势 102
		监管套利 107
		我会离开，你也会离开 112
		金融部门有多赚钱？ 121

第二部分 | 金融的功能

5	资本配置	实物资产 131
		住房 135
		房地产和基础设施 142
		大公司 147
		中小企业融资 151
6	存款渠道	家庭财富 159
		支付系统 166
		存款渠道的活动 173

7　投资渠道　　管理 180

　　　　　　　行动偏见 188

　　　　　　　资产管理者的角色 192

第三部分 ｜ 政策

8　监管　　　金融监管的起源 201

　　　　　　《巴塞尔协议》203

　　　　　　证券监管 209

　　　　　　监管行业 212

　　　　　　哪里出错了？216

9　经济政策　统帅们 223

　　　　　　金融市场和经济政策 230

　　　　　　养老金和代际产权 234

　　　　　　客户保护 241

　　　　　　英国的困境 244

10　改革　　改革的原则 251

　　　　　　稳健的系统和复杂的结构 256

　　　　　　别人的钱 262

　　　　　　结构性改革 265

　　　　　　个人责任 271

11 金融的未来 276

结语 287
致谢 289
注释 291
参考文献 306

序言
从一头牛说起[1]

1906年,伟大的统计学家弗朗西斯·高尔顿在一个乡村集市上目睹了一场猜牛重量的比赛。有800人下注。作为一位统计学家,高尔顿对这些数字进行了统计测试。他发现,所有猜测的均值极其接近牛的真实重量。这个故事被詹姆斯·索罗维基写进了他有趣的著作《群体的智慧》中。[2]

没有多少人知道随后发生的事情。几年后,给牛称重的秤变得越来越不准确。维修费昂贵,但赛事举办方想出了一个妙招。既然参赛者非常善于猜测牛的重量,那就没必要维修秤了。举办方请所有参赛者猜测牛的重量,然后计算所有猜测重量的平均值。

然而,新的问题出现了。一旦猜重比赛火起来,一些参赛者就会作弊。他们甚至试图从饲养牛的农夫那里获取独家信息。有人担心,如果一些人占据优势,其他人就不愿意参赛了。参赛者少,就不能依靠群体的智慧,猜测重量的过程就会被破坏。

因此,严格的监管规则被引入。农夫需准备近三个月的饲养报告,介绍牛的发育情况。这些报告被张贴在市场大门口,供所有人参考。如果农夫把有关牛的任何信息透露给自己的朋友,被透露的信息也要进行公示。任何参赛者,只要知道别人不知道的有关牛的信息,就会被赶出市场。只有这样，猜重过程的诚信才能得以维护。

专业的分析师仔细研究这些公开报告，并就其影响给他们的客户提供建议。他们请农夫吃饭喝酒，然而一旦农夫被要求谨慎对待信息披露，这些大餐就变得意义不大了。一些更聪明的分析师意识到，了解牛的营养和健康状况并没有那么大的作用。由于赛事举办方不再给牛称重，他人的猜测变得至关重要。成功的关键不在于准确评估牛的重量，而在于准确评估其他人的猜测，以及其他人对别人的猜测的猜测，等等。

一些人，比如老农夫巴菲特，声称这个过程越来越背离养牛的本质。但是市场无视他的观点。确实，农夫巴菲特的牲畜看起来很健康，被喂养得很好，他的财务状况也越来越好，但他是一个并不真正了解市场如何运行的乡下人。

一些国际机构成立了，以制定评估牛的重量的规则。有两个相互矛盾的标准——被普遍接受的牛称重标准和国际牛称重标准。不过两种标准都遵循一个基本原则，即必须消除任何个人主观评估的影响。牛的重量被正式定义为所有猜测重量的平均值。

有一个困难，对牛重量的猜测数据有时很少，甚至没有。但这个问题很快被解决了。芝加哥大学的数学家开发了一些模型，通过这些模型可以估算，假设有很多关于牛的重量的猜测，这些猜测的平均值会是多少。不需要掌握很多畜牧养殖的知识，只需要一台功能强大的计算机就可以了。

到那时，专业的猜重者、猜重比赛组织者和帮助人们提供猜测建议的顾问将形成一个庞大的行业。有人提出，与运行这样一个庞大的行业相比，把秤送去维修可能更划算，但这些人被嘲笑：既然你可以从这么多聪明人的集体智慧中受益，为什么还要依靠一杆秤的判断？

不久，牛死了。所有人都沉浸在上述活动中，却没有人记得给牛喂食。

前言
好事过犹不及

> 在伦敦金融城里,人们从事买卖活动。没有人问为什么。但既然买卖能满足他们,上帝原谅他们,他们就可以这么做。
>
> ——亨伯特·沃尔夫,《非凡的城市》,1930年

任何经过华尔街的摩天大楼或者伦敦金融城及其金丝雀码头建筑的人都会惊叹于现代金融的规模和范围。显眼的标志显示着熟悉的名字,例如花旗集团和汇丰银行。更低调的黄铜标牌则标识出那些不与公众打交道的组织。位于曼哈顿西街200号的高盛总部大楼作为业内最重要的总部大楼,至今仍然没有标志。到处都很奢华,豪华轿车无处不在。在行政套房中办公的人一个月的收入比大多数人一辈子挣的钱都多。但是这些人是做什么的呢?在某种程度上,他们做的事使人吃惊,他们彼此打交道。

英国银行业的资产约为7万亿英镑,是这个国家国民总收入的4倍。这些银行的负债总额差不多也是这个数。英国银行业的资产是英国政府负债的5倍。但这些银行的资产主要由对其他银行的债权构成。其负债主要是向其他金融机构的借款。向从事商品和服务生产的公司和个人提供的贷款(大多数人认为这是银行的主要业务)约占资

产总额的 3%（详见本书第 6 章）。

现代银行以及大多数其他金融机构都从事证券交易，这种交易的增长是金融部门的主要增长。金融部门对金融资产（公司的经营资产和未来利润，或个人的实物财产和预期收益）拥有债权，几乎任何此类债权都可以转化为可交易的证券。"高频交易"是由不断提供证券买卖的计算机进行的。这些证券被其所有者持有的时间实际上可能比一眨眼的时间还要短。电信供应商美国延展网络公司最近建立了一条穿越阿巴拉契亚山脉的光纤线路，将纽约和芝加哥之间的数据传输时间缩短至不到 1 毫秒。

世界贸易增长迅速，但外汇交易增长得更快。每日外汇交易总额几乎是国际商品和服务贸易总额的 100 倍。英国每年处理的支付总额为 75 万亿英镑：大约是英国国民收入的 40 倍。证券交易快速增长，但金融业务量的爆炸式增长主要归结于衍生品市场的发展，之所以叫衍生品，是因为其价值源于其他证券的价值。如果证券是对资产的债权，那么衍生证券就是对其他证券的债权，它们的价值取决于这些标的证券的价格，最终取决于这些证券的价值。一旦创建了衍生证券，你就可以创建更多的衍生证券，其价值取决于其他衍生证券的价值，等等。此类衍生合约基础资产的价值是世界上所有实物资产价值的 3 倍。

这一切是为了什么？证券衍生交易的目的是什么？为什么它如此有利可图？常识表明，在一个封闭的圈子里，即使人们不断地互相交换纸片，这些纸片的总价值也不会发生什么改变。如果一些人获得了超额利润，那只能是由于牺牲了其他人的利益。证券衍生交易几乎不会使交易资产的价值发生任何变化，并且总体上无法盈利，这是常识。那么，这种常识到底有什么问题呢？

不要着急，稍后我会有定论。但为了证明这一结论的合理性，有必要审视金融部门的活动，以及它是如何（或可能）使生活变得更美好、使商业变得更有效率的。评估金融行业的经济贡献是复杂的，因为在解读有关金融部门活动产出和盈利能力的信息方面存在诸多困难。但我会证明，金融部门的盈利能力被夸大了，其产出价值在经济统计中没有得到很好的披露，且其所做的大部分工作对改善生活和提高企业效率几乎没有贡献。而且，在许多可以做的推动社会和经济目标方面的事情上，金融部门并没做好，或者在某些情况下根本就没做。

现代社会需要金融，这方面的证据是广泛而确凿的，并且证据与结论之间有明确的因果关系。工业化的第一阶段和全球贸易的增长恰逢英国和荷兰等国家的金融发展。如果放眼当今世界，我们会发现，统计数据表明，人均收入水平及其增长是与金融发展相关的。[1]即使是在贫穷国家，促进便利支付和提供小额信贷方面的微小举措也可能对经济活力产生重大影响。

一个国家只有拥有运行良好的金融体系才能繁荣，但这并不意味着一个国家的金融体系越大，它就越可能繁荣。好东西有可能过犹不及。金融创新对创建工业社会至关重要，但这并不意味着每一项现代金融创新都有助于经济增长。当过度追求时，许多好主意就变成了坏主意。

金融也是如此。今天的金融部门在政治中发挥着重要作用：它是最强大的工业游说团体，也是竞选资金的主要提供者。新闻每天都报道"市场"中发生的事情，"市场"指的是证券市场。商业政策由金融主导：提升"股东价值"是近20年来的口头禅。经济政策是根据"市场"的想法来制定的，家庭越来越被迫依赖"市场"获得退休保障。金融是顶尖高校毕业生的首选职业。

在本书中，我把金融部门在过去三四十年的经济活动中获得主导地位的过程称为"金融化"。这个词形象地描述了金融对我们的政治、经济和社会产生深远影响的历史进程。² 我还将使用"全球金融危机"一词来描述2007—2009年发生的事件及其产生的后果。³

然而，这不是另一本关于全球金融危机的书。这是一本关于金融的本质和金融化起源的书。社会和经济组织的重大变化通常是特定社会群体的政治影响力上升、支持性思想体系的推动以及有利的整体局势三者综合作用的产物。这就是现代市场经济如何产生，以及民主如何生根的过程。这一过程解释了我人生中经历的另一项重大经济发展：无论好坏，市场经济从覆盖不到10亿人口扩大至覆盖了全球一半的人口。在本书的第一部分，我将描述导致金融化的政治变革、知识框架以及更广泛的技术和经济变化。

全球金融危机的一个显著特征是，大多数金融界人士似乎认为政府和纳税人有义务确保金融部门维持其原有的运行状态，包括机构、活动，甚至是从业者的特殊薪酬。更让人惊讶的是，这一主张得到了政界人士和公众的广泛认可。金融是特殊的，这一点没有争议，尽管许多金融界以外的聪明人无法完全理解金融家所做的事情，但这反而强化了这种观念。

金融并不特殊。我们愿意不加批判地接受金融的独特地位，这种做法已经造成了很大的损害。所有活动都有自己的实践，参与其中的人也有自己的语言。我接触过的每个行业的从业者都认为其行业是独一无二的，确实，每个行业都有自己的特殊性，尽管没有从业者想象的那么多。但有关独特性的认识在金融行业尤为突出。这个行业主要与自己进行交易，与自己对话，并通过自己制定的业绩标准来评估自己。经济学的两个分支——金融理论和货币经济学——都致力于研究这一现象，拉里·萨默斯曾将其戏称为"番茄酱经济学"，即在不考虑番茄酱潜在价值的情况下,比较 1 夸脱[①]和 1 品脱[②]瓶装番茄酱的价格。[4] 萨默斯是一位才华横溢的学者,曾在克林顿总统任期内担任美国财政部长,曾任哈佛大学校长、奥巴马政府国家经济委员会主任,曾被提名美联储主席候选人。他将在本书中多次出现。

萨默斯对"番茄酱经济学"的调侃否定了金融的独特性,也否定了这样一种观点,即理解金融活动的本质和金融市场的运行需要拥有专业的知识储备。本书重申了萨默斯面临的挑战。金融同铁路、零售或电力供应等其他行业一样,应该适用相同的分析工具与价值衡量标准。

将金融仅仅视为另一种商业的观点让我们不禁要问:"金融是用来干什么的?"这是本书第二部分的主题。从市场用户而非市场参与者的角度来看,金融行业服务于什么需求?金融化导致金融行业的资源规模大幅增加。更多的人得到了更多的报酬。但是,金融活动的质量发生了什么变化?金融可以通过四种主要方式为社会和经济做出贡献。第一,支付系统帮助我们获得薪酬和奖金,购买我们需要的商品和服务;相同的支付系统使企业也参与进来。第二,金融为借贷双方牵线搭桥,使储蓄使用效率最大化。第三,金融使我们能够管理一生的财务,以及做好代际财务管理。第四,金融帮助个人和企业管理与日常生活和经济活动相关的不可避免的风险。

实现支付、资本配置、财务管理和风险控制这四种功能是金融可以(或至少可以)提供的服务。金融创新的效率即实现支付、资本配置、财务管理和风险控制等目标的效率。

金融业的经济意义通常是以其他方式来描述的:它提供的就业机会、收入,甚至由此产生的税收。这里会让人产生很多困惑,第 9 章

[①] 1 夸脱(英)= 1.136 5 升。——编者注
[②] 1 品脱(英)= 5.682 6 分升。——编者注

将会讨论。但金融部门对社会的真正价值在于它提供的服务的价值，而不是从业者获得的回报。这些回报最近似乎非常大。在近年来关于金融业的诸多文章中，很少有篇幅专门讨论一个基本问题："为什么这个行业如此暴利？"

或者，相关的问题可能是："为什么它看起来如此暴利？"交换纸片的活动不能为每个人带来利润的常识，可能说明利润很大程度上是虚幻的：金融部门的大部分增长代表的不是新财富的创造，而主要是为了部分从业者的利益，挪用了其他经济领域创造的财富。尽管今天的金融业有很多令人震惊的行为过度的例子，但大多数从业者本身并没有问题，他们也不代表这种过度行为。他们参与支付系统的运营，促进金融中介功能的实现，使人们能够管理个人财务并帮助他们控制风险。大多数金融从业者并不是有抱负的宇宙巨人希曼。他们在银行和保险行业从事平凡的事务性工作，获得相对并不高的薪水。我们需要他们，我们需要他们提供的服务。

所以本书的第三部分将关注改革，结构性改革，而非监管。我将解释，在金融化时代，监管的力度越来越大，效果却越来越差。监管是问题的一部分，甚至是主要部分，而不是解决方案。监管不是太少，而是太多了。我们需要的是一种完全不同的监管理念。我们需要关注金融行业的结构以及从业者的个人动机，并解决几十年甚至几个世纪以来阻碍实施监管和法律制裁的政治力量。无穷无尽的复杂的规则手册不应再继续增加，即使现在，也有很多监管人士看不懂这些监管手册。

金融业改革的目标应该是恢复为满足实体经济需求的金融服务的优先地位和尊重。"实体"（即非金融经济）有些贬义，但它抓住了实质：金融业的发展、去物质化，以及脱离普通商业和日常生活的方式有些不真实。

如果伦敦金融城里的买卖不仅吸收了大量的国家财富，而且占据了社会上一大部分最有能力的人的时间，那么亨伯特·沃尔夫的自鸣得意——"既然买卖能满足他们……他们就可以这么做"——不再很容易被证明是合理的。在本书的最后几章，我将阐述如何将注意力集中在一个能够更有效地满足实体经济需求，实现支付、资本配置、财务管理和风险控制功能，且规模更有限的金融部门上。我们需要金融，但是如今我们拥有的太多了。

# 第一部分
金融化

从20世纪70年代到2007—2008年的全球金融危机，金融部门规模不断扩大，收入快速增加，复杂程度也有所提高。所有企业和家庭都受到了影响，经济政策和政治制度也受到重大影响。这些变化是如何发生的（第1章）？这一过程带来的好处是什么（第2章和第3章）？金融化为金融机构及其高级雇员带来的超额利润和报酬来自哪里（第4章）？

-1-
历史

波特维尔之路

> 一家英国银行的经营是精准的,一个英国家庭的需求就是这样。
>
> 传统、纪律和规则必须成为工具。没有它们,就会出现混乱、灾难和无政府状态。
>
> 简言之,将会混乱得可怕。
>
> ——《欢乐满人间》,迪士尼出品,1964 年

20 世纪 60 年代,我还是爱丁堡的一名学生。苏格兰首府爱丁堡是英国第二大金融中心,也是两大银行——苏格兰银行和苏格兰皇家银行(以下简称皇家银行)的总部所在地。当时,银行业是那些成绩不足以进入好大学的男生的职业选择。

我的很多同龄人都渴望加入苏格兰银行或皇家银行。经过一定的努力,20 年后,他们可能会成为银行分支机构的经理。分支机构经理在当地社区是受人尊敬的人物,参加高尔夫俱乐部或扶轮社午餐会的社交活动是他们工作的一部分。他们会认识当地各领域的专业人士——会计师、律师、医生、牧师和比这些人更富有的企业家。银行经理会收到这些人的存款,偶尔也会给他们发放贷款。区域办事处可

能会审查借款人的财务数据,但更看重银行经理对借款人品行的评估。他们(没有女性银行经理)计划在银行度过自己的职业生涯,并带着养老金退休。他们和他们的客户从未想过,他们17岁时加入的这个机构大体上不会以当时的形式永远存在下去。

不久之后,我在牛津大学开始了我的教学生涯,当时的牛津大学仍然相信,银行业将以既有形式永远存在下去。当时,我的学生中很少有人会考虑在伦敦金融城工作。那些打算在伦敦金融城工作的学生,通常学术水平不高,但具有良好的社会关系。如果你当时告诉我,20年之内,牛津大学许多优秀、聪明的学生将花更多时间为寻找和申请在金融城的实习或面试机会做准备,而不是将时间花在图书馆里,我一定会表示难以置信。

当我的朋友们加入苏格兰银行或皇家银行,而我刚开始学习经济学时,人们可能会认为,金融不稳定的历史性问题基本上已经得到解决。自大萧条以来,重大金融危机还没有发生过,一家大型金融机构的倒闭似乎是不可想象的。我的同学们是最后一代希望成为《欢乐满人间》里的银行经理乔治·班克斯的人,他每天晚上6:01回家,6:02就能穿好拖鞋,拿上烟斗。

传统的银行经理角色作为有趣的人物和社区的支柱在电影院大受欢迎的时候,恰好是这些人退出历史舞台的时候,这可能不是巧合。《欢乐满人间》于1964年上映。在英国,电视连续剧《老爸上战场》在1967年至1974年大受欢迎,它是一部关于战时本土警卫队的喜剧,主角是自负、缺乏想象力、诚实的银行经理梅因沃林上尉。弗兰克·卡普拉的电影《美好生活》虽然在1946年首次上映时备受推崇,当年的票房却很惨淡。但从20世纪70年代起,它成为美国电视观众圣诞节时的最爱。主人公是吉米·斯图尔特扮演的乔治·贝利,贝德福德瀑布镇储蓄和贷款机构的经理。班克斯、梅因沃林和贝利代表了我的同学们希望成为的角色。

这一切即将改变。在一个既可笑又令人震惊的场景中，贝利的守护天使向他展示了没有他的世界会如何。贝德福德瀑布镇已经以波特先生的名字更名为波特维尔，波特先生是董事会中一心一意只想赚钱的贪婪者。波特维尔被自身利益撕裂，充斥着俗气的商业主义，而曾作为乔治·贝利伟大成就的住房项目却没有建成。

卡普拉从未想过波特维尔真的会出现。但当我的同龄人接受提前退休时，他们所加入的世界已经变得面目全非。这一转变的原因包括全球化、放松管制、技术和产品创新、新的意识形态和税收，以及社会和文化规范的转变。这些因素并不是独立的：每一个因素都与其他因素联系在一起。

金融一直都是全球性的。由于英国的帝国地位，伦敦金融城成为卓越的金融中心。班克斯担任经理的富达信托银行为"穿越非洲的铁路和横跨尼罗河的大坝"提供资金。美国国内市场的规模及其潜在的对金融的巨大需求，使得华尔街在规模和重要性上可与伦敦金融城匹敌。然而，全球贸易和金融的扩张因脱离金本位制、一战和二战期间的保护主义以及帝国的衰落而受阻。金融全球化的现代阶段始于20世纪60年代伦敦欧洲美元市场的发展。

在美国，"Q条例"意味着美国银行在存款利率上受到限制，并被要求在美国联邦储备系统（简称美联储）——美国中央银行——持有资金，以确保这些存款的安全性。如果把这些资金交给欧洲机构，然后借给美国的银行，就可以避免这些限制，银行之间的交易不受限制。因此，通过伦敦转移存款可以使美元储户的存款余额获得更高的利率。这一策略降低了美国银行的融资成本，同时使欧洲银行能够通过中介服务赚取利润。

全球金融体系的结构正在以其他方式发生变化。战后初期，人们预计美国仍将是世界上主要的债权国。战后的国际金融机构，如国际货币基金组织（IMF）和世界银行，都是围绕这一预期设计的。但随着德国和日本从战后的萧条中迅速复苏，以及美国经济在20世纪60年代走弱，美国的经济霸权地位下降，1971年美元贬值。

1973—1974年的石油危机让石油生产国（尤其是沙特阿拉伯和其他波斯湾国家）获得了超出其消费能力的意外之财。"石油美元"作为贷款被借回给欧洲和美国。与此同时，日本、韩国和中国台湾、中国香港等亚洲国家和地区，率先模仿并改进了现代生产方法，开始向欧洲和北美出口工业制成品。1980年以后，中国加入世界贸易体系。亚洲成功的出口贸易创造了贸易顺差，而西方国家和地区则相应地出现了贸易逆差。正如石油生产国10年前所做的那样，贸易顺差国家把资金借给那些出现贸易逆差的经济体。

这一幕发生在21世纪初，当时中国的巨额储蓄为美国用户的过度消费提供了资金。导致这一幕发生的机制是，西方银行日益依赖来自全球资本市场的大规模融资。这些持续存在的全球金融失衡颠覆了当地储户寻找当地贷款人的传统模式：传统银行业的支柱。Q条例的削弱预示着全球化给现有的（以国家为基础的）监管架构带来的压力。

新的金融业不再是那些没有什么学术抱负，却擅长人际交往的男士的职业。当苏格兰银行和皇家银行在2008年倒闭时，它们的大多数高管都拥有知名高等院校的学位。苏格兰银行首席执行官安迪·霍恩比从牛津大学毕业后获得了哈佛大学的MBA（工商管理硕士）学位，他在皇家银行的同行弗雷德·古德温从格拉斯哥大学毕业后获得了法律和会计从业资格。华尔街的两位主要人物——高盛的劳埃德·布兰克费恩和摩根大通的杰米·戴蒙——分别来自哈佛大学法学院和商学院。来自牛津、剑桥和常春藤盟校的最优秀的学生争相在伦敦金融城和纽约华尔街工作。

拉里·萨默斯（番茄酱经济学家）是这样描述这种转变的："在过去的30年里，投资银行已经由擅长人际交往的人主导的领域，变成由擅长解决衍生证券定价中复杂数学问题的人主导的领域。"[1] 萨默斯（他的朋友和敌人都知道，与跟客户闲聊相比，他更擅长解决数学问题）对这种转变很是赞同。

然而，这些聪明人处理起事情来远远不如智力水平不及他们的前辈。尽管聪明，但他们很少像自己想象的那样聪明，或者聪明到足以应付他们所创造的复杂环境。也许与解决非常复杂的数学问题的能力相比，在高尔夫球场酒吧间社交的能力更有助于做出好的投资决策。

如今的社会对社交的需求可能减少了，善于交际的人了解人胜过具体事物；尽管个人关系仍然很重要，但科技有助于建立联系。然而，社会仍需要能够评估基础资产质量以及管理这些资产的人，也需要充分了解住宅市场且在鉴别潜在买家偿债能力方面具备丰富经验的人；还需要了解商店和办公室以及租户财务状况的人；更需要熟悉政府财政运作，熟悉大型基础设施项目管理的人；最重要的是，需要对业务不断变化的本质有洞察力的人。

然而，在21世纪头十年发展起来的、在金融行业备受重视的技能却截然不同。那些夸大了这些技能的相关性和自身管理能力的人运用这些技能，使全球经济陷入了自大萧条以来最严重的金融危机。

这些变化是如何发生的？在本章的剩余部分，我将首先解释金融化的两个主要组成部分：交易和交易对关系的替代，以及金融业务的重组。然后，我将继续讨论金融化对经济稳定、企业业绩和经济不平等的更广泛的影响。

交易员的崛起

> 你刚经过那个假壁炉,就听到一声不敬的咆哮,就像暴民的咆哮……那是受过良好教育的年轻白人男子在债券市场上咆哮着要钱的声音。
>
> ——汤姆·沃尔夫,《虚荣的篝火》,1987年

> 我们是华尔街。赚钱是我们的工作。无论是商品、股票、债券,还是假造的一张纸,都不重要。
>
> 如果能赚钱,我们会交换棒球卡……
>
> 我们早上5点起床,然后工作到晚上10点甚至更晚。我们习惯了一有位置就不起来撒尿。我们的午休时间不会超过一个小时。我们不需要工会。我们不会在50岁时带着养老金退休。我们吃自己杀死的东西,当你的餐盘上剩下唯一能吃的东西时,我们就会吃……
>
> 我们不是恐龙。我们更聪明、更邪恶,我们会生存下来。
>
> ——FT Alphaville 博客,斯泰西-玛丽·伊什梅尔发布,2010年4月30日[2]

从代理到交易,从关系到交易的转变,是过去40年西方经济金融化的显著特点。乔治·贝利和梅因沃林上尉的世界是一个银行经理与客户、借款人和存款人的关系的世界。大多数金融领域都是如此。像银行经理一样,股票经纪人也会像对待朋友一样对待他们的客户,他们很熟悉自己推荐给客户的公司。投资银行与大公司保持着长期合作关系,它们也会与吸收小储户资金的保险公司等机构保持类似的联系。

当今的金融行业由交易主导,且交易是收入和报酬的主要来源。50 年前,证券交易所是唯一的大型金融投机市场。以现代标准衡量,它的交易量并不大:股票的平均持有期为 7 年。[3] 证券交易所也是政府债券的交易场所,但债券市场十分萧条。菲茨杰拉德 1925 年的小说《了不起的盖茨比》的主人公尼克·卡拉韦是一名债券交易员。伦敦金属交易所是铜、锡和其他"硬"商品的全球交易中心。"软"商品也有自己的交易所。芝加哥期货交易所(及其衍生的芝加哥黄油和鸡蛋交易所)是美国农产品贸易中心。海运合同是在波罗的海交易所签订的。25 年前,交易场所转移到了投资银行的交易大厅。今天,屏幕是信息的来源和交易的基础:越来越多的交易是通过计算机在无声中完成的。

因此,匿名市场取代了客户关系。一个世纪以前,德国社会学家斐迪南·滕尼斯和马克斯·韦伯通过描述 Gemeinschaft(礼俗社会)和 Gesellschaft(法理社会)之间的差异,精准地阐明了这一变化。Gemeinschaft 和 Gesellschaft 在英语中没有非常合适的同义词,但它们在很大程度上将个人的、非正式的与正式的、规范的区分开来。[4] 从 Gemeinschaft 到 Gesellschaft 的转变对理解金融化的过程,以及金融方法和风险管理的全球差异极为重要。

交易文化的兴起不是单一因素所致,而是一系列发展的产物,这些发展的起源是相互关联的,其影响是逐渐累积的。金融市场的全球化,以及西方主要国家 1944 年在布雷顿森林(一个位于偏远的新罕布什尔州的美丽地方,从纽约或华盛顿很难到达)会议上设计的全球金融体系的崩溃都是交易文化兴起的原因。另一个因素是证券衍生品市场的诞生,以及分析它们所需的金融数学的发展。监管和放松管制发挥了很大的作用,但这种作用很大程度上是偶然的:监管政策变化的影响很少是有意为之的。机构重组起到了一定的作用:传统的商业组织形式，如合伙企业和互助企业，被并入了上市有限公司。玛格丽特·撒切尔和罗纳德·里根当选后对自由市场的支持，在许多方面影响了公共和商业政策。

促成这一变化的因素不胜枚举，但都有一个显著特征：金融性质的变化与实体经济需求的变化几乎没有关系。实体经济的需求基本上保持不变：我们需要金融机构处理我们的支付，发放贷款，为企业提供资金。我们希望金融机构管理我们的存款，并帮助我们应对经济生活中面临的风险。这些服务的某些方面变好了，但还有很多方面并没有变好。信息技术已经改变了金融服务的提供方式。但是，与金融行业在性质、政治和经济角色方面的转变相比，它提供给客户的服务可以说没有任何转变，金融化的过程有其内在动力。

1971 年美国放弃金本位制，开启了浮动汇率制度的新时代，汇率的波动幅度远远超出大多数经济学家的预期。外汇市场一直存在投机活动。战后在布雷顿森林会议上建立的固定汇率制度面临越来越大的压力，货币受到投机性攻击：1964 年当选的英国工党政府在 1 英镑兑换 2.80 美元的固定汇率上面临着持续的压力，促使首相哈罗德·威尔逊发表了著名的谴责言论——"苏黎世侏儒"，认为瑞士的银行家应该对此负责。这些投机者基本上都是单向押注。如果英镑贬值（3 年后确实如此），他们将获得巨额利润，但在此期间，任何损失都是微不足道的。

大多数投机者既不是苏黎世侏儒，也不是苏黎世居民。具有讽刺意味的是，最大的外汇交易中心一直以来都是伦敦。外汇市场上越来越多的投机者是银行雇用的交易员。为客户兑换外汇的传统业务（并在兑换中赚取适当利润）逐渐转变为持有货币头寸以从预期的货币价值变化中获益。

芝加哥商品交易所（以下简称"芝交所"）的前身是芝加哥黄油

和鸡蛋交易所。期货合约已在这家交易所交易多年。期货交易可以使3个月后上市的产品在今天确定价格。芝交所颇具创新精神的主席利奥·梅拉米德在1972年推出了金融期货合约。当时的想法是将期货交易合同应用于外汇,随后应用于其他金融工具。黄油和鸡蛋期货交易很快就被抛在后面。

这就是证券衍生品市场的起源。芝加哥大学一直以来都是金融经济学研究的主阵地,这并非巧合。在接下来的一年里,该校两位教员费希尔·布莱克和迈伦·斯科尔斯将发表一篇有关衍生品估值的开创性论文。[5]

在随后的30年里,金融部门的大部分增长都来自直接或间接的衍生品市场的增长。期货并不是唯一的衍生品。期权赋予你买卖证券的权利,而不是义务——你可以使用期权来防范价格的波动。

但你不一定非得有猪才能出售五花肉期货:你可能只想押注火腿的价格。进行外汇交易也不需要出国旅行或者购买国外商品。随着衍生品市场的发展,人们几乎可以将其用来支持自己对任何事物的判断——不仅仅是外汇或利率,还包括企业倒闭、抵押贷款违约或飓风袭击美国东海岸的风险。

与这场金融技术革命同步的是信息技术革命——事实上,正因如此,这场革命才成为可能。在金融期货交易的初期,芝交所仍以"场内交易"为主,在场内,激进的交易员一边喊着报价,一边挤掉同行。今天,每个交易者都有一个屏幕。如果没有现代计算机的力量,布莱克-斯科尔斯模型,以及许多来自芝加哥和其他地方的量化金融技术,就不可能得到广泛应用。

监管也促进了交易文化的发展。欧洲美元市场的发展表明,银行可以通过规避监管来发展业务,主权国家也可以这样做。促进这些银行利益的政府可以让监管套利变得更容易。20世纪60年代,英国央行将维护伦敦金融城的利益视为其主要职能之一,积极鼓励欧洲美元市场的发展。正如 Q 条例那样,旨在使金融体系更安全的监管措施可能会产生与预期相反的效果:该条例增加了系统的复杂性,并将交易完全排除在监管体系之外。不能或不愿从监管中吸取广泛的教训,将会产生严重且持续的后果。

Q 条例是华尔街崩盘后出台的众多改革措施之一。但最重要的是建立了美国证券交易委员会(SEC),对金融机构和上市公司的活动进行监管。这个机构的名称已经清楚地表明,其监管重点是证券和交易。如果这个新成立的委员会能够推动证券发行、促进交易,它就很好地履行了自身的职责。随着这个机构活动范围的扩大,即使不一定扩大其效力或权威,这种理念也渗透到金融监管中。而且不仅是在美国,美国证券交易委员会将成为全球金融市场监管的典范。

20 世纪 80 年代,固定收益交易被计入活跃市场。在此之前,债券交易对尼克·卡拉韦这样的人来说是一潭死水:在伦敦,债券交易的成功在很大程度上取决于交易员的职业出身。刘易斯·拉尼埃里出生在布鲁克林,家世并不好——他在华尔街的职业生涯始于所罗门兄弟公司的收发室。然而,他创立的抵押贷款支持证券改变了债券市场。抵押贷款以及各种金融债券的证券化,彻底改变了银行业的性质。这种证券化最终延伸到流行歌手未来的版税(大卫·鲍伊通过这种方式筹集了 5 500 万美元)以及电影制片厂(梦工厂)和足球队(利兹联队)的收入。

抵押贷款支持证券由可交易的一揽子抵押贷款组成。这种做法不仅适用于抵押贷款,也适用于其他消费贷款——例如信用卡欠款——以及小企业贷款。以往由银行管理的信贷和利率风险敞口,可以通过市场来减少或消除。掉期市场使银行能够管理利率风险:一笔年利率可变的贷款可以转换成一笔十年期固定利率贷款。

这些市场在20世纪80年后期发展势头强劲，当时关于银行贷款规则的《巴塞尔协议》倾向于对资产支持证券，而非对进入其中的资产给予更宽松的规定。穆迪和标准普尔这样的评级机构已将其业务由最初的商业信用评估扩大至债券信用质量评估。20世纪70年代发生的两大变化使评级机构在金融化过程中占据了核心地位。这些机构开始向证券发行方收取服务费，或者越来越多地向投资者收取费用；它们获得了监管机构的认可，被称为"国家认可的统计评级机构"。[6]许多金融机构和监管机构将投资标的限制在符合评级机构评级标准的证券上。评级决定了证券的监管风险权重。创建资产支持证券的银行向评级机构付费。而评级机构意识到这种认证业务存在竞争性，开始对银行的产品进行"逆向设计"，使其符合评级机构的模型。许多投资者和交易员并不关心一揽子证券的具体内容，只要它达到了所需的信用等级。资产支持证券市场的崩溃将引发全球金融危机。

一种以固定收益、货币和大宗商品为基础，以衍生品为推动的新的交易文化已经形成。股票市场不再是投机活动的中心。固定收益、货币以及后来的大宗商品是新交易文化的核心。在沃尔夫1987年的小说《虚荣的篝火》中，主人公舍曼·麦科伊是一位爱慕虚荣的反英雄，他和尼克·卡拉韦一样，都是债券交易员。

但麦科伊的工作环境与尼克·卡拉韦所经历的大不相同。金融服务公司的主导精神发生了根本性变化，另外也存在结构上的变化，这一点将在下面进行更详细的描述。沃尔夫虚构的故事讽刺了金融化的新文化，但同一时期，迈克尔·刘易斯在所罗门兄弟公司（刘易斯·拉尼埃里使该公司成为债券市场创新的市场领导者）任职期间的情况表明，沃尔夫的描述几乎没有任何夸张之处。

沃尔夫和刘易斯所描述的世界是一个具有侵略性的男性世界（在适当的时候会有一些女性交易员，但是睾酮和交易之间的联系后来成为严肃的学术研究的主题）。[7]那个世界充斥着淫秽，被毒品——尤其是可卡因——驱动，沉溺于过度的性和酒精。受过或没受过高等教育的年轻人突然发现，自己拥有的钱远远超出了自身的处理能力。

除了交易员，还有"火箭科学家"或"量化分析师"，尽管个性差异很大，但他们都拥有量化技能和高等学位（通常来自苏联）。"抵押贷款是数学。"拉尼埃里宣称。[8]他的创新，如芝交所期权市场的发展，为那些被萨默斯形容为"擅长解决非常困难的数学问题"的博士打开了大门。"高斯联结"——用于计算违约概率不同但相关的一揽子贷款的预期损失——是一种精算数学公式，可用于评估一揽子证券化贷款。毫不夸张地说，这个深奥的代数公式后来在全球金融危机中以"杀死华尔街的公式"而臭名昭著。[9]

大多数交易员和量化分析师受雇于投资银行（包括在商业银行内部从事投资银行业务的人）。但一直有少数交易员是独立运营的，他们从成熟的投资者那里筹集资金。阿尔弗雷德·温斯洛·琼斯是一名记者，他曾在1949年为《财富》杂志评论股市预测，他的结论通常是他自己可以做得更好。1991年，乔治·索罗斯成功地押注英国会将其货币与法国和德国货币挂钩，从而"击垮了英格兰银行"乔治·索罗斯是第一个被称为对冲基金经理的人，也是最著名的对冲基金经理。[10]

在20世纪80年代和90年代，股价上涨使几乎所有投资基金都获得了丰厚的回报。2000年，"新经济"泡沫破灭，股市迎来了10年低迷期，许多机构投资者转向对冲基金，以寻求更高的回报。这对对冲基金发起人来说是有利可图的，但总体而言，对投资者来说并非如此。[11]一些在投资银行小有成绩的交易员建立了自己的业务。一些对冲基金经理赚了大钱。乔治·索罗斯的财富为265亿美元，前数学教授吉姆·西蒙斯的财富为155亿美元。[12]由于这些公司试图留住所谓的"人才",银行内部交易员的薪酬也水涨船高。

交易员的崛起和交易文化的发展离不开当时的政治环境:市场原教旨主义意识形态的力量,撒切尔夫人和里根的当选,苏联解体和东欧剧变。当时的主流意识形态使更为激进地追求自身利益合理化,并鼓励对大型企业的社会责任持一种不同的、更有限的看法。市场被认为是好的,市场越多越好。好东西越多越好。

但撒切尔和里根等政治家的经济哲学是道德信念的产物,而不是技术经济论证的产物。他们的道德信念在交易者的文化中也不受欢迎。撒切尔夫人强调努力工作和自力更生,同时相信同情应该是一种个人美德,而不是一种社会实践。这些态度与贪婪的个人主义和个人权利意识截然不同,而后者正是当今金融业的特点。

新市场,新业务

> 我谨对您和您的公司为英国的繁荣做出的贡献表示敬意。在其150年的历史中,雷曼兄弟一直是一个创新者,在为新想法和新发明提供资金支持方面,总是比其他公司先行一步。
>
> ——2004年4月5日,英国财政大臣戈登·布朗与迪克·富尔德
> 为雷曼兄弟伦敦新总部揭幕

银行界的翘楚们都有悠久的历史。和其他许多事物一样,现代金融始于文艺复兴时期的意大利城邦。现存最古老的银行是成立于

1472年的意大利锡耶纳银行,尽管它现在已变得岌岌可危。苏格兰银行成立于1695年,皇家银行成立于1727年。这些机构的悠久历史都受到了新一代金融家的威胁,他们错误地认为自己比前辈懂得更多。纽约银行(现并入美国纽约银行梅隆公司)是美国最古老的银行,成立于1764年;它的业务性质已经发生改变,实际上已不再是一家真正意义上的银行,但它反而比其他银行活得更好。随着经济的发展,这些银行的业务都发生了变化。

然而,这种发展路径截然不同。在整个19世纪和20世纪,英国、美国和欧洲大陆的金融服务业以各自独特的方式发展。在英国,商业银行在19世纪由于兼并而逐渐集中起来。截至1900年,英国的主要银行是劳埃德银行、巴克莱银行、米德兰银行(最终成为汇丰银行在英国的分支机构)、国民地方银行和威斯敏斯特银行。1970年,最后两家银行合并成为国民威斯敏斯特银行。因此,英国零售银行业务的总体结构在20世纪几乎没有变化。

在美国,以摩根大通为代表的华尔街银行在为钢铁、铁路和石油等大型企业提供资金方面发挥了重要作用。但是民粹主义对金融的怀疑,以及美国民众对小社区生活的依恋,限制了州际银行的发展。结果是,美国的零售银行业呈分散状态。在英国,由几家全国性银行主导的集中的银行体系安然度过了大萧条,没有出现严重问题。但在美国,许多拥有集中贷款组合的小银行在华尔街崩盘后的大萧条中倒闭了。储户担心其他类似银行的安全,这些银行即使财务状况较好也受到了挤兑。在日益增长的恐慌中,1933年3月,罗斯福总统上任后的第一个举措就是要求美国所有银行停止对外营业。

1929—1933年,金融危机演变为工业萧条,这一事件不仅威胁到经济繁荣,也威胁到政治稳定。参议院对这些事件的调查由杰出的首席法律顾问费迪南德·佩科拉牵头,他一手摧毁了许多华尔街机构和华尔街人物的声誉。1933年的《格拉斯－斯蒂格尔法案》强制要求将商业银行和投资银行的业务分开。摩根银行被拆分为商业银行摩根大通和投资银行摩根士丹利。联邦存款保险公司将为储户提供保险，保护储户免受因银行挤兑或倒闭而造成的损失。

在英国和美国，金融体系内的不同职能由不同的机构执行。商业银行运营支付系统并满足客户的短期贷款需求。投资银行（当时在英国被称为"商业银行"）处理涉及证券发行的大笔交易。如果买方想要出售这些证券，他或她就会联系股票经纪人，而股票经纪人也会与专业人士（交易商或称做市商）就交易进行协商。虽然银行提供一些抵押贷款，但大多数此类贷款是由专门的非营利机构发放的——在美国是储蓄机构，在英国则是建房互助协会。

银行专门经营我称为存款渠道的业务，将短期储蓄投入风险相对较低的活动。一直以来都需要一个类似的投资渠道，以推动长期储蓄的利用。1812年，随着英国与法国和美国交战，一些热心公益的爱丁堡绅士成立了苏格兰寡妇基金，为军人家属提供救助。作为欧洲大陆外围的一个小国，苏格兰在金融创新历史上扮演了十分重要的角色。苏格兰银行和皇家银行是在存款渠道中幸存下来的最古老的机构中的两个（尽管是侥幸生还），而拯救它们的英格兰银行也是由苏格兰人创立的。

我的父母和老师都认为我必将成为一名精算师，于是在假期把我送到苏格兰寡妇基金公司实习。我去圣安得鲁广场的一栋大楼报道，这栋大楼正对着雄伟的皇家银行总部。不远处就是标准人寿保险公司的办公室，这家保险公司是苏格兰寡妇基金公司在全球的竞争对手。乔治街的另一头是夏洛特广场，这两个广场是詹姆斯·克雷格在18世纪为爱丁堡新城设计的标志性场所。美国内战之后，另一批爱丁堡的政要创建了投资公司，以开发海外市场，尤其是美国市场。夏洛特广场当时是苏格兰投资信托的中心。

皇家银行手握着存款渠道，而投资渠道则由圣安得鲁广场的人寿保险公司和夏洛特广场的投资信托公司运营。这些金融巨头开发了两种主要机制，一种是养老基金和人寿保险，另一种是集合投资基金，人们至今仍通过这些机制进行投资。

在拥有全能银行悠久传统的欧洲大陆，存款和投资渠道的区别不那么明显。这些机构为产业和个人客户提供全方位的金融服务，并持有一些大公司的大量股份。然而，巴黎、柏林和法兰克福从未像伦敦和纽约那样成为全球金融中心，这些国家的股票市场也从未达到伦敦和纽约交易所的规模。欧洲大陆的全能银行趋于保守，专注于国内市场的需求。

在这些国家，保险公司（在一定程度上还有银行）一直是长期投资的主要中介机构。德国的安联、法国的安盛和意大利的忠利保险继续主导着各自的市场。这种投资信托被引入英国和美国，但在1929年崩盘前的几年里，它是华尔街许多过度投资行为的主要工具。由于美国的监管规定和储户的怀疑，投资信托（封闭式基金）已被共同基金（开放式投资基金）取代。我将在第7章更加详细地描述这些不同类型的投资工具。

乔治·贝利对贝德福德瀑布镇社区的依恋，证明了当时英国、美国和欧洲大陆普遍存在一种观念，即银行既服务于公共利益，又服务于私人目的。银行家从不羞于赚钱。当地银行被视为社区机构，与教堂和医院一样，银行经理是社区人物，与医生和律师一样。在州或国家层面，银行与政府有着特殊的关系，既享有特权又承担责任。苏格兰寡妇基金公司（和标准人寿保险公司一样）是互助保险公司，由其保单持有人所有，许多欧洲的（和一些美国的）保险公司也是如此。

2008年倒闭的银行，与多年来甚至几个世纪以来的机构都截然不同。所罗门兄弟公司的创新拓展了贷款市场，也可能会削弱银行将储蓄从存款人转移到借款人的传统观念和角色。一些有思想的评论家认为,未来的金融机构将是聚焦于特定领域的专业机构。[13]事实上,银行的大部分职能现在也由专业机构来履行,如信用卡公司和抵押贷款银行。超市也开始提供简单的金融服务,如存款账户。私募股权公司(风险投资公司)专门为企业提供融资。2000年后,像乔治·索罗斯和吉姆·西蒙斯运营的那种专业对冲基金吸引了资金。

然而,似乎自相矛盾的是,专业化也伴随着多元化。限制利率的Q条例陆续放松管制,最终于1986年被废除。1933年曾被公开羞辱的美国金融业,成为越来越强大的游说团体。这个游说团体使50年前强加于金融业的限制逐步放松。投资银行与商业银行业务分开经营的原则(这一原则在公众心目中已成为《格拉斯–斯蒂格尔法案》的同义词)不断被削弱,最终于1999年被废除。

在英国,变革的导火索是1986年金融监管的放松,这次"金融大爆炸"清除了大量的限制,包括创建金融集团的大多数障碍。英国大型商业银行凭借其建立在零售存款基础上的巨大资本实力,很快实现了多元化。

银行业结构的这些变化与股票市场的变化有关。一直以来,证券买卖双方通过代理人进行交易,伦敦和纽约证券交易所垄断了股票交易。买方或卖方联系经纪人,经纪人再联系从事这些股票或固定利率证券业务的专家。经纪人代表客户,负责争取最好的价格。做市商试图撮合买卖双方:专业人士和批发商自己的资本很少,他们试图找到交易对手并从"价差"(向买方收取的价格与支付给卖方的价格之间的差额)中获利。

这不是黄金时代。经纪人与公司客户、个人以及机构投资者建立关系,并推荐相关公司的股票。这些经纪人会挑选有内幕消息的客户。"抢先交易"指的是经纪人在完成客户的交易指令之前,为自己的利益进行交易，这种做法自证券交易之初就一直被滥用。贪污则在很大程度上受社会习俗的制约。佣金是由交易所确定的，一般是交易金额的特定百分比。

在20世纪60年代，大多数股票和股份由私人持有。但是养老基金的规模不断扩大，这些吸收个人储蓄的基金和保险公司从债券投资转向了股票投资，也为储户提供了流动性和多样化的投资。它们后来还提供专业化的管理。职业经理人买进卖出的频率要比个人高得多——不然他们还能如何证明他们收取的费用是合理的呢？他们不愿意接受由传统股票经纪人组成的卡特尔所要求的固定而高昂的佣金。

为了规避这些规则，他们不仅以对公司进行"免费"研究的形式，还通过提供投资机构可能会自己购买的服务（如交易屏幕），从经纪人那里收取回扣。即使在固定佣金被废除之后，这种"软佣金"的做法仍在继续，比如在1975年的纽约和1986年的伦敦。资产管理公司可以从客户的账户中收取佣金，而办公费用则必须自掏腰包。

从20世纪70年代起，交易所的结构发生了根本性的变化。这种变化有多种原因。纽约证券交易所的垄断地位开始受到纳斯达克的挑战。纳斯达克是由伯纳德·麦道夫领导的经纪人-做市商于1971年建立的一家电子交易所。经纪人是代理人，做市商就是交易员。经纪人-做市商的兴起模糊了两种交易类型之间的区别。经纪人-做市商概念中固有的利益冲突，以及伯纳德·麦道夫的名字，将在本书中再次出现。

英特尔、微软等一些炙手可热的新公司，选择在纳斯达克而不是纽约证券交易所上市。在技术变革的同时，监管变革鼓励交易所之间的竞争。今天，股票可以在多个交易所进行交易——伦敦和纽约证券交易所都拥有电子交易所，与它们的本部市场展开竞争。大型投资银行都建立了"暗池"，免除了与交易所交易相关的透明度和信息披露要求。在 21 世纪，代理客户的经纪人和撮合买卖双方创造市场的经纪人／专业人士之间的区别实际上已经消失。

这些新的交易活动需要更多的资金。历史上，金融业以几种不同类型的商业组织为特征。商业银行的结构通常与上市公司一样，其股票在全国性的证券交易所上市。投资银行和商业银行，以及其他金融机构，如股票经纪人和做市商，大多是合法的合伙企业（有些是少数股东持股且股东积极参与管理的紧密控股公司）。在传统的合伙企业中，每个合伙人都要对组织的所有债务负责。[14] 在某些情况下，法律禁止成立合伙企业，并对合伙企业的责任加以限制，但在大多数情况下，合伙企业的形式是由企业自己选择的。

合伙企业和所有者管理的企业与股权分散的上市公司有很大不同。企业的所有权和控制权同时掌握在高级雇员手中。业务的风险，包括上行和下行风险被少数几个人吸收了，他们的个人财务状况最终处在危险之中。合作伙伴将彼此密切监视，并限制业务产生的风险。他们更喜欢自己非常了解的业务，并会仔细审查企业账户上投机头寸的持有情况。企业的资本或多或少受限于其积累的利润和合伙人的资源。

互助金融机构曾在许多国家的零售金融服务中扮演重要角色。大多数此类机构起源于 19 世纪，当时互助机构为信任关系提供了基础，而信任关系是金融服务的核心。苏格兰寡妇基金公司在 2000 年以前、标准人寿保险公司在 2006 年以前都是互助机构。小储户和投资者担心自己会被无良金融家利用，而这种担心往往有充分的理由。尽管许多互助机构最初是自助社团，但随着它们的发展，社团成员会聘请职业经理人代表他们经营企业。近年来，部分互助机构发展成了非常大的企业。管理结构自我延续，成员基本上已经不表达自己的意见了。

1980年到2000年，大多数尚未在证券交易所上市的金融企业不是变成了上市公司，就是被上市公司兼并了。这种转型的动机之一是对资本的需求，因为做市商越来越有可能以自己的名义持有头寸。但许多上市公司并不需要或并没有筹集新的资本，其转型的主要动机是使合伙人或成员能够实现企业的商誉以获取自己的利润。这种商誉的实现发生在高盛和哈利法克斯建房互助协会等不同企业的身上，前者在1999年从合伙企业转变为有限公司，使一些合伙人变成了百万富翁，他们的身家涨了数百倍；后者是英国乃至世界上最大的抵押贷款机构，于1997年从互助机构转为上市公司，向约800万人分发了总价值近200亿英镑的股份。

芝交所、纽约证券交易所和伦敦证券交易所等从会员组织转型为上市公司，变成了有自己收入和利润目标的商业组织，而不再是向其成员提供服务的公用事业机构。它们试图通过推动和促进交易来吸引业务，却发现自己要与新的交易机制竞争。新的信息技术和取消了交易所垄断的放松管制促进了这种新交易机制的发展。

怀疑论者一直担心，有限责任公司容易受到管理疏忽、投机和过度冒险的影响。这种担忧是亚当·斯密对与管理他人资金相关的问题提出警告的本质，也是为什么直到19世纪下半叶有限责任制才被逐渐放松限制。当时非常有名的银行业危机发生在1866年，"银行家的银行"奥弗伦·格尼公司在其合并后仅12个月就倒闭了，该公司在角色和声望上可与英格兰银行相媲美。很少有大型合伙企业倒闭，其中规模最大的是巴林银行，它在1890年获得政府纾困。（债权人债务得到了偿还，但高级合伙人雷弗尔斯托克勋爵失去了个人财产。）巴林银行最终在上市10年后的1995年倒闭。

以史为鉴可以知兴替。但随着金融化的发展，互助机构和合伙企业规避风险的文化被上市公司竞争的大男子主义取代。正式的风险控制增加了复杂性和烦琐性，降低了实际有效性，高级管理人员确保实施此类控制的动机大大减少。当决策者从好决策中获得的收益超过从坏决策中遭受的损失时，交易的规模和范围就会迅速扩大。资本的易得性导致了对多元化的误解：大多数在全球金融危机中倒闭的公司，都是被非主营业务拖垮的。对机构的长期承诺将被追求个人利益的短期机会主义取代。但是，这些后果在随后的20年里并没有被人们理解，即使在当时，人们也没有充分或广泛地理解它们。

第一家向上市公司转型的大型投资银行当然是雷曼兄弟，它于1982年转型，仅两年后就遭遇了第一次金融危机。[15]哈利法克斯建房互助协会的成员保留了其在1997年上市时获得的股份，但在2008年被合并到哈利法克斯银行的业务崩溃时，这些成员几乎失去了所有意外之财。2008年倒闭的金融机构都是有限责任公司，而不是合伙企业，因此，曾主导雷曼兄弟破产的首席执行官迪克·富尔德仍然是一个非常富有的人。在接受美国政府纾困的众多金融机构中，许多领导者甚至连工作都没有丢。

在任何一家多元化的金融集团内部，都有证据表明，在交易和撮合文化——掠夺、创业、贪婪——与适合零售银行业的保守官僚作风之间，存在根本的紧张关系。从短期看，零售和商业银行家是幕后主使：他们控制着从零售渠道筹集的巨额资金，这使他们占据了主导地位。但他们的收购几乎都以失败告终。在被收购的公司中，高层管理人员因收购而变得富有，顺利退休；处于下层的人员被剥夺了获取合伙企业丰厚收入的机会，在新环境中感到不安，选择离开。

金融业结构最重要的发展是美国投资银行的全球扩张。这些机构在伦敦和纽约开展活动，并在20世纪90年代成为伦敦的主要参与者。曾经是伦敦金融城"宠儿"的英国本土商业银行要么消失了，要么被大型零售银行（主要是外国银行）吞并了。欧洲大陆的银行一直是全能银行，既提供零售银行服务，也提供投资银行服务，但做法较为保守。随着20世纪八九十年代英国和美国金融业的变化，法国、德国和瑞士这些金融机构的管理者开始雄心勃勃地走向全球。如今，德意志银行、法国巴黎银行和瑞士银行等机构已经按照英美模式重新塑造自身。它们在国际上开展业务，尽管其全球活动以伦敦和纽约为中心，而且主要是通过收购当地企业进行的。

但这些并购的处理方式与20世纪80年代那些失败的并购截然不同。现在，投资银行家和交易员占据了上风。他们更贪婪、更聪明，且掌握了控制权，先是破坏了零售银行业务，然后是整个银行。零售银行家和投资银行家都没有能力管理合并了这两项业务的金融集团，也许没人有这个能力。

这种扩张很快带来了灾难性后果。根据迈克尔·刘易斯对2008年股市崩盘前的描述，可以信赖的在交易中承担损失的替罪羊是来自德国小镇的一位银行家。[16]正如我将在第5章介绍的那样，德国的地方银行在德国国内金融体系中发挥了积极作用，但它们在国际多元化方面一再失败。法国里昂信贷银行1993年得到法国政府（法国政府已经拥有该银行的大部分股份）的救助，是现代第一家倒闭的全球多元化银行，在经历了一次滑稽的扩张之后，它实际上成为好莱坞电影公司米高梅的所有者。

在美国，典型的交易撮合者是花旗集团的缔造者桑迪·威尔。《格拉斯-斯蒂格尔法案》的废除，或多或少是为了撮合威尔的旅行者集团与花旗集团合并。在此之后，威尔迅速采取行动，将他的联席首席执行官、温文尔雅的零售银行家约翰·里德赶下台。花旗集团成为全球最大的金融机构，吸收了投资银行所罗门兄弟、经纪公司美邦和保险公司旅行者的业务，提供市面上几乎所有的金融产品。

花旗集团之后出现第一次大规模解体。在1999年的"新经济"

泡沫期间，这家公司和威尔本人都因滥用职权而受到抨击。随着声誉问题的不断累积，威尔在创建世界上最大、最复杂的金融机构方面的成就看起来也不那么引人注目了。威尔宣布退休。他倒霉的继任者查克·普林斯因一句总结全球金融危机爆发前的气氛的话而被人永远铭记："只要音乐还在播放，你就得站起来跳舞。"[17]不久之后，普林斯被迫下台，花旗集团获得美国纳税人的救助。

皇家银行的弗雷德·古德温主持了零售银行间为数不多的成功合并之一，收购并重组了境况不佳的国民威斯敏斯特银行，并使其恢复活力（皇家银行在竞标中击败了苏格兰银行——苏格兰银行和皇家银行之间日益加剧的破坏性竞争是二者走向衰落的原因之一）。之后皇家银行变得傲慢起来。古德温向分析师宣称，自己的公司是"头号捕食者"，于是在2007—2008年金融危机爆发之际收购了荷兰银行。皇家银行摇摇欲坠，然后迅速走向破产。资本重组后，英国政府持有皇家银行84%的股份。古德温被解雇，并被剥夺了骑士头衔。

美国投资银行家鲍勃·戴蒙德想在巴克莱零售银行旗下创建一家全球投资银行。他运气很好，在竞购荷兰银行时，被古德温领导的皇家银行击败；2008年9月，他试图收购破产的雷曼兄弟，又被英国政府阻止。然而，在随后的清算中，巴克莱收购了雷曼兄弟在美国的大部分资产和业务。2010年，戴蒙德获得了整个巴克莱集团的控制权。

并非所有围绕零售银行成立的企业集团都失败了。汇丰银行或许是全球最成功的零售银行，在美国次级贷款上损失了数十亿美元，2003年不明智地购买了美国家庭国际银行，这家银行向那些信用评级较低、无法获得传统银行贷款的客户发放贷款。但凭借其亚洲业务实力，汇丰银行在全球金融危机中基本上毫发无损。新金融世界的英雄是威尔的前副手杰米·戴蒙。伟大的交易撮合者威尔担心自己的门徒会夺取王位，曾将戴蒙从花旗集团解雇。但在被免职 6 年后，戴蒙重返华尔街，担任摩根大通的首席执行官，继承了金融服务行业最强大的品牌。1935 年被国会拆分的摩根集团，再次成为一个涵盖零售、商业和投资银行业务的公司。到 2007 年，戴蒙成功地带领摩根大通摆脱了多年来最严重的过度经营，并在业内赢得极高的声誉。

但 2012 年，当摩根大通被迫披露所谓的对冲活动造成的巨额亏损时，戴蒙的形象受损。"伦敦鲸"布鲁诺·伊克希尔曾在衍生品市场押下巨额赌注，但都失败了。巴克莱的戴蒙德被卷入一桩丑闻，涉及虚假披露资金成本——伦敦银行间同业拆借利率丑闻，英格兰银行迫使他辞职。政治家和公众开始怀疑，金融部门反复出现的危机不仅仅是意外和不可预测事件导致的，金融服务业文化的深层次问题才是根源所在。他们是对的。

从危机到下一次危机

> 我能预测天体的运动，却不能预测人群的疯狂。
>
> ——艾萨克·牛顿[18]

投机性繁荣和萧条在整个金融史上反复出现。17 世纪 30 年代，荷兰商人把郁金香的价格推高至一个珍稀的郁金香球茎和一栋房子一样值钱的水平。一个世纪后，英国社会的精英参与了南海泡沫。在 19 世纪 40 年代，铁路狂热引发了公众的想象。20 世纪 20 年代见证了股票和土地价值的起起落落，最终以华尔街崩盘和大萧条告终。经济崩溃和大萧条的直接后果是政治极端主义的兴起,进而导致了第二次世界大战。

但战后大多数发达国家建立了规范的资本主义,而苏联在东欧维持了某种程度的金融稳定。为应对华尔街崩盘而实施的监管架构,以及布雷顿森林会议创建的全球金融架构,在几十年里为世界提供了良好的服务。那是一个繁荣且平静的时代,尽管随着那个时代的结束,初期的通胀变得更加明显。美国是主导经济的强国,德国的复苏使其赢得"经济奇迹"的描述,而在日本,前所未有的经济增长速度使该国成为一个主要的工业强国。法国人享受着"黄金三十年";英国"从来没有这么好过"。[19]

金融危机不是像飓风或地震那样的自然灾害,我们无法躲避,必须学会面对。金融危机的根源在于人类行为。经济政策可以增加或减少其频率和规模,它们确实也做到了。图 1.1 所示的模式是引人注目的。19 世纪见证了周期性的繁荣与萧条。在 20 世纪初期,危机程度加剧,最终导致了华尔街的崩溃和大萧条。接下来的一段时期是历史上前所未有的稳定时期,之后,随着金融化步伐加快,波动性稳步上升,直到 2008 年的全球金融危机。到底哪里出错了?

到 20 世纪 70 年代初,固定汇率制瓦解,美国的经济霸权正在衰退,随着这些因素的出现,金融机构的保守主义被抛弃了。1971 年,尼克松总统宣布放弃金本位制,美国财政部 40 年来一直将黄金价格固定在每盎司① 35 美元。这相当于美元对其他货币贬值。始于 1973 年的赎罪日战争引发的政治危机导致阿拉伯国家大幅提高石油价格,美国的经济实力进一步受到挑战。

---

① 1 盎司 ≈ 28.35 克。——编者注

图 1.1　银行危机的发生

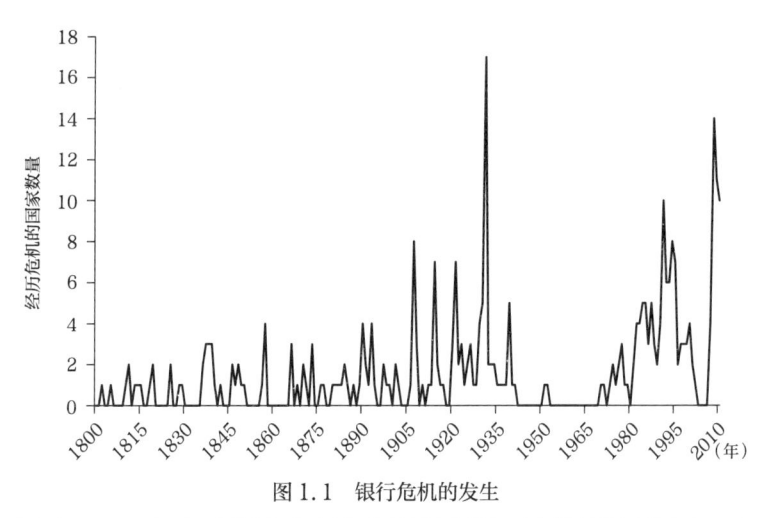

资料来源：基于经合组织经济体中主要银行倒闭的数量进行的计算，来自莱因哈特和罗格夫（2010）。

由于许多石油生产国赚的钱花不完，而许多石油消费国又不愿减少支出，银行建立了一种看似有利可图的业务，将石油出口国赚取的石油美元贷款给石油进口国的政府。花旗集团首席执行官沃尔特·瑞斯顿曾有一句名言：国家不能破产。[20] 从技术上讲，他是正确的，但由于缺乏有序的司法或行政程序来处理主权国家的债务违约，结果是带来了一个持久的问题，而不是银行体系或全球金融的稳定。

许多在此期间负债累累的国家几乎没有偿还能力或偿还意愿。非洲国家经常借新还旧，借更多的钱来支付这些贷款的利息，并经常为此使用援助或发展资金。因此，它们欠国际机构的债务越来越多——这个问题在 21 世纪被称为"第三世界债务问题"。国家不能破产，但可以借钱不还。

20 世纪 80 年代初，当借入的美元利率大幅上升时，几个拉美国家发生了违约。这场危机的解决为未来树立了一个明确的先例：美国政府和国际货币基金组织将在必要时进行干预，以保护美国大型银行的资产负债表。央行的支持和会计手段的结合掩盖了银行损失的规模。银行家、监管机构和各国政府曾希望有关银行能够通过交易恢复到有偿付能力，甚至资本充足的状态。这种希望往往是有道理的。劳埃德银行和花旗银行就是这么做的。这些不死不活的僵尸银行又活了过来。但在反复发生金融危机之后，资不抵债却仍在运营的僵尸银行也成为一个反复出现的主题。

股市在 20 世纪 80 年代和 90 年代稳步上涨。但股权集中和交易活跃的新世界呈现出新的脆弱性。1987 年 10 月 19 日，美国股市单日下跌 20%，这是前所未有的事件。至于这种情况是如何发生的，以及为什么会发生，迄今没有令人信服的解释，尽管有人将部分责任归于"投资组合保险"（一种金融机构试图通过衍生品交易来限制下行风险的计划）。与此同时，其他国家的股市也出现了下跌，尽管跌幅略小。但几天后，市场恢复了上行趋势。

2010 年 5 月 6 日，更离奇的事情发生了：美国股指在 20 分钟内下跌超过了 5%。一些股票的报价荒谬至极——埃森哲的报价是每股 1 美分，而苹果公司的报价是每股 15 万美元。多年后，警方搜查了伦敦西南部豪恩斯洛一栋不起眼的半独立式住宅，并逮捕了一名男子，他们难以置信地发现，此人在自己家的前厅进行交易，引发了这起事件。可怕的是，在计算机利用算法进行短线交易时，没有人完全理解发生了什么。尽管那次事件没有带来特别严重的后果，但技术失控的场景让人对未来感到不安。[21] 2014 年 10 月 15 日，美国国债市场经历了同样令人费解的"闪电崩盘"。

现代第一个巨大的投机泡沫出现在 20 世纪 80 年代末的日本股市和房地产市场。在经济繁荣的顶峰时期，据说日本皇宫的价值超过了加利福尼亚州。不管传言是真是假，情况都不可能一直持续下去：泡沫破灭了。日本本国和其他国家的投资者都遭受了巨大损失：日本主要股市指数甚至到今天还不到其峰值水平的一半。在资产价值膨胀的庇护下大举扩张的日本银行虽未正式破产，但实际上已经破产了。这些僵尸银行在随后的 20 年里一直困扰着日本经济。

基金经理安东尼·范·阿格塔米尔声称创造了"新兴市场"一词。[22] 将新兴市场纳入全球贸易体系是 1980 年之后的 30 年里最重要的经济发展。最先接受变革的是亚洲国家和地区。中国香港和新加坡成为贸易中心。日本战后的经济增长被韩国和中国台湾效仿，然后是泰国、印度尼西亚和菲律宾。20 世纪 80 年代末，东欧的共产主义政权解体，其中许多国家接受了资本主义及其金融机构。中国和印度发生了翻天覆地的变化。巴西、土耳其和墨西哥成为经商之地，甚至有迹象表明，一些非洲国家正在摆脱其惨淡的后殖民经济遗产。

因此，新兴市场成为投资主题。但金融市场总是有过犹不及的时候。人们将资金投向新兴市场（尤其是亚洲）的热情，让这些国家和地区对无法承受的外债水平和估值过高的境内资产感到担忧。1997年，泰国汇率暴跌，因为外国投资者急于挽救他们还值一些钱的头寸。危机在亚洲蔓延开来。第二年，俄罗斯出现债务违约。

新兴市场的危机在一定程度上被国际货币基金组织的干预化解了。国际货币基金组织通过贷款向各经济体提供支持，且暗中支持那些愚蠢地提供融资的银行。国际货币基金组织对亚洲经济体实施了备受不满的紧缩计划。"华盛顿共识"一词被广泛用于描述作为其支持条件的一套共同的新自由主义经济政策。私有化和资本市场自由化促进了国内和国际的金融化。

20 世纪 90 年代，互联网在金融业和受过教育的公众中逐渐普及开来。1995 年，随着摩根士丹利的玛丽·米克尔（后来被称为"互联网女神")发表的一份指出互联网商业机会的研究报告和网景公司(设计了第一个可访问的互联网浏览器)的上市,互联网繁荣起来。[23] 到1999年,记者、顾问和商界人士谈到了"新经济"。那些从未盈利,也永远不会盈利的企业,以惊人的估值在证券交易所上市。对"新经济"股票的需求蔓延至哪怕与高科技只有一丁点儿联系的所有企业。

2000年初,新经济泡沫的最后阶段得到了美联储向美国经济注入的流动性的帮助,以避免所谓的"千年虫"(计算机程序在处理2000年日期时可能出现的错误)带来的威胁。2000年春天,新经济的繁荣结束了,即使没有得到广泛的预测,这也是可以预见的。随后,美联储下调了利率,并进一步实施了货币刺激措施。虽然互联网股票价值的暴跌最初反映在更广泛的股市上,但廉价资金的影响促使股价从2001年秋季开始再次上涨。

新经济泡沫事件引起了媒体的关注。但接下来的一次,也是规模最大的一次繁荣和萧条发生在大多数公众的视线之外。尽管对那些留心观察的人来说,有许多未来不稳定的迹象,但从互联网泡沫破灭到全球金融危机这段时间,人们的自满情绪无论怎么强调都不为过。诺贝尔经济学奖得主罗伯特·卢卡斯在美国经济学会的年度会议上说:"防止萧条的核心问题已经得到基本解决。"[24] 另一位曾被任命为美联储董事会成员的学院派经济学家本·伯南克,使"大稳健"[25] 一词流行起来,用以描述所谓的经济稳定的新时代。

回顾过去,这一时期的关键发展是金融机构之间资产支持证券(尤其是抵押贷款支持证券)以及随后的债务抵押债券交易的增长。对这种打包资产带来的安全性的错误认识刺激了对这些资产的需求。信用违约掉期市场的发展似乎提供了进一步的保证——如果基础证券出现违约,衍生证券将得到偿付。当时,人们几乎没有考虑签订这些合约的机构在大规模违约情况下的偿付能力。因此,2008年美国国际集团的信用评级被下调,这家公司通过信用违约掉期为超过5 000亿美元的证券提供保险,这对债券投资组合的安全性造成了毁灭性打击。

对资产支持证券贪得无厌的需求导致了对资产质量的忽视。在美国许多城市,抵押贷款推销员向那些没有实际偿还能力的人推销贷款。但评级机构以及美联储仍将自己的预期建立在房价总是温和上涨、借款人一般信誉良好的基础上。即使美国房价停止上涨,也足以让这个纸牌屋倒塌。2008年,对银行资产负债表上证券价值的担忧让人们不禁对银行自身负债价值产生了怀疑。只有通过规模空前的公共干预,全球金融体系才能避免彻底崩溃。政府资金被用来为银行体系提供流动性支持,并直接对倒闭或即将倒闭的机构进行资本重组。这是1929—1933年以来最严重的金融危机,或许也是有史以来最严重的金融危机。

全球金融危机始于美国,但因为欧洲银行大量购买来自美国的可疑票据,很快这场危机便波及欧洲。但接下来,另一场危机起源于欧洲。欧元区——一个雄心勃勃的计划,将法国和德国的货币以及与德国经济紧密相连的国家联系起来——已经发展成一个包括西班牙、意大利、葡萄牙甚至希腊在内的政治项目。

1999年,这些国家采用了共同货币(2001年希腊紧随其后),导致整个欧洲大陆的利率趋同。交易员不再区分欧元区各国政府的欧元债务,他们认为,货币风险以及一度将管理良好的欧洲经济体与公共财政不稳定的经济体区分开来的信贷风险都被消除了。德国和法国的银行将从北欧借来的欧元贷款给南欧。截至2007年,希腊政府债券的收益率仅略高于同等的德国债券的收益率。希腊等几个国家尝到了看似取之不尽的低利率信贷的好处。

在欧洲银行艰难应对全球金融危机之际,人们更加怀疑它们的资产质量。信贷风险评估更加谨慎，欧元区各国之间的利差再次扩大。随着利率上升和希腊信贷的再融资变得更加困难，希腊债券的吸引力似乎有所下降。2011年，该国出现债务违约。

但希腊并不是欧元区唯一的问题。爱尔兰的整个银行体系在2008年已经崩溃。西班牙规模巨大的房地产泡沫破灭了。其他欧元区成员国——葡萄牙、意大利和塞浦路斯——都面临着各自独特的经济和政治困难。它们都经历了偿债成本的螺旋式上升。随着每一次小危机的发生，欧洲央行干预的规模和范围不断扩大。2012年，欧洲央行新任行长马里奥·德拉吉承诺，将"不惜一切代价"保护欧元区。[26]考虑到有权印制欧洲货币的机构拥有的潜在资源，这一承诺暂时稳定了欧元区危机。

这一系列危机的直接原因各不相同——新兴市场债务问题、新经济泡沫、资产支持证券违约、欧元区内部的政治紧张，但所有这些危机的基本机制都是相同的。它们源自经济环境的某些真正的变化：新兴经济体的崛起、互联网的发展、金融工具的创新、欧洲通用货币的使用。一早捕获这些趋势的人赚得盆满钵满。交易员的从众心理吸引越来越多的人和资金进入相关资产类别。资产定价越来越离谱，但价格正在上涨，交易员大多在赚钱。

尽管人们为这些重估提供了看似复杂的合理化解释，但背后的现实是一个情绪化的过程，心理学家戴维·塔克特采访交易员时多次提到这一点。

> 一旦达到某种亢奋的势头，信念背后的情感发展往往表明只有一条单向的道路……有推动前进的兴奋，也有逆转时必将经历的痛苦。后者意味着失去狂热的梦想并放弃希望。怀疑论者被认为是破坏者，正是为了避免挫败感，他们在这一阶段受到特别的诽谤。他们对新事物的质疑需

要被驳斥，也需要以解雇的方式被嘲弄和诽谤。[27]

然而，该来的总会来。错误的定价被纠正，投资者和机构损失惨重。各国央行和政府进行干预，以保护金融行业，并将对非金融行业造成的伤害降至最低。这些现金和流动性会在某些不同的活动领域为下一次危机提供动力。接连发生的危机往往越来越严重。

这种繁荣通常是由金融体系之外的事件引发的。泡沫破灭似乎也有外部原因：俄罗斯违约、美国房价下跌、雷曼兄弟破产。但这些都是触发因素，不能真正解释危机为什么会发生。危机机制是现代金融体系的内在组成部分。这不仅仅是因为现代金融体系容易出现不稳定。如果没有导致危机反复出现的机制，金融体系就不会以今天的形式存在。这一点将在第2章和第4章深入讨论。

强盗大亨

> 政府决心（先生们，决不动摇）惩罚某些罪恶大富豪，这是造成这次麻烦的部分原因……我认为，这场竞赛的意义是决定谁将统治这个自由的国家——是人民通过他们的政府代理人，还是少数冷酷跋扈的人，他们的财富使他们特别令人敬畏，因为他们躲在公司组织的掩体后面。
>
> ——西奥多·罗斯福1907年8月20日在马萨诸塞州普罗温斯敦的朝圣者纪念碑前的演讲

19世纪晚期被称为美国资本主义的"镀金时代"。那个时代的主要人物，如亨利·克莱·弗里克、杰伊·古尔德、J.P.摩根、约翰·D.

洛克菲勒和科尼利厄斯·范德比尔特，通常被称为"强盗大亨"。[28]在不同程度上，他们都是实业家和金融家。他们修建或帮助修建铁路、石油供应系统和钢铁厂，使美国成为一个工业强国。然而，他们个人的巨额财富既是生产活动的产物，也是金融操纵的产物。

20世纪初，强盗大亨的权力突然受到遏制。"扒粪者"（充满敌意的记者）揭露了金融资本主义导致工业垄断的一些过度行为。艾达·塔贝尔参与了一场反对洛克菲勒标准石油公司的运动。[29]厄普顿·辛克莱的小说《屠场》（1906年）描述了美国中西部的肉类加工厂，至今仍是文学经典。[30]

"扒粪者"一词是由罗斯福刻意创造的。1901年，亲商的威廉·麦金莱被刺杀，西奥多·罗斯福出人意料地当上了总统。罗斯福是一个十足的宣传家和民粹主义者。10年前，心存疑虑的国会通过了《谢尔曼法案》，这是一项旨在整合强盗大亨的反垄断立法，但直到罗斯福上台才开始实施。

标准石油公司和美国烟草公司被拆分。20世纪美国的新兴工业，如汽车制造业，都是在竞争激烈的市场中发展起来的。最大的托拉斯——美国钢铁经受住了反托拉斯运动的冲击，却开启了不可阻挡的衰落历程。金融和商业之间的联系有所放松，但并没有断开。"强盗大亨"既是金融家又是商人，但20世纪上半叶的主要实业家——如通用汽车公司的阿尔弗雷德·斯隆和ICI（英国帝国化学工业集团）的哈里·麦高恩——主要是商人。他们的贡献主要在于建立了经营现代企业所需的制度和职业经理人队伍。

大型制造公司的崛起是20世纪上半叶的一个重要经济现象，公司业务多元化，通过控制供应和分销实现垂直整合，越来越多地实现自筹资金。经营这些企业的实业家很少有时间关注股市，更准确地说是关注金融。亨利·福特买下了公司外部股东的全部股份，直到

1956年公司才重新上市。这些大人物没有人能想象到，现在的大公司高管们在"投资者关系"上会花那么多时间。

尽管如此，投资银行家从来不缺业务。金融家们敦促企业进行交易。他们为大额交易提供的理由随着商业策略的变化而变化，但他们总会从中收取大笔管理费用。在商界，并购（试图建立垄断的委婉说法）的冲动一直很强烈，并没有随着美国反垄断政策的出台而消失。20世纪20年代，一波新的并购浪潮产生了通用汽车和ICI等公司。在20世纪60年代，美国国内并购毫无缘由地被普遍认为是对日益激烈的国际竞争的一种适当的回应。有一种观点认为，优秀的管理者及其团队拥有几乎所有业务都需要的管理技能，这种自负导致了人们对企业集团的迷恋：美国的ITT工业集团、利顿工业公司，以及英国的汉森、电信集团等公司都是市场的宠儿，它们能够利用其估值过高的股票进行廉价收购。

金融化使企业管理者的注意力重新回到股市。总的来说，这并不是因为他们需要为自己的企业筹集资金，而是因为时代呼唤新的优先事项。公司被鼓励追求"股东价值"。[31] 许多首席执行官开始把自己视为元基金经理，买卖公司的投资组合，就像资产交易员买卖证券投资组合那样。杰克·韦尔奇于1981年成为美国最大的工业公司通用电气的首席执行官。当年，他在纽约皮埃尔酒店发表演讲时宣布，公司将出售或关闭所有排名跌出前一二位的业务。这件事被认为是股东价值原则在美国商界应用的开始：随着在接下来的20年里实施这一战略，韦尔奇成为美国最受尊敬的商业领袖。[32]

1965年，美国经济学家亨利·曼恩创造了"公司控制权市场"一词。[33] 公司控制权是一种可以买卖的资产。对"股东价值"的忽视使管理者面临恶意收购的威胁。20世纪80年代，德崇证券的迈克尔·米尔肯发明了"垃圾债券"，并找到机构投资者认购，加剧了这种威胁。这些高收益高风险的证券,使入侵者甚至可以威胁最大的公司。布赖恩·伯勒和约翰·希利亚尔在他们的《门口的野蛮人》一书中描述了1988年对烟草和食品集团雷诺兹–纳贝斯克的激烈收购,这本书可能是那10年里最好的商业书。[34]伯勒和希利亚尔在书的结尾提出了一个悲伤的问题:"但这和商业有什么关系?"这个问题很中肯。

米尔肯和垃圾债券的时代在一场闹剧中结束了。1990年初,康波公司拖欠了巨额债务,该公司曾利用垃圾债券收购了美国许多大的百货公司——梅西百货、布鲁明戴尔百货、Jordan Marsh。加拿大房地产投机商罗伯特·康波没有经营这些企业的资格,只能从米尔肯的客户那里获得资金。对垃圾债券的兴趣随着康波公司的失败而消失了:德崇证券无法为债券再融资,破产了,米尔肯进了监狱。

但"公司控制权市场"的隐喻与金融化过程和交易文化的兴起相吻合。对"股东价值"关注不足的管理者受到了金融市场的威胁。1991年汉森公司(现在已经倒闭)入股了ICI(当时英国最大的工业公司)。这部分股权被普遍认为是恶意收购的前奏。

尽管这样的尝试从未成功,但成功的可能性激发了公司的高级管理层。一家公司在1987年的年度报告中宣称:

> ICI的目标是成为世界领先的化工公司,通过对化学和相关科学的创新和负责任的应用,为全球客户提供服务……通过实现我们的目标,我们将增进股东、员工、客户以及我们所服务和经营的社区的财富和福祉。

然而,这家公司1994年的年度报告对公司目标的描述发生了非常大的变化:

> 我们的目标是通过专注于拥有市场领先地位、技术优势和具有全球竞争力成本的业务,实现股东价值最大化。

我们现在可以从事后诸葛亮的角度谈谈前后所发生的事情。早期的 ICI 自 20 世纪 20 年代成立以来，一直是业界翘楚。[35] 这家公司发迹于炸药和染料业务，但在两次世界大战期间，其业务重心转向了石油化工和农业化肥。二战后，公司董事会有预见性地认识到，未来最重要的"对化学……负责任的应用"将是新兴的制药业务。这家公司的制药部门亏损了近 20 年。直至 20 世纪 60 年代，在英国制药业之父詹姆斯·布莱克的指导下，ICI 研发了首批重磅药品之一——β 受体阻滞剂，这是最早的有效降血压药物。在随后的 25 年里，药品是 ICI 增长的主要动力和利润来源。

ICI 后期的经历并不是那么愉快。股市对其改变目标的声明反应积极，但对随后的现实反应就不那么积极了。ICI 的股价在 1997 年初达到顶峰，此后持续下跌。2007 年，这家一度辉煌的公司被一家荷兰公司收购。一家以"为股东创造最大价值"为单一目标的公司连这个单一目标都没有实现。就像以"我们只赚钱"而闻名的贝尔斯登公司是全球金融危机的早期受害者那样，最以利润为导向的公司不一定是最赚钱的公司，这个悖论是我另一本书《迂回的力量》（*Obliquity*）的主题。[36]

20 世纪 90 年代初期，ICI 是英国最大的工业公司，英国通用电气公司排名第二。1997 年，脾气暴躁的阿诺德·温斯托克退休，他曾担任通用电气首席执行官 30 多年。新团队计划进行彻底的变革：就像他们在 ICI 的同时代人一样，他们试图重组公司业务，以赋予公司一个更振奋人心的形象。然而，不到 4 年，更名为马可尼的英国通用电气公司就在巨额债务的重压下倒闭了。

1999 年，桑迪·威尔的旅行者集团收购花旗集团，之后威尔与资深银行家约翰·里德共同担任首席执行官一职。在一间可以俯瞰东河的会议室里，两人向一名美国记者讲述了对公司未来截然不同的看法。

> "我的目标是打造一家全球性的消费品公司,真正帮助中产阶级,为他们提供以往没有享受过的良好服务。这是我的愿景、我的梦想。"里德说。"我的目标是增加股东价值。"威尔插话说,并时不时地扫一眼旁边显示花旗集团股价变化的计算机显示器。[37]

威尔将里德赶下了台,但不到 8 年,花旗集团的股价就跌至历史低位,美国政府只得出手救助。杰克·韦尔奇——现已从通用电气退休多年——曾在 2009 年发表了一篇关于企业金融化的启发性评论,称股东价值是"世界上最愚蠢的想法"。[38]

我们就是那 1%

> 在财富积累、人腐朽的地方、土地上的疾病加速疾病的蔓延,使其成为猎物。
>
> ——奥利弗·哥德史密斯,《荒行》,1770 年

在 1984 年成为首席执行官之前,约翰·里德的职业生涯都是在花旗集团度过的,并在那里率先推出了自动取款机。在阿尔弗雷德·斯隆创立的模式中,里德是一个企业人,在随后的几十年里,他成了经常被嘲笑的一类人。像其他为企业打工的人一样,他期望得到,确实也得到了一份可观的薪水,但他并不指望而且事实上也没有因在公司中的晋升而变得非常富有(斯隆很富有——斯隆基金会是他

的遗产，但他的财富来自通用汽车为收购他的滚珠轴承公司支付的资金，而不是担任首席执行官的薪酬）。就连里德被威尔解职后的报酬，按目前的标准来说也不算高，只有550万美元。

退休后，里德接任纽约证券交易所首席执行官一职。前任首席执行官迪克·格拉索被解雇，此前有媒体披露，纽约证券交易所董事会同意将他的退休福利折算为1.4亿美元现金并立即支付。如今，里德，这位散发着另一个时代的气息的绅士，是银行业激进改革的倡导者。如果说里德是最后一批守旧者，那么威尔就是典型的新人物。威尔是一位亿万富翁，他的财富是他在长期的交易生涯中通过股票、期权和绩效奖金积累起来的。

合伙人模式在金融行业的高风险活动中占据主导地位，如做市和并购中的企业咨询。在年底，这些组织中的高级管理人员会在内部分享大额绩效奖金，这些奖金数额每年的波动也很大。20世纪80年代，合伙人制向上市公司的转变，原则上将风险和回报从合伙人（他们从交易中获得了一次性收入）身上一并转移到了股东身上。实际上，这对公司员工的财富预期几乎没有影响。因此，将大量利润分配给高级雇员——现在是一般雇员——的做法继续存在；实际上，随着曾经以合伙方式开展的活动被纳入更大的企业集团，员工应获得其所在企业可观数额的利润的原则在整个金融行业得到了广泛应用。我们将在第4章介绍金融集团股东的悲惨结局。

与此同时，交易文化的发展导致企业报告的利润波动很大，然而利润水平往往都很高，其中的原因将在第4章进一步解释。那些策划或促成相关交易的个人理所当然地认为，自己不仅有资格享受荣誉，也有资格分享回报。这种预期只能朝一个方向发展：他们不打算承担损失，实际上通常也没有能力承担。法国法院对"流氓交易员"杰洛米·科维尔做出的49亿欧元裁决——以补偿其不当交易可能给法国巴黎银行造成的损失——仅具有象征意义。

绩效文化在金融集团中蔓延开来。即使零售银行的初级员工也在追逐激进的目标，以赚取绩效，这被明确证明引发了抵押贷款和贷款保护保险等产品的不当销售。绩效文化，以及对薪酬预期水平的大幅提高，已经蔓延到其他领域的企业。大型企业的高管通常像桑迪·威尔一样，自身也在企业控制权的新兴市场中从事交易，他们注意到金融行业的薪酬水平，并提高了对自身薪酬水平的预期。（从事与金融行业关系密切的工作的人，比如会计师和公司律师，同样提高了对自身薪酬水平的预期。）

由于追求"股东价值"的需要，通过期权将高管绩效与股价挂钩的做法被合法化。20世纪80年代和90年代，随着股价稳步上升，这些期权改变了许多高管的个人财务状况。通用电气的杰克·韦尔奇和里德一样，1960年从大学毕业后直接进入通用电气，他是基于激励的新企业管理方法的代表。如今，他的个人财产约7.2亿美元[39]，这样的财富在美国现代企业高管中并不罕见，但对约翰·里德[40]或ICI的高管这样的上一代企业家来说，这种财富水平简直不可想象。（ICI富有个性的董事长约翰·哈维-琼斯爵士在20世纪80年代成为英国最知名的商人，他在2009年去世时仅留下价值约50万英镑的遗产。[41]）

高管薪酬与股票期权的业绩之间的联系实际上很弱。股票期权的业绩基于市场预期（而非商业现实），与股价挂钩，且某种程度上是变化无常的观点的产物，它与交易员的绩效一样，是不对称的。股票期权允许受益人分享收益，但不要求他们承担损失，这种结构鼓励了高风险的转型变革，而事实证明，这种变革对ICI、通用电气和花旗银行具有极大的破坏作用。威尔"附近的计算机显示器显示花旗集团不断变化的股价"，这种高管与股价的紧密联系导致了人们对短期收益的高度关注。但首席执行官能从公司时刻变动的股价中搜集到什么有用的商业信息呢?

金融和非金融行业的绩效文化,远远没有使管理者和交易员的利益与股东的利益保持一致,反而导致管理者和交易员的目标与其所在组织的目标存在实质性不同。公司是为了一群高级雇员的利益而运营的,这种代理问题在金融部门最为严重,但也更广泛地影响到其他企业部门。投资银行家因促成交易和金融工程而获得巨额报酬,这是代理问题的另一个方面。管理者花着别人的钱,挥霍无度,玩忽职守,正如亚当·斯密所预料的那样。80年前,阿道夫·伯利和加德纳·米恩斯就发现了斯密提出的代理问题,即所有权和控制权的分离在现代商业和金融领域的延伸。[42] 其实,通过设计复杂的激励机制来解决这一问题的尝试,并没有让管理层的利益与股东的利益保持一致,更没有让管理层的利益与公司的长期成功保持一致。如今,它已成为公司与股东之间摩擦的主要来源。

很容易看出,美国19世纪末的"强盗大亨"(如约翰·D.洛克菲勒和安德鲁·卡内基)与20世纪末新兴市场颇具影响力的实业家-金融家之间的相似之处,如墨西哥的卡洛斯·斯利姆和印度的德鲁拜·安巴尼,或者那些通过侵占东欧以前的国有财产而发家致富的人。不过,像韦尔奇这样的企业家出现在超级富豪之列是一种新现象。大公司的高管能够将公司的很大一部分利润收入囊中,或许这就是神职人员和朝臣曾经的获取奢侈生活机会的写照。

因此,金融行业的绩效文化及其相关活动、新一代强盗大亨和身家千万的首席执行官的结合,逆转了20世纪长期平等主义的趋势。"我们占了99%"是"占领"抗议者的口号,这让人们注意到,在金融化时代,一小部分人获得了绝大部分好处。

一战后,"最富有的1%"获得了总收入的15%~20%。美国作为移民和机会之地,似乎比旧欧洲国家更平等。然而,在随后的50年里,民主的兴起、社会保障和现代国家的发展,让欧洲发达国家的收入不平等大幅下降。如图1.2所示,到1970年,"最富有的1%"所占比例下降了约一半,而"最富有的0.1%"所占比例下降得更厉害。由于这些数字与总收入有关,而且福利和最高税率在各地都有所提高,因此,均等效应甚至比这些数字显示的还要大。

收入为国家纳税申报单位(个人,夫妻)的收入。
*普鲁士1919年,联邦德国1970年,德国2005年。

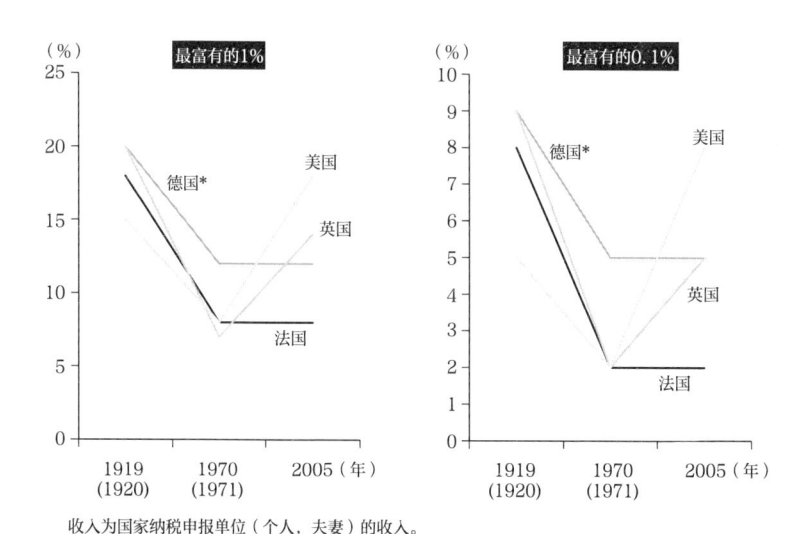

图1.2 1919—2005年,四个国家最富有的1%和0.1%占总收入的比例

资料来源:A.B.Atkinson and S.Morelli, *Chartbook of Economic Inequality*, ECINEQ Working Paper, 2014。

许多人可能会感到惊讶,1970年德国的收入平等程度比英国、法国或美国要低得多。主要原因是德国以家族企业为主的中产阶级或中型企业的成功,我们将在第5章进一步讨论这个问题。

平等主义的趋势戛然而止。在法国和德国,平等主义直接走到了尽头。自1970年以来,衡量收入不平等的指标就没有变过。在英国和美国，最富有的1%和0.1%的收入大幅增长。这种逆转在美国尤为明显。如今，"1%"所占的收入比例比一个世纪前还要高，美国的收入分配在一定程度上是四个国家中最不平等的。资本方面发生了什么就不那么清楚了。正如我将在第5章至第7章中所介绍的，自有住房和养老金的增长扩大了个人财富的分配。

许多因素促成了收入分配的这些变化。主导20世纪大部分时间的政治趋势在最后几十年里发生停滞或逆转。全球化对世界贫富差距产生了巨大影响：过去20年，中国和印度史无前例的经济增长使很多人摆脱了贫困。但全球化却加剧了发达国家内部的贫富差距。尽管全球化使拥有独特或出众技能的人，无论是音乐明星、体育明星还是咨询工程师，能够在更广阔的市场上应用这些技能，但它也加剧了非技术劳动力的竞争，因为低技术含量的制造业能够迁往劳动力成本更低的国家。

尽管如此，英国和美国，以及法国和德国之间经历的差异仍是惊人的。当时英国和美国是撒切尔和里根执政，但在工党和民主党执政时期，两国"1%"所占的收入比例仍在上升。金融全球化的直接和间接影响是关键，既包括金融业本身高薪酬人员所获得的超高薪酬，也包括对金融业以外企业高管薪酬的连带影响。2005年，美国最富有的1%、0.1%的人中分别有45%和60%要么是公司高管，要么是金融业从业人员。（医生和律师在最富有的1%中占比22%，在最富有的0.1%中占比10%。[43]）

在美国，所有这些因素叠加在一起的结果是，金融化时代所谓的经济增长对普通个人几乎没有任何影响。自1973年以来，按实际（经通胀调整）计算，家庭收入中位数仅增长了不到5%。[44]但在这些国家，金融化时代也是消费信贷广泛扩张的时代。在证券化的推动下，信用卡债务和其他消费贷款迅速增长。房屋所有者能够获得"权益释放"(即以其房产的增值为抵押贷款),而抵押贷款则扩展到以前没有资格获得住房融资的人。这种信贷扩张使得消费继续增长,即使收入没有增长。

信贷扩张不可能无限持续下去:当大量劣质贷款被暴露时,信贷扩张趋势将不可避免地出现逆转。这就是在全球金融危机中发生的事情。在消费增长快于收入增长时,受到抑制的社会紧张关系将失去控制。公众舆论转而反对银行业和金融业,"占领华尔街"运动和边缘政治运动人气飙升。

在厄普顿·辛克莱和艾达·塔贝尔之后的一个世纪,揭发丑闻的传统复活了。新一代记者试图揭露企业,尤其是金融领域的渎职行为。当互联网记者马特·泰比将高盛描述为"一只巨大的吸血乌贼,到处吸钱"[45]时,这一说法迅速流传开来。这家在西街200号的总部都没有招牌的公司因此受到了国会和媒体的嘲笑。泰比这个比喻的魅力来自它的含义——高盛本身并没有创造财富,而是从其他人和企业创造的财富中获益。这种怀疑正是许多人对金融部门所起作用的担忧。后面的章节将讨论这种关注的合理性。

桑迪·威尔和《我们是华尔街》的用户与班克斯、乔治·贝利和梅因沃林上尉等人的区别是,他们对待风险的态度。对老一辈银行家来说,风险是一种诅咒,如果一笔贷款有风险,他们就会停止放贷。当然,这些传统的银行家有时也会犯错误,他们的借款人也会无法偿还贷款。但是没有风险计量这种东西,也没有对预期损失的会计准备金,因为没有预期损失。在金融化时代,银行家拥抱风险。有风险才有回报,在拉里·萨默斯等数学家的帮助下,风险是可以计算和管理的。也许吧。

-2-
风险

奶牛、咖啡和信用违约掉期

> 无论何时,当物质收益随交换而来时,每一个正数都有一个恰好相等的负数。
>
> ——约翰·罗斯金,《给未来者言》,1860 年

> 亚当·斯密《国富论》的关键见解简单得容易误导人:如果双方之间的交换是自愿的,除非双方都认为自己能从中受益,否则交换就不会发生。
>
> ——米尔顿·弗里德曼,《自由选择》,1980 年

2005 年,为了致敬即将卸任美联储主席的艾伦·格林斯潘,堪萨斯城联邦储备银行在怀俄明州宜人的度假胜地杰克逊霍尔峡谷举办了一次研讨会。时任国际货币基金组织首席经济学家的拉古拉迈·拉詹质疑了金融市场创新的价值,并对未来的麻烦发出了警告。[1]

拉詹的论文反响不佳。主要讨论者是美国联邦储备委员会副主席唐·科恩。科恩将这次演讲视为对他所谓的"格林斯潘主义"的攻击。格林斯潘主义宣扬了拉詹质疑的金融创新的优点。科恩为这些创新做了有力的辩护。他说,通过允许金融机构分散风险、更精

确地选择风险类型以及改善对所承担风险的管理，金融机构变得更加稳健。[2] 他接着解释说，这些发展也使金融体系更具弹性和灵活性，能够更好地吸收冲击，而不会增加这些冲击对实体经济的影响。

这确实是格林斯潘的观点。他难道没有解释过，这些工具增强了区分风险并将风险分配给那些最有能力和最愿意承担风险的投资者的能力吗？[3] 如果科恩持批评态度，他至少是有礼貌的：拉里·萨默斯将拉詹的观点描述为"勒德分子"，并将他比作那些想用跑步者和马代替汽车和飞机的人。萨默斯认为，复杂性与进步密不可分。[4]

在杰克逊霍尔发表主题演讲的是罗伯特·鲁宾，他曾在1995年至1999年担任克林顿政府的财政部长。鲁宾此前曾担任高盛高管，在离开政府后，他因2000年至2009年在花旗集团担任非执行职务而获得超过1亿美元的报酬。鲁宾是萨默斯从诋毁"番茄酱经济学"转变为大力支持金融化的关键人物，鲁宾将这位哈佛学者培养成他的继任者。当美国商品期货交易委员会主席布鲁克斯利·伯恩试图扩大对衍生品市场的监管时，鲁宾、萨默斯和格林斯潘带头反对，并支持将金融合约排除在该机构管辖范围之外的立法。

次年，美联储另一位理事本·伯南克重申了科恩的主张："过去20年，各种规模的银行机构在衡量和管理风险方面都取得了巨大进步。"他说，"这些进步"使"银行体系更具弹性"。[5] 伯南克是普林斯顿大学的教授，也许是受"大萧条"的启发，他早些时候宣布了"大稳健"。

纽约联邦储备银行主席在该行年度会议上发表讲话时，也对风险管理人员的工作表示了类似的赞赏。蒂莫西·盖特纳告诉他的听众：

> 金融机构能够更有效地评估和管理风险。风险更广泛地分散在国内、国际多种类型的金融中介机构之间。这些

变化极大地改善了核心金融中介机构的资金实力，以及美国金融体系的整体灵活性和弹性。[6]

事实证明，上述人士对风险的误解并没有阻碍他们的仕途。当全球金融危机爆发时，乔治·W.布什已经任命伯南克接替格林斯潘担任美联储主席。科恩成为他的副主席。[7] 奥巴马总统任命盖特纳为财政部长，任命萨默斯为国家经济委员会主席，从而组成了他的经济团队。（拉詹于2006年底离开国际货币基金组织，回到印度，并于2013年成为印度央行行长。）

20世纪70年代，在政府部门拥有丰富经验的经济学家大卫·亨德森曾为英国广播公司（BBC）做过一系列讲座，主题是"正确不重要"。他在节目中说："有一件事你可能认为很重要，但实际上没有任何人关注，那就是你的建议是否有用。"亨德森进一步观察到，"这可能适用于英国公共服务部门，但我认为它更适用于经济学领域，无论是在英国还是在其他地方"。[8] 他还引用了另一位评论家塞缪尔·布里坦的话："一篇论文的竞争力要比它的正确性或启发性更重要。"[9] 自从亨德森发表上述观点以来，无论是政府还是学术界，情况都变得更糟了。

伯南克、盖特纳、科恩和萨默斯随时可以从金融市场的学者和从业者那里得到最好的建议。伯南克和萨默斯本身就是非常杰出的学院派经济学家。他们怎么会错得如此离谱？聚集在杰克逊霍尔的经济政策制定者们所表达的观点代表了一群学者（这些学者提出了一个错误的或至少是不恰当的理论）和从业者（他们热情地宣称，他们发现了一种对社会和个人都有利可图的活动，这种活动使世界变得更美好）的观点。

经济理论并没有引起书中所描述的金融体系性质的变化，经济学家也不用为全球金融危机负责。但经济理论对这些变化和事件的影响是广泛而深刻的。从广义上讲，以交易为导向的金融部门的发展与随着撒切尔和里根的崛起而席卷公共政策的自由市场意识形态密切相关。交易大厅的轰鸣声是自由市场的典范。

金融界领导者对自由市场价值观的信守是出于实用主义，而不是什么深刻的知识信念。如果有人曾对这一点存在疑虑，那么全球金融危机帮他打消了这种疑虑。金融巨头能够说服自己和其他人相信，让市场顺其自然的观点作为一般性问题是令人信服的。但这种观点不适用于花旗集团和高盛等具有系统重要性的金融机构，尤其不适用于他们有幸担任高管的企业。金融是特殊的。然而，一旦这些例外得到承认，金融界鼓吹自由市场的言论就会有增无减，事实也的确如此。

为自由市场意识形态提供理论基础，是经济学对金融部门政策贡献的一部分。另一个则更具技术性：从20世纪60年代开始，金融经济学发展出一套全面的模型。

流行的说法是，美国原住民把未来华尔街的所在地卖掉，换取了价值24美元的小饰品。买卖双方对该地段的价值有不同的看法。在这种情况下，买家（新尼德兰的荷兰总督彼得·米纽伊特）欺骗了卖家，而当地人只是犯了一个错误。另一种说法是当地人占了上风，因为他们从一开始就没有拥有过曼哈顿岛。[10]不管是哪种情况，交易都基于错误和虚假的信息。市场是不良商人抢劫无辜顾客的场所，对外贸易则是从外国人那里榨取财富的手段，这种观念从亚里士多德时代到18世纪中期一直主导着经济思想。我们可以将17世纪法国经济学家、政治家让－巴普蒂斯特·柯尔贝尔尊为这一学说的拥护者，因为他的许多同胞，包括对经济学从未有过深刻理解的拉斯金，以及最近对商业活动持批评态度的人，仍然坚持这一学说。

然而，现代经济学的一个核心观点（弗里德曼不无公平地将这一观点归于亚当·斯密）是，如果交易双方有不同的偏好或不同的专长，那么交易可以让双方都受益。也许我有一个奶牛群，你有一个咖啡种植园，我们都喜欢牛奶咖啡。又或许我们都从事混合农业，但你只喝咖啡，我只喝牛奶。无论哪种情况，交易都将使我们双方受益。

现代金融经济学将风险视为牛奶或咖啡一样的商品，人们对风险的处理方式和管理有不同的偏好和能力，就像他们对食物有不同的口味，或耕作不同种类的土地，或拥有不同的农业技能一样。他们之间的交易对双方都有利。这样一来，风险市场能更有效地处理现代生活中不可避免的风险。

如果这种风险和其他商品之间的类比是正确的，那么经济学的标准工具就可以应用于风险交易。半个世纪以来，这种方法一直是金融经济学的基础。这个比喻对那些在金融市场工作的人有很大的吸引力，这意味着，针对牛奶和咖啡交易提出的市场效率主张同样适用于外汇和信用违约掉期交易。交易量越大，市场范围越广，证券市场自由交易的好处就越多。

但好事过犹不及。交易可以使双方都获益，但并不意味着所有的交易都能这样：即使不是所有的交易都具有欺骗性，也有一些具有欺骗性。拉斯金和弗里德曼有时是对的，有时是错的。"格林斯潘学说"认为风险交换类似于牛奶和咖啡的交换，这种交易的效果是"将（风险）分配给那些最有能力和最愿意承担风险的投资者"。[11] 但是，在柯尔贝尔之后的三个世纪，现代经济学中的另一种思想通过强调"信息不对称"恢复了交易具有欺骗性的概念——人们进行交易是因为他们掌握着不同的信息，或者对相同信息持不同看法。

这两种看待风险交易的角度有着悠久的历史。法国经济学家出身的保险公司老板米歇尔·阿尔贝尔对18世纪全球保险市场的发展曾有一段有趣的描述。他说，在伦敦爱德华·劳埃德的咖啡馆里，悠闲的英国绅士们聚在一起，赌海上船只的命运。赌注的价值随潮汐涨落，绅士们的财富受天气影响。千里之外，瑞士的村民们聚在一起商定，如果一头牛死了，他们将集体负责更换它。英国人买卖风险，瑞士人共担风险。[12]瑞士人践行礼俗社会，英国人不知道法理社会是什么意思，就把它等同于赌博。这一小小的忽略将产生深远的影响。

1997年，御用大律师罗宾·波茨应国际掉期与衍生工具协会（ISDA）的要求，对信用违约掉期市场进行了评估。这个市场的参与者是英国绅士们的现代（赌博）同行吗？还是说，信用违约掉期的买卖双方更像瑞士村民，共担疾病和灾难的风险？

波茨先生用法律术语表达了米歇尔·阿尔贝尔所说的区别。他提醒大家注意著名的卡利尔诉石炭酸烟丸公司一案。1892年，一位赛马法官亨利·霍金斯爵士将赌注在英国法律中的含义定义为，"对未来的不确定事件持有相反观点的两个人，同意正确判断该事件的一方将赢得另一方的合同"。[13]保险不一样。保险的本质（用波茨先生不太恰当的话说）是"一份合同，就被保险人所拥有的某些利益，对他认为他将承担的风险进行赔偿"。[14]波茨巧妙地回避了信用违约掉期交易动机的问题，这个问题我们在第4章再谈。

风险市场历史发展中的这两个方面——押注对不完全信息的解读，以及个人风险的社会化，如今仍是风险和保险市场运作的核心。令人惊讶的是，伦敦和瑞士仍是全球主要的保险市场。村民们从高寒草甸来到令人印象深刻的繁华城市苏黎世和慕尼黑。由理查德·罗杰斯设计的劳合社的标志性建筑或许是伦敦金融城最引人注目的办公楼，它距离劳合社的顾客第一次闻到咖啡味儿的地方不到100码[①]。劳合社仍然是全球海上保险的主要交易场所。

在20世纪，劳合社和瑞士/德国的保险业主要是再保险市场。保单持有人的保险公司通常会处理保费和理赔的日常管理工作，但会以适当的价格将巨额损失割让给具有专业风险评估能力的再保险公司。即使在20世纪后期，组织形式也反映了历史渊源。劳合社的支柱是它的"名头"：（主要是）有经济能力和社会地位的英国人，他们希望从有利可图的保险业中获得固定收入，但也把个人财富押在了承担任何损失的风险上。慕尼黑再保险公司和瑞士再保险公司都是金融巨头，它们在全球范围内分散风险，并持有巨额资本储备，以应对未来的损失。

在劳合社，咖啡馆的传统是继续在"房间"里开展业务。位于其办公楼中心的卢廷大钟反映了航海历史。（这座钟是从1799年一艘沉没的金条船上打捞上来的，响一次表示船只失事，响两次表示安全返航。）经纪人会试图找到一个愿意承担很大一部分风险的主承销商：如果主承销商信誉良好，其他人就会以自己的"名义"跟投。这种合作与竞争的结合鼓励各个承销商发展专业技能，并分担对个体风险进行详细调查的责任。这种企业联合组织的做法在各大银行分享大额贷款时同样常见。

然而，到了20世纪80年代，"房间"变成了像其他交易所一样的交易大厅。如果你可以通过出售再保险合同获得利润，你也可以通过出售再保险的再保险合同获得利润。你甚至可以为再保险再再保险订立合同。其结果是形成了一系列被称为LMX螺旋的合约，这些合约如此错综复杂，以至根本不可能确定持有人面临的潜在风险。1987

---

① 1码=0.914 4米。——编者注

年，北海的派珀·阿尔法石油钻井平台起火，导致200人丧生，引发了当时世界上最大的海上保险索赔。那些从未听说过派珀·阿尔法的承保人员发现，他们对该平台进行了一次又一次的再保险。劳合社的索赔总额是潜在损失的10倍。

对已经发生的风险进行交易并不是广泛地分散风险。钻井平台的运营商西方石油公司比那些最终不得不为事故付出代价的人更有能力评估、监控和承担风险。一些人遭受了巨大的损失，被迫变卖房产，毁掉了自己的生活，甚至有自杀的报道。对已经发生的风险进行的交易，是在对自己所做的事情以及风险的性质有所了解的人与不了解的人之间进行的。这是柯尔贝尔和拉斯金的世界，而不是弗里德曼和格林斯潘的世界。LMX螺旋非但没有分散风险并将其交到有风险管理能力的人的手中，反而将风险集中在了完全没有风险管理能力的人的手中。[15]

劳合社的一名承销商用夸张的语言向我谴责了代理人的无知和无能，正是他们推销了这些复杂的交易结构，使劳合社濒临倒闭。我问，为什么你没有告发有关人员？他用怜悯的目光看着我，简单地说：因为他们愿意以我乐意卖出的价格买入风险。毫无疑问，把曼哈顿岛卖给彼得·米纽伊特的当地人脸上也洋溢着同样的自满神情。

"伟大的法布"图尔也是如此。在波茨对那些新成立的债务担保证券发表意见10年后，法布里斯·图尔开始向高盛的客户出售基于次级抵押贷款的合成债务抵押债券（你不会真的想知道）。他向女友描述了这种名为Abacus的证券：

> 我对这个产品的设立有一些贡献（顺便提一句，这个产品纯粹是智力自慰的产物，就是那种你设计的时候告诉自己"好吧，要不我们创造一个没有目的的'东西'，完全

是概念性的和高度理论化的，没有人知道如何定价"的东西）。[16]

美国证券交易委员会对这一交易的看法就没那么丰富多彩了。它总结称："图尔先生设计了一个复杂的金融产品，该产品被秘密设计，以最大限度地提高失败的可能性。"[17]那些在评估这些证券的基础价值时犯了错误的人购买了抵押债务，出售了信用违约掉期。这就是他们购买它们的原因。在大多数情况下，他们并不真正知道证券是什么或如何确定付款。信用违约掉期市场的增长与LMX螺旋所设定的模式密切相关。高风险贷款被捆绑在一起，然后被拆分并重新组合打包，以至没有人知道所提供证券的根本性质，也没有人知道这些收益所基于的收入。

当"伟大的法布"推销Abacus交易时，像约翰·保尔森这样的对冲基金经理的所作所为已经非常清楚了（这种产品是按照他的要求设计的，他从相关交易中赚了数十亿美元）。他从事的业务在一个世纪以前的亨利·霍金斯爵士看来就是一场赌博。那些购买了法布产品并在保尔森的交易中承担损失的人也在赌博。保尔森和Abacus证券的购买者在抵押人履行义务的能力和意愿等未来不确定事件的问题上持相反观点，并同意在该事件的确定上，一方应胜过另一方。

这里有一个悖论。与金融领域的其他经济学家一样，"番茄酱经济学家"强调他们所研究的领域本质上的独特性。但他们对风险的分析使得风险市场与其他商品市场毫无差异。这样做的话，他们就没有意识到金融市场与其他商品市场之间实际存在的根本区别。证券市场在很大程度上基于交易双方在信息或信息感知上的差别，而不是基于偏好和能力上的差异。这一观察有助于解释为什么金融可以（或看起来）如此有利可图，以及为什么这种盈利能力与金融活动的增值无关。

追逐梦想

> 当一个国家的资本发展成为赌场活动的副产品时,这项工作很可能做得不好。
>
> ——J. M. 凯恩斯,《就业、利息和货币通论》,1936 年

每周有数百万人购买的彩票是一种赌博。愤世嫉俗的人建议你最好在最后一分钟买彩票,因为不然的话你在开奖前死亡的概率要大于你赢得大奖的概率。

但这种计算误解了这项活动的本质。彩票持有者购买的是一个梦想,拥有梦想的时间越长,获益越多。一项著名的愚蠢实验表明,学生们愿意花更多的钱在三天内得到他们最喜欢的电影明星的一个吻,而不是在三小时或一年内。[18] 当买彩票的人输了的时候,他们可以通过承诺自己下周再买彩票来维持梦想。"可能是你"是英国国家彩票推出时一句明智的口号。

彩票发起人从实践中学会了如何设计有吸引力的彩票产品。几个非常大的奖让人们怀揣梦想。大量小额奖品鼓励客户保持"可能是你"的信念。如果一个游戏给人的印象是玩家可以通过选择数字、放置卡片或拉独臂强盗的杠杆来影响结果,那么即使是纯运气的游戏也会更受欢迎。乘坐商用飞机比驾驶自己的汽车安全得多,但我们不这么认为。如果自己能施加稍许控制,我们就会觉得不太容易受到风险的影响。

大多数人认为自己是更好的司机、更好的情人,大多数事情都比一般人做得要好。我们持有的股票可能会上涨,我们聘请的基金经理是最好的,我们聘请的顾问是最精明的。如果很多人认为他们的伴侣

比一般人逊色，那才令人惊讶。他们的伴侣当然是更好的伴侣。这就是为什么我们聘请基金经理，持有这些股票，并与我们的另一半结婚。

许多理财促销利用了人们的控制幻觉和对自己判断能力的过度自信。追逐梦想最常见的方式是，相信储户能够成功地识别市场的高点或低点，或者选择表现优于市场的股票或基金经理。然而，大量证据表明他们不能。很少有投资者或基金经理能持续获取超额利润。[19]整体而言，就收取的管理费来看，主动管理型基金表现更差。散户的表现甚至比投资基金的平均水平还要差，因为买卖时机不对。就像扑克等混合了技巧和机会的游戏，有少数真正能力出众的人会从一般玩家的身上获利，而更多的人则是说服自己或其他人，最近的好运是自己超强技能的结果。

自心理学家丹尼尔·卡尼曼2002年获得诺贝尔经济学奖以来，追逐梦想、喜欢控制、乐观倾向等特征在有关行为金融学研究课题的实验中被反复证实。这些文献大多以一种居高临下的口吻把这种行为描述为非理性。[20]但是，一般来说，梦想、乐观主义或喜欢控制并非不理性：如果不想象未来，不持乐观态度，不试图掌控自己的命运，那么很少有人能熬过这一生。彩票利用这些行为特征实现了公共利益和个人利益。买彩票的人喜欢他们可能会中奖的想法。除了极少数情况，即使输了，他们大多也不会为自己的购买行为后悔。这是一个追逐梦想的过程，任何人都没有错。

在洗脑式营销的巨大成就中，经济学家宣称为"理性"下了定义。"理性"被定义为符合经济模型的公理，且在不确定性的背景下，这种"理性"有相当严格和复杂的解释。"理性"的人通过给各种结果附加概率来判断不确定的情况，并根据不断接收到的新信息修正这些概率。他们不会"追逐梦想"，因为他们会根据梦想实际发生的可能性来衡量结果。理性的人能够评估所有可能的结果，并赋予它们概率。理性的人没有乐观偏差或控制幻觉。如果他们持有"理性预期"，他们风险选择的结果将通过事件的相对频率得到验证。

不需要内省就能看出大多数人都不是那样做的。但这种思维方式占主导地位的假设是"格林斯潘学说"的基础。比格林斯潘思想更深刻的罗伯特·鲁宾在他的回忆录《在一个不确定的世界里》[21]（*In an Uncertain World*）中强调了概率思维的必要性。然而，该书的标题却忽略了我们可以借助概率来描述的"已知的未知"风险，与我们甚至不知道讨论的事件是什么因而无法确定发生概率的"未知的未知"或"黑天鹅"[22]风险之间的区别。你无法判断发明轮子的可能性，因为在想象可能性时，你已经发明了它。

20世纪20年代，约翰·梅纳德·凯恩斯（他在剑桥大学的学术论文讨论的是概率）和富兰克·奈特强调了未知的未知的根本不确定性的普遍性。但他们实际上输掉了与由剑桥哲学家弗兰克·拉姆齐和另一位芝加哥学者L. J. 萨维奇领导的一场智力较量，后者主张概率推理的范围可以或多或少地无限扩展。在2008年10月向国会发表的著名道歉证词中，格林斯潘似乎承认了拉姆齐和萨维奇提出的方法的局限性。当时，该方法已成为金融经济学的基础：

> 近几十年来，在计算机和通信技术重大进步的支持下，以及在数学家和金融家最佳见解的结合下，一个庞大的风险管理和定价体系已经发展起来。诺贝尔奖颁发给了一个支撑衍生品市场大部分发展的定价模型。现代风险管理范式主导了几十年。然而，整个知识大厦在去年夏天轰然倒塌了。[23]

然而，相当奇怪的是，格林斯潘接着说，这一理论大厦的倒塌不是因为它概念上的缺陷，而是因为使用的数据。问题很简单，"输入风险管理模型的数据通常只涵盖了过去20年"。[24] 5年后，他开始意识到承认理性人假设的问题更为根本。在接受英国《金融时报》采访时，他承认，已经对"新古典经济学对人们的行为是出于理性的自身利益的假设……风险评估的整个结构——他们称为'哈里·马科维茨方法'"失去了信心。[25]

格林斯潘可能已经接受现实，但大多数金融经济学家还没有。弗兰克·拉姆齐在20世纪20年代的那场辩论中已经清楚地指出了格林斯潘学说背后的模型具有强大影响力的一个原因。[26] 如果你的行为不"理性"，你可能会被"Dutch-booked"——这是一个令人不快的短语（对荷兰人来说，这个短语的起源似乎已经被遗忘了），意思是别人可以设计策略，以牺牲你的利益为代价来赚钱。许多经济学家利用这一论点坚持认为，人们的行为确实是"理性的"——不符合模型的行为将被抛弃，因为参与其中的人会赔钱。我自己也用这个推理来教导学生。但现在我的看法不一样了。人们确实一周又一周地购买彩票，而且这么做对他们来说是完全合理的。无论是出于好的原因还是坏的原因，人们的行为都不符合理性的经济模型。结果，其他人确实设计出了以牺牲他们的利益为代价来赚钱的策略。这一结果对理解当今金融市场的运作方式至关重要。

金融经济学中发展起来的模型涉及面很广，而且往往在技术上很有独创性。这些模型包括投资组合配置的马科维茨模型（格林斯潘提到过）和布莱克-斯科尔斯模型（格林斯潘提到过的衍生品定价模型）。然而，学术金融理论的关键组成部分是"有效市场假说"（EMH），尤金·法玛因此获得了2013年诺贝尔经济学奖，以及资本资产定价模型（CAPM），威廉·夏普因此获得了1990年诺贝尔经济学奖。夏普与马科维茨分享了该奖项，迈伦·斯科尔斯于1997年获得诺贝尔经济学奖，就在著名的长期资本管理公司破产之前，斯科尔斯是该公司的合伙人。布莱克于1995年去世。这些金融经济学家都来自芝加哥大学。

有效市场假说认为，所有关于证券的可用信息都在"价格中"。利率预期会上升，宝洁拥有众多强势品牌，中国经济正在快速增长：这些因素都充分反映在当前的长期利率水平、宝洁的股价以及美元与人民币之间的汇率上。由于已知的一切都在"价格中"，只有未知的事物才能影响价格。因此，在一个有效的市场中，价格将遵循被生动地描述为"随机游走"的规律——下一步走势既可能上涨也可能下跌。而且由于已知的一切都在价格中，这个价格将代表对证券潜在价值的最佳估计。

更进一步的类比推理可以得出"无套利"条件：每一种证券相对于所有其他证券都有适当的定价，因此，不可能通过卖出一种证券买入另一种证券来赚钱。布莱克－斯科尔斯模型，以及衍生品市场所有随后发展的量化模型都依赖于这一假设。"无套利"条件正是萨默斯在嘲笑金融经济学家时想到的，因为他们会问两夸脱瓶装番茄酱的价格是否会是一夸脱瓶装的两倍，却不关心番茄酱的价格是如何确定的。

传奇投资人沃伦·巴菲特对有效市场假说提出了精辟的总结性批评："他们（学者、投资专业人士和企业经理）观察到市场通常是有效的，但他们继续错误地认为市场总是有效的。殊不知，二者可谓天差地别。"[27] 或者，就巴菲特而言，二者的差别代表500亿美元的财富。有效市场假说基于一个广泛用于经济分析的假设，即证券市场和商业中所有可以获利的机会都已被抓住。

在金融和商业领域，大多数可以获利的机会都被抓住了。但金融市场上的交易和商业上的创新，都是为了寻找尚未被抓住的获利机会。有效市场假说立刻抓住了现实的一个重要方面——不存在轻而易举就可以获得的利润,却忽略了一个同样重要的方面:追求不易获得的利润是资本主义制度的动力所在。像许多不太成功的企业家一样,亨利·福特、沃尔特·迪士尼和史蒂夫·乔布斯并非试图利用套利机会,而是试图改变世界。

明智的投资者在拒绝有效市场假说之前会再三考虑。然而,如果"与证券估值相关的所有信息已经包含在价格中"的假设为真,那么我们今天在证券市场观察到的交易量将完全无法解释。有效市场假说的核心存在逻辑上的矛盾。如果所有信息都已经包含在价格中,那么人们一开始又有什么动机去搜集这些信息呢?

资本资产定价模型将有效市场假说的逻辑向前推进了一步。资本资产定价模型描述了一个由持有相似预期的理性代理人组成的有效市场的均衡状态。金融记者贾斯廷·福克斯讲述了资本资产定价模型的诞生:其创始人比尔·夏普认识到自己假设的情景是不可信的,他的文章最初被拒绝发表,就是因为模型假设过于幻想。[28]然而,在很短的时间内,资本资产定价模型被视为对真实市场的描述。一天晚上,我在和一个以前的学生(现在也是金融学教授)讨论时,他问我:"如果你不再相信资本资产定价模型,那么你还相信什么?"资本资产定价模型的吸引力在于,它为"证券价格是如何确定的"这一问题提供了清晰的答案。因为被认为赋予了金融经济学以科学客观性,答案的可获得性压倒了认为答案不正确的观察结果。正如布里坦所言,竞争力比正确性或有启发性更重要。

比资本资产定价模型更现实的替代方案必然是混乱的、临时的、务实的。它们需要适应不平衡、将利润机会留在桌面上的低效率,以及不同的人会以不同的方式解释的不完全信息。它们需要容忍控制幻觉,并认识到人们可以追逐自己的梦想。

概率推理在我们的生活中并没有发挥很大的作用,因为它可以有效应用的情况是有限的。我们通过讲故事、建构叙事来处理极端的不确定性。史蒂夫·乔布斯的传记作者沃尔特·艾萨克森曾写过乔布斯的"现实扭曲力场",这句话同样适用于福特或迪士尼。[29]

这不是"格林斯潘主义"的乐观世界,而是商业运作和证券交易的世界。正如心理学家戴维·塔克特在采访中所记录的那样,现实中的市场行为几乎不使用概率思维,而是依赖于信念叙事——交易员自己给自己讲故事,并在彼此的对话中继续强化故事的可信度。这种叙事是我们应对极端不确定性的手段——这些未知的未知不仅是商业世界和证券市场的特征,也是我们生活的方方面面的特征。

我们都在追逐梦想,但当个人或群体过度追逐梦想时,追逐梦想就会变得疯狂。用别人的钱追逐梦想是不负责任的,而且往往具有欺诈性。赌博在任何地方都受到严格监管,因为赌博组织对诈骗犯和骗子具有吸引力;因为赌博导致人们做出错误的决定,这可能会毁掉他们的财务和生活,伤害他们的朋友和家人;因为不加控制的赌博会增加社会的风险。在金融市场上进行赌博也是如此。

劳合社的绅士不仅仅押注潮汐和船只。在某种程度上,以一种预期衍生品证券范围未来会扩大的方式,他们什么都赌——赌乔治国王的寿命,或者赌被认为由于"为了鼓励别人"而被处决的倒霉指挥官宾将军的命运。这种赌注显然不受欢迎,1774 年,对一个人的生命进行押注的活动被禁止,除非可以证明这个人在其生活中拥有波茨先生提到的"可保利益"。在信用违约掉期变得过犹不及之前,对没有可保利益的事物的押注实施类似的禁令,可能会在某种程度上限制其增长。

一些司法管辖区已尝试全面禁止赌博,大多数都没有成功。人类赌博成瘾。禁止赌博使博彩业成为有组织犯罪的磁石,就像禁止卖淫和酒类交易对这些行业的影响一样。博彩业监管最成功的策略包括:

对所涉个人和组织的性格进行严格的评估，通过对任何不当行为的零容忍来消除犯罪，以及主要旨在禁止误导性描述的客户保护规则。

但更好的策略仍然是将赌博引向无害，甚至无关紧要的活动——比如赛马和彩票，并限制赌博成瘾者，甚至是那些有一点点赌博癖好的人，以影响经济效率的方式放纵自己的赌博习惯的机会。最重要的是，禁止用别人的钱赌博。随着金融化提升了交易员的作用，以及金融监管者相互确信，现实中不负责任的赌博活动构成了复杂风险管理的新时代，上述关键见解被抛弃了。

逆向选择与道德风险

> 遗憾，我也有过一些。但话又说回来，太少了……
> ——弗兰克·辛纳屈，《我的方式》，保罗·安卡作词，1968 年

每天晚上醒来，我都在想我还能做些什么。这种情况一直在发生，我能做些什么不同的事情？有些话我应该怎么说，有些事我应该怎么做？我每天晚上都在反省。这就是为什么我一开始会这么说，我回想起当时，在我做出这些决定的时候，我是根据我所掌握的信息做出这些决定的。
——迪克·富尔德，雷曼兄弟前首席执行官，2008 年 10 月 6 日在众议院监督委员会做证

伯南克、盖特纳、科恩和萨默斯在杰克逊霍尔研讨会上对他们所

谓的金融体系降低和分散风险的能力已大大增强拍手叫好。随后，喷气式飞机和豪华轿车载着他们回到华盛顿和纽约的办公室。如果他们在大街上停下来问"你认为过去 20 年的金融创新降低了世界的风险吗？"，受访者会认为这些金融巨星已经失去了理智。

格林斯潘在其同事的支持下声称，这种创新的效果是将风险分散给最有能力和最愿意承担风险的投资者。这个主张在两个层面上是错误的。最直接的错误是，他认为他看到的风险转移代表的是保险而不是赌博。它的目的和效果不是通过将风险转移给更有能力处理风险的人以更有效地分散风险，而是将风险抛给那些不太了解风险的人。这种转移的结果是，风险管理的效率并没有提高，反而降低了。

但更大的错误是，认为在杰克逊霍尔研讨会上讨论的风险是最重要的风险。在分析萨默斯将现代金融创新与交通进步进行类比时，这个错误立即显现出来。接连不断的交通创新为我们带来了铁路、汽车和飞机。这些创新改变了普通人的日常生活。然而，没有人能说远期汇率、信用违约掉期或债务抵押债券等创新也改变了普通人的日常生活。杰克逊霍尔研讨会讨论的风险——证券违约、股票价值的变化、汇率的波动——对普通民众的影响并不大。所有这些风险都是由金融体系本身产生的。

美国普通民众关注的风险是不同的，它们是与裁员和失业相关的风险。大街上的行人害怕事故、疾病和死亡，担心养老。关系破裂对个人和经济都是昂贵的代价。这些风险不是通过证券市场来解决的：它们大多是在金融体系之外被解决的。这类风险由社会机构、朋友和家人、政府及其机构来处理，在某种程度上它们是完全可以被解决的。

市场机构无法管理这些风险，除非是边际风险。其原因主要是信息不对称、逆向选择和道德风险。你不能为离婚投保，因为夫妻比任何保险公司都更了解他们的关系状况。婚姻幸福的夫妇不会申请离婚保险，婚姻不幸福的夫妇反而会。保费将反映这种两面性，结果是，这种保险似乎只对那些婚姻已经岌岌可危的人有吸引力。信息不对称和逆向选择如此普遍，以至离婚保险市场不可能存在。

担心分居带来的经济后果是不幸福的夫妻不离婚的原因之一，如果存在这种保险，离婚率就会上升。如果保险公司为人们的失业提供保险，那么客户大多是那些知道自身有被解雇的风险，或者担心其雇主可能会破产的人，当提出理赔时，这些人就不会那么急于获得新的工作了。

道德风险是指，人们在受到保护的情况下愿意承担更多风险的倾向。当单身母亲受到严厉对待时，她们的数量就会减少，因为人们会适应自己所处的社会和经济条件。我们掌握的零星证据表明，自13世纪以来，英国发生暴力或意外死亡的风险基本保持不变："爱喝酒的同伴的斧头和邻居的露天水井都被管理好了，取而代之的是桀骜不驯的马匹和没有桥的河流；当这些都被控制住之后，就轮到没有围栏的工业机械和没有信号的机车了；今天我们要和那个醉酒的司机打架。"[30]

考虑到这一时期经济和自然环境的变化，这种稳定是非同寻常的。地理学家约翰·亚当斯创造了"风险恒温器"的比喻：我们对风险有一定的容忍度，并相应地调整自己的行为。[31] 与80年前相比，如今在交通事故中丧生的儿童更少了：尽管交通流量大幅增加，但儿童及其父母采取的预防措施完全抵消了这一点。

在银行"大而不倒"的背景下，金融领域的道德风险问题显得尤为重要。纾困计划的批评者抱怨称，对爱冒险的金融机构的债务进行公共赔偿，会鼓励这些机构冒更大的风险。这是一个复杂的问题。破产银行的首席执行官不太可能会认为，"我不需要担心自己的机构会陷入困境，因为政府会保护债权人的权利"。尽管如此，央行和财政部充当后盾的感觉仍然影响着公司的行为：雷曼兄弟的迪克·富尔德对自己业务的风险以及雷曼兄弟陷入财务困境后理应且会得到支持的信念都抱有幻想。如果富尔德没有犯这些错误，他一定会在雷曼兄弟倒闭之前尽其所能出售其业务。

但道德风险更严重的问题是，它对那些与银行打交道的人的影响。如果潜在的债权人知道他们将得到补偿，他们就没有什么动力进行仔细的信用评估。在次贷危机中，这种道德风险出现在各个层面。如果放贷机构不相信（事实上确实是）它们的债务得到了美国政府的担保，破产的美国抵押贷款机构房利美和房地美就不可能建立起规模庞大、资本严重不足的资产负债表。"大而不倒"将信贷风险监管的责任从市场参与者手中转移出来，并将其几乎完全交给监管机构：在这种情况下（以及在其他许多情况下），监管机构没有能力履行这一职责。

"道德风险"一词或许是不恰当的，因为道德风险关乎激励而不是伦理，关乎威慑而不是惩罚。蒂莫西·盖特纳似乎忽略了这一点——他的回忆录经常提到道德风险，几乎总是伴随着对"《圣经·旧约》原教旨主义者"的轻蔑。[32] 这大概是为了将《圣经·旧约》的报复精神和《圣经·新约》的宽恕精神进行对比。对那些应对全球金融危机负责的人来说，许多人可能会感到，这是报复而不是宽恕。但那些担心道德风险的人并非出于报复。道德风险在银行体系中的应用使人有充分的理由担心，即如果人们预期政府会对陷入困境的金融企业提供援助，那么经营这些企业并与之交易的人的行为方式将使他们更有可能需要此类援助。

在米歇尔·阿尔贝尔的瑞士村庄，社区压力处理了信息不对称、逆向选择和道德风险等问题。由于地理上的接近和个人关系，信息不对称即使没有被完全消除，也在一定程度上减少了。参与的义务是由经济和社会生活之间的联系决定的,对大多数人来说,这根本不是义务。有些人是更好的牧群监护人,有些人逃避他们的责任,有些人过于认真地履行他们的职责,但为了维护一个和谐的社区,这些差异被忽略了。

保险市场存在的风险涉及很大程度的随机性,这减少了信息不对称的问题。被保险人对风险的影响有限,这降低了道德方面的影响。我们可以为车祸、房屋被烧毁、过早死亡或寿命过长投保。但这些风险只是我们每天面临的风险的一小部分,而我们防范这些风险的能力,也会因搜集和分析大型数据集的能力的不断提高而受到威胁,这些数据集也许使我们能够预测因遗传而导致的疾病和死亡。只有当知识非常不完善,允许将随机、独立的事件汇集到一起时,完全私人保险才有可能。

由于这些条件很少得到满足,现代社会的风险由私人机构和社会机构共同管理。团体险通常由雇主提供,它在很大程度上解决了被保险人的逆向选择问题。通过法律、团体成员或社会团结实施一定程度的强制措施,对建立足够广泛的风险池以便有效分散风险是必要的。公众对保险市场的干预限制了保险公司参照个别风险的特定特征进行承保的能力。如果保险,特别是健康保险和预期寿命保险的私营市场要继续发展下去,相关部门就需要扩大这些干预措施的范围。

为什么日常风险由具有共同利益的风险池来管理?原因要比经济市场的缺陷更为深刻。瑞士村民不仅仅是在寻找一种降低个人风险成本的方法。他们表达了共同的社会关切:认为一个人或一个家庭遭受的不幸在某种程度上就是整个村庄遭受的不幸。"没有人是一座孤岛……因此,永远不要派人去打听丧钟为谁而鸣;它为你而鸣。"[33] "体面的社会不会给人们提供负担不起必要的医疗费用或年老时陷入贫困的选择,即使这些选择在某种意义上是人们自己做出的。"或者至少足够多的人有这种感觉，以至完全基于个人选择和市场解决方案来解决日常风险的挑战是不可能的，即使它是可行的。

"奥巴马医改"（奥巴马执政时期实施的全民医保计划）是在发达国家提供全民医保的最后一场小规模战斗。在其他国家，这个问题已不存在争议，尽管具体的机制和提供的医疗水平各不相同。私人健康保险公司通常是代表雇主分担风险的社会机构或组织。许多国家通过真正的私人保险市场提供了一些补充服务，主要目的是提供额外的保障和便利，而不是必要的医疗。现代先进社会将保证每个人达到最低生活水平的期望，使得社会供应和监管不可避免。这个水平应该是多少，对那些接受政府帮助的人应该施加什么条件，这些将反映在不同时间、不同地方普遍存在的不同价值观上。这些期望会随着时间和一代又一代人的变化而改变。

尽管大家庭仍然是处理个人生活中最重要的"新"风险（长寿时代人们需要长期护理的风险）的主要机制，但是它已经成为个人不幸中社会支持的一个不那么强大的来源。原则上，这似乎是适合私人市场的一种风险类型，但金融机构尚未做出任何努力来满足这一需求。

大雇主过去常常为员工提供切实的风险保护。与我同时代的那些加入苏格兰银行或皇家银行的人都希望在这些机构中度过他们的职业生涯。他们认为自己工作岗位消失的风险不大，如果真的消失了，公司也会为他们找到另一份工作。他们将享受舒适的退休生活，有一笔可观的退休金。如果生病了，他们会得到慷慨的治疗；如果去世了，他们的配偶会获得养老金。大多数大公司都提供这些福利，几乎所有公共部门也提供这些福利。

至少在金融化的英国和美国，这些福利已经所剩无几。私营企业没有终身工作。私营企业的最终薪金养老金计划已经没有了，雇员必须依靠自己的投入（通常仍由雇主补充）和变幻莫测的股市来获得退休金。雇主对病人和残疾人负有更大的法定义务，但不太愿意做超出法律要求的事情。公共部门的退步没有那么明显，但也在退步。随着时间的推移，私有化减少或取消了许多公共部门员工曾经享有的保护。在第9章，我将关注个人所处风险环境中最重要的变化：养老金规定的变化。

这些转变主要是金融化对企业行为影响的结果。1987年的ICI致力于"对化学和相关科学的创新和负责任的应用"，并致力于员工和社区的福利，自然而然就接受了这些对员工的更广泛的责任。而专注于为股东创造价值的后期的ICI却没有做到这一点。即使它仍然承认这些承诺，也不再重要了，ICI已经不复存在。

对日常风险的主要保护措施来自家庭支持和国家资助的共同作用。公共税收和福利制度承担了大部分义务，而这些义务在瑞士乡村曾经是半自愿承担的。社会保障为失业、残疾、养老和长期护理提供支持。政府为廉价住房提供担保。通过这些方式，以及对家庭进行直接支持，国家帮助分担关系破裂的成本。公共机构应对火灾、洪水和其他全国性灾难。这种安排通常是公共/私营伙伴关系，由政府提供应急响应，私营保险公司在长期清理工作中发挥更大作用。

当研讨会在杰克逊霍尔召开时，卡特里娜飓风即将横扫新奥尔良。它将导致2 000人死亡，造成1 000亿美元的财产损失。但这并不是研讨会参与者在安慰自己风险管理已达到新高度时能想到的那种风险，他们担心的是与波动的证券价格相关的风险。三年后，"雷曼"飓风席卷华尔街，表明监管的缓冲并不比密西西比三角洲的防波堤更安全。

自相矛盾的是，为理性行为概率模型的解释力所吸引的杰克逊霍尔与会者却被一种信念叙事控制——尤其是格林斯潘主席本人，他曾是安·兰德的助手。心理学家戴维·塔克特已经预料到他们对拉詹挑战的回应："他们（怀疑论者）对新事物的质疑需要被驳斥，也需要以解雇的方式被嘲笑和诽谤。"[34] 伟大的丑闻揭发者厄普顿·辛克莱曾对思想世界和现实世界之间的关系表达过深刻的见解："当一个人的薪水取决于他不理解某件事时，让他理解这件事是很困难的。"[35]

第3章将描述金融化的另一个核心思想：对流动性的需求。杰克逊霍尔研讨会的与会者在一个精心设计的分析框架的帮助下讨论了风险问题，这个框架具有令人印象深刻的知识连贯性（尽管缺乏实证相关性）。但是，当他们——以及其他人——讨论流动性时，他们正处在密西西比淤泥般清澈的背景下。

−3−
中介

中间人的角色

> 有些人的唯一使命就是充当中间人;一个人像过桥一样穿过他们,然后继续前进。
>
> ——居斯塔夫·福楼拜,《情感教育》,1869 年

商业活动以交换为基础。大多数交易所受益于中介机构的服务。消费者是分散的,并且通常对他们所购买商品和服务的特性知之甚少。他们需要超市、医生、汽车推销员、旅行社、谷歌和亚马逊,这些中介的存在让他们对购买的商品和服务产生信心。

中介机构扮演着各种各样的角色。它们提供物流——将商品和服务从生产者那里运送到客户手上。它们识别客户可能想要的商品和服务,并寻找最好和成本最低的生产商。它们管理供应链,帮助实现供需平衡。它们也可以提供信息和建议,帮助我们做出正确的购买决策。

金融是一种独特而复杂的中介机制。美国全国广播公司财经频道和各类商业报纸揭开了金融的部分神秘面纱。金融法律、金融监管和金融(番茄酱)经济学是各具特色的专业和研究领域。而且,并非巧合的是,金融业的薪酬远远高于其他任何行业。但是,我们希望从金

融中介机构获得的服务,与我们希望从其他中介机构获得的服务非常相似。金融中介机构需要提供物流——将服务从生产者传递给客户。金融中介机构应该识别客户想要的商品和服务,并寻找最好和成本最低的生产者。金融中介机构需要确保可靠的供应链,没有过剩和短缺。金融中介机构需要提供信息和建议,使客户能够做出良好的购买决策。金融中介机构需要做好沃尔玛擅长的事情。

互联网改变了中介的性质,让建立连接变得简单得多。克拉珀姆的经销商可以通过互联网联系远在中国的供应商。金融中介机构提供的建议很丰富,尽管质量参差不齐,无法保证。金融服务(就像音乐会和旅游场馆的门票)可以通过电子方式交付,也可以通过电子方式订购。

一些狂热者声称,新技术将消除中介功能。但互联网提供的如此有效的连通性,只是中介的功能之一。建立连接变得更容易也增加了监控这些连接的需求。脸书说明了更广泛的人际关系会降低其平均质量。近期的金融创新,如众筹和P2P(点对点)借贷,并不能淘汰金融中介。储户如果想获得与承担的风险相匹配的回报,就需要判断他们的钱是如何被使用的,以及用这些钱购买的资产是如何被管理的。很少有人有时间、知识或经验去做这件事。要想在众多乐观的商业计划中找到为数不多的可行机会,或者在令人信服的承诺和有说服力的不幸故事中找出那些有可能偿还债务的人,就需要从经验中产生的犬儒主义。与人面对面交流很有帮助。

并不是所有的中介都有用,例如引导游客去自己叔叔开的地毯店的导游;不提供任何有价值的服务,但如果得不到提成就会阻挠交易的中间人;建议做一系列我们不知道我们不需要的检查的医生。糟糕的中介夸大了自身的技能和我们对其服务的需求,把复杂性强加给我们——律师用术语迷惑当事人,艺术品经销商说我们听不懂的话语。

中介的必要性使得其服务的客户处于弱势地位。如果知道律师的建议是否正确，我们可能就不需要律师的服务了。

大多数日常购买都是交易。当我们购买食品杂货时，超市有从供货商那儿购买的存货，我们在收银台付款后，商品的所有权就转移给了我们。其他交易是通过代理完成的。大多数人通过房地产经纪人卖房子，通过保险经纪人买保险。代理人没有相关货物和服务的所有权，但为促进买卖双方的交易而赚取费用或佣金。代理模式在高价值、特殊的交易中更为常见。房地产经纪人需要大量资本资源以持有其代理出售的房产，而买方、卖方或两者都可能会重视代理人的服务，因为代理人了解他们的特殊需求，并寻求能够满足这些需求的最适当的方法。普通的交易模式适用于标准化、低价值的产品，尤其是在有重复购买的情况下。卖家之间的竞争有利于客户，这时就不需要昂贵的代理服务了。当信息不完全、商品价值大时，代理就会发挥作用。

艺术品市场展示了各种各样的商业关系。拍卖行充当卖方的代理人。画廊经常充当艺术家的代理人，收取佣金，或者出售画廊自己买入的画。老练的收藏家通常会雇用代理人代为购买藏品。

交易活动往往是透明的：画廊欢迎你前去参观，也愿意为你解答疑惑，但你必须自己获得所需的信息，以选择你想要的画作。代理是受监管的，代理人将承担与选择相关的部分责任，或许还有风险。中介可能是直接的，是买家和卖家之间的主要纽带，也可能是间接的，例如伦勃朗的一幅版画在你之前经过了许多人的手。交易通常是非个人的，代理关系通常是个人的。

在代理和交易之间、透明和有监管的中介之间、直接和间接的中介之间的所有这些区别都很重要，它们将在随后的章节中发挥作用。然而，没有一种区别是必然明确的。一个既定的交易关系开始看起来可能像一种代理关系：有一种相互义务感，卖方会寻找他或她认为特别适合买方的商品或服务。

买卖双方交易和代理关系之间的区别具有重要的法律和监管内涵。一个世纪前,另一位英国法官亨利·麦卡迪爵士阐述了代理所涉及的繁重责任。"法律的禁止是绝对的。它不会允许代理人将自己置于在一般情况下会诱使一个人做对他的委托人不利的事情的境地。"[1]

在最好的情况下,中介将其复杂机制隐藏在一个简单的界面下——就像手表的表面一样。谷歌的运行基于我们不需要了解复杂算法。沃尔玛的顾客对店内摆放的每件商品背后复杂的供应链一无所知。第一台个人计算机需要大量的编程技能。个人计算机革命之所以成为可能,是因为技术高超的程序员创造了界面,这意味着你不需要了解计算机的任何知识就可以使用它们:你可以从盒子里拿出机器,连接互联网,或者立即开始文字处理。

一定程度的信任对任何中介关系都是至关重要的。我们不想听那些把"买者自负"写在铜牌上的医生的建议。在产品复杂又缺乏信任时,市场就不能很好地运转,就像二手车买卖双方之间的关系一样。[2]我们最看重的中介关系,如有能力的医生、好的超市、可靠的搜索引擎,其信任都是基于过去的经验。交易模式和代理模式都可以建立信任,但在交易总量大、交易频率低的市场中,旨在保护用户的监管有助于生产者建立诚实可靠的声誉。精心设计的监管可以创造一种使监管和声誉这两种机制相互促进的环境。

透明度是现代金融界的口头禅。但中介对透明度的要求恰好表明行业运作不良,而不是运作良好。一个快乐的驾驶者是一个从不需要掀开汽车引擎盖的人。好的律师可以解决我们的问题,而糟糕的律师会通过询问我们想要做什么来回应我们的问题。当生病时,我们寻求的是可行的治疗方案,而不是对疾病的详细描述和相关医学文献的参考书目。金融行业对透明度的需求是信任崩塌的征兆。

代理是金融业的传统规范。投资者雇用经纪人或资产经理来管理他们的资金，这就是代理关系。那些老派的银行经理是家长式作风，以谨慎著称。公司董事对股东和债权人负有法定责任。麦卡迪大法官正在审理一位医生的案子，这位医生被他的股票经纪人坑了。

受法律监管和管理的代理机构，由监管和实践支持，是金融中介的自然模式，这就是麦卡迪大法官所描述的模式。目前尚不清楚法律何时改变，或者是否改变了。但是，任何对代理法的严格适用都为法规和实践的变化所取代。到 20 世纪 80 年代，经纪自营商已成为常态。做对委托人不利的事情的诱惑不是通过避免将自己置于这种情况下，而是通过否认存在代理关系来处理的。监管规则鼓励金融集团"管理"利益冲突。我们会看到他们并没有很努力。

抵押贷款市场的历史说明了从代理到交易的转变，这是金融化的一个核心特征。从 20 世纪 80 年代开始，储蓄机构基于对财产和借款人的了解而进行的主观评估，在很大程度上被计算机化的信用评分取代了。然后，这些抵押贷款被打包成证券化工具，评级机构利用从历史数据库中衍生的模型对这些工具进行信用评估。交易取代了信任，交易取代了代理。美国抵押贷款可能是用机械化评估程序取代面对面评估的最广泛的尝试。

结果很糟糕。从借款人到抵押贷款顾问，从顾问到出借人，从出借人到评级机构，从抵押贷款支持证券卖家到资金供应商，形成了一个系统性的虚假陈述链。其直接影响是降低了价格，增加了信贷的可获得性，因为数量比质量更重要。但从长远来看，结果恰恰相反：价格更高，可获得性更低。相关贷款机构已丧失了有效管理抵押贷款供应所必需的信任、知识和技能。

中介活动的成本和规模迅速增长，受雇人员的能力和智力水平急剧提高，而且有了支持他们做出决策的新技术。然而，中介的质量却更差了。这种悖论在整个金融领域反复出现。对此的解释是，新开发的技能与最终用户的需求无关，而是与中介过程本身有关。从事抵押贷款支持证券交易的人知道证券，但对抵押贷款知之甚少，更不了解房子和购房者。从事股票的交易人了解股票市场，但不了解公司及其产品。从事利率衍生品交易的人了解衍生品，但不了解政治和政府财政。

导致2007—2008年信贷市场大规模失灵的因素，早就在其他地方显现了。罗伯特·席勒因在20世纪80年代初首次详细论证了一个对任何观察股市的人来说都显而易见的命题而获得诺贝尔经济学奖：波动性远远大于证券基本价值变化所能解释的范围。市场评论员和报纸头条每晚的"解释"只不过是对这种市场波动所产生的噪声进行了合理化说明。[3]

股票市场在二级市场上的活动越来越多，而一级市场的发行变得越来越不重要。[4] 这些市场的中介机构越来越不了解自己投资的公司，而热衷于了解"市场的想法"。

将市场拟人化很常见，如"市场的心智"。市场不思考，市场知道的只是在市场上交易的人所知道的。任何一个从金融领域之外进入交易领域的人，都可能会对交易员常识的浅薄感到震惊。从事货币交易的人对一些国家的了解，往往仅限于创新的美国人、勤劳的德国人和浪漫的意大利人这样的刻板印象。政府债券的交易员对金融或政治知之甚少，而资产支持证券的买卖往往是在不了解标的资产性质，甚至更不了解标的资产质量的情况下进行的。基金经理和投资银行家在只对相关业务或业务战略概念有初步了解的情况下就从事股票交易，甚至买卖公司。

许多高管在私下交谈时都对追踪他们公司的分析师嗤之以鼻。在与公司基本业务关系不大的业绩指引和盈余管理过程中，大型上市公司的首席财务官和投资者关系人员与这些分析师打交道，而这些分析师本身与交易员只有一步之遥。[5] 在金融领域，大多数所谓的"研究"都不会被任何完成了本科论文的人视为研究，更不用说博士了。我们不会根据乘客的一致意见来驾驶飞机；相反，我们信任训练有素、技术娴熟、见多识广的飞行员。抵押贷款市场的失败只是用所谓的"群体智慧"取代知识中介的后果的一个最明显的例子。[6]

众人无关紧要的信息聚合根本不能形成"群体智慧"：因为聚合起来的意见不是独立形成的。那些叫嚣着要把耶稣钉在十字架上，看着囚车滚向断头台，在纽伦堡集会上肃立的人群是不明智的，但咆哮的暴民强化了他们邻居无知的观点。交易员通常对他或她所交易证券的基本特征知之甚少，但非常了解其他交易员以及他们目前的想法。"市场的想法"可能只不过是一些交易者对另一些交易者想法的估计的积累——凯恩斯对选美比赛的比喻讽刺了这一过程，在选美比赛中，判断不是基于什么是美的，而是基于其他人认为别人认为什么是美的。[7]

对市场信息处理性质的误解是"格林斯潘学说"的根本缺陷，该学说认为，风险和证券交易类似于牛奶和咖啡交易。金融经济学将基于信息差异的交易误认为是基于偏好和能力差异的交易。当交易员们坐在劳合社的咖啡馆时，政策制定者认为他们是在一个高山村庄里。

信用评分和精心制定的会计规则是金融中介的宝贵工具。如果利用得当，汇编、访问和分析大型数据库的能力就可以增进我们对经济发展以及个人和企业在这些发展中所发挥的作用的理解。但这些信息来源必须补充而非取代有效金融中介传统的、仍然不可或缺的人际交往技能。我们需要一个现代化的中介部门，将专业银行家和资产管理公司的经验和渊博的判断与信息技术的力量结合起来。这与受过良好教育的年轻白人叫嚷着要钱、祈求流动性的环境截然不同。

流动性

> 当然，虔诚的人必须看到流动性的目的。
> ——鲁珀特·布鲁克，《天堂》，摘自《一九四一年》，1915年

50年前的爱丁堡，每天都有鲜奶供应，除了在圣诞节。送牛奶的人会在平安夜送双份的牛奶。我父亲每年都会问我，奶牛是如何被说服产出两倍的牛奶的。这个蹩脚的笑话是我们家圣诞节仪式的一部分。

事实上，奶牛场的问题并不难解决。鲜奶已经不那么新鲜了：它不是那天早上从挤牛奶的棚子里出来的。库存可以增加，也可以减少。在圣诞节前的日子里，平常被用于生产其他乳制品的牛奶会被用来供应家用牛奶。

平时我们对牛奶的需求是稳定的。但有时我们会有客人，需要额外的牛奶。我母亲通常会在前一天告诉送奶工，但如果她忘记了，送奶工的车子上也会有额外的供应来满足我们的需求。当然，如果所有的客户都这样做，送奶工就无法满足了。但奶牛场为圣诞节才会发生的这种情况制订了应急计划。

从这个意义上说，日常产品的唾手可得是一种错觉。但流动性的概念可以从乳制品业转移到金融业。银行家发现，他们只需要将一小部分存款以现金形式保留。存款人会相信，他们可以随时取出自己的钱，尽管如果他们同时这么做就会发生挤兑现象。金融中的流动性错

觉有多种形式和不同的名称——期限转换、部分准备金制度，甚至"货币创造"。这些深奥的术语促成了一种广泛共识，即货币、银行和金融存在一些神秘而不同的东西。

然而，当且仅当没有多少人利用这种可用性时，按需提供服务的想法才显得没有什么特别之处。我母亲总是能多弄到一品脱牛奶；但是，如果送奶工这一轮的每个客户都多要一品脱牛奶，大部分人的需求就满足不了。我相信，任何时候我都能在开往爱丁堡的火车上找到一个座位。然而，如果有相当一部分可能登上开往爱丁堡火车的人真的上了车，站台就会人满为患。如果一个国家的所有人都同时打开他们的水壶，那么谁都不能享受一杯茶的乐趣了。现代经济做出了各种各样的承诺，如果很多人要求兑现，那就会无法兑现。从部分属性推断整体属性的组合谬误是经济学主流讨论中最常见的错误之一。在小范围内可行或有益的事情，在整体上可能是不可行或有害的。

流动性也是如此。这个词在金融市场被广泛使用（几乎是过度使用），但往往没有任何确切或特定的含义。随便翻翻投资词典和百科全书，就会发现流动性的定义和来源一样多。我使用的流动性概念借鉴了圣诞节牛奶的类比。流动性是供应链在不中断的情况下满足突然或异常需求的能力。就像送奶工那样，这种能力是通过维持库存和临时从其他用途转移供应这两种方式中的一种或两种来实现的。当供应链缺乏流动性时，用户需要为自己保留库存——在冰箱里放一品脱备用牛奶。对企业和家庭来说，财务上的盈余是维持货币平衡的必要条件。在流动性不足的极端情况下，家庭最终会在床底下囤积现金。无论是牛奶市场还是货币市场，这种供应链的低效率都可能代价高昂。

2007年9月，一张储户排队从英国一家小型抵押贷款机构北岩银行取钱的照片登上了各大全国性报纸的头版。这是一场"银行挤兑"，每个人都试图在现金用尽之前取出存款。但金融服务并非唯一易受挤兑影响的行业。如果担心没有足够的牛奶，人们就会排队去买任何可以买到的牛奶，而对短缺的恐惧将被证明暂时是有道理的。

对非金融商品来说，这种情况也时有发生，只是并不经常。20世纪70年代，曾有一段时间，石油危机和罢工浪潮扰乱了英国日常商品的供应链，恐慌性购买导致供应短缺。这种混乱是罕见的，因为用户根据经验相信，即使是特殊需求，也有足够的库存来满足。人们如果没有信心，排队就会是家常便饭，这不仅是因为实际供应不足（尽管经常如此），还因为用户会争先恐后去购买任何可以买到的东西。

银行也是如此。一家有偿付能力、流动性好、资本充足、管理良好的银行发生挤兑，储户毫无根据的恐慌造成了不必要的危机，这在理论上是可能的，但在实践中，这种情况就像牛奶恐慌一样罕见。1971年，当总部位于德比的工程公司罗尔斯－罗伊斯倒闭时，德比郡建房互助协会遭到挤兑，其办公室外的长队与2007年北岩银行分支机构门口的排队情况类似。存款人担心，当一家久负盛名的地方机构倒闭后，另一家机构也可能会倒闭。但这些毫无根据的担忧很快平息下来。如果这些担忧没有平息，有偿付能力的德比郡建房互助协会的业务可能会轻松而迅速地转移到另一家机构。

即使在金融危机时期，公众、大型金融以及非金融公司手中也有大量分散的现金和短期信贷供应。金融危机往往是通过调动这些资源来解决的。央行可能会以"最后贷款人"的身份提供资金，并/或帮助协调其他金融机构的救援行动。但随着该行业变得更加激进，竞争更加激烈，这种合作越来越少。也许最后一次大规模的协同救援行动——其中涉及大量官方对私营部门的干预——是1998年对名字荒谬、交易活跃的对冲基金长期资本管理公司的一揽子救援计划。（贝尔斯登经常出言不逊的吉米·凯恩拒绝参与其中。10年后，当美联储高兴地迫使他把他那濒临倒闭的公司贱卖给摩根大通时，凯恩得到了应得的惩罚。）

但人们对1933年使美国陷入瘫痪或2008年使全球金融体系濒临崩溃的银行业的担忧并非如此。对北岩银行的挤兑与对德比郡建房互助协会的挤兑截然不同。北岩银行有一个根本性的商业问题。该公司依靠的是在抵押贷款支持证券市场日渐衰落的情况下，能够为质量不佳的抵押贷款组合进行再融资。问题出在企业的现实中，而不是存款人的想象中，而且是在公司潜在偿付能力和资产质量不确定的情况下。

雷曼兄弟、房利美、哈利法克斯银行、皇家银行、美国国际集团、花旗集团以及其他在全球金融危机中受害的机构也是如此。雷曼兄弟曾在商业地产（以及许多其他领域）陷入困境；房利美卷入了次贷危机；哈利法克斯银行和皇家银行曾相互竞争，在房地产领域发放糟糕的贷款；美国国际集团为大量注定会崩盘的复杂证券提供了保险；桑迪·威尔执掌的花旗集团的所有业务都经营不善。所有这些公司的业务管理都很糟糕，相对于其业务规模，它们的资本基础太小，以至即使是最轻微的交易失败，它们也无法承受。

在每个案例中，相关企业的高管都声称他们的问题不是来自偿付能力，而是来自流动性——他们缺乏现金，但他们的业务基本稳健。大多数破产企业的高管也提出了类似的主张，只要债权人和股东有足够的耐心，他们就能幸存下来。当债权人或股东的耐心或信心被消耗殆尽时，企业通常会倒闭，而这就是这些金融公司的遭遇。

这些企业有偿债能力吗？没有人知道：储户、股东、监管机构、公司管理层自己都不知道。我们将在第6章看到，到2008年，银行的资产主要是对其他银行的负债，反之亦然。如果银行的资产被认为是安全的，那么银行的负债也是安全的。但这样的结构必然是不稳定的，一旦银行的资产不再被认为是安全的，整个结构就会瓦解，就像在全球金融危机中发生的那样。但在危机发生之前，交易员只是单纯地预设，银行总是能够偿付自己的负债；而且不假思索地认为，政府将为这些债务买单。后一种设想被证明是普遍正确的。如果没有这样一种如今已被证明的预期，即银行的流动性和偿付能力都是由政府支撑的，今天金融市场活动的规模将是不可能的。

然而，如果政府能够并且愿意在可能出现短缺时进行干预以提供牛奶，牛奶供应商就没有理由维持牛奶库存。因此，政府经常需要进行干预，而牛奶的供应似乎是不可靠的。干预的必要性是自圆其说的，干预政策不是一个稳定因素，而是一个不稳定因素。从广义上讲，这就是银行系统发生的事情。这是蒂莫西·盖特纳似乎无法看到的道德风险，这种风险在2008年之前就已经存在，如今已无处不在。

无论是牛奶还是货币，如果一个供应链缺乏足够的流动性来应对激增和恐慌，那么可用的供应都可以通过排队或按价格进行配给。这两种机制在大多数市场都起作用。像北岩银行那样，当银行对现金的需求激增时，可用的现金是通过排队进行分配的：排在最前面的人可以取出全部存款；那些排在后面的人面临着等待或失去全部存款的风险。当牛奶需求激增时，同样的情况也会发生：排队，迟到的人没有牛奶。如果这种需求激增并持续下去，乳制品厂可能会提高价格，而供应方式也会有所不同。排队通过拒绝一些需求来配给，而市场通过价格机制阻止一些人购买或出售来进行配给。

与吸收存款的机构不同，大多数证券市场都是按价格配给的。如果很多人想赎回对一家公司的投资，这家公司的股价就会下跌。储户买卖股票的能力使公司能够筹集永久资本，而不会使股东无限期地持有投资。就像在银行系统中一样，存在一个期限转换过程和流动性错觉：储户通常有充分的理由相信，即使在很多人，甚至所有人同时赎回投资有可能拿不回自己的钱的情况下，他们也可以随时拿回自己的钱。就像牛奶、火车票或银行存款一样，只要人们保持信心，而且系统有足够的库存来应对需求的暂时激增，这种令人满意的错觉就会持续下去。股价会下跌，直到持有者愿意再等一段时间，或者找到相信股价处于低位的新持有者。

在这一点上，投机者可能是有帮助的：他们的行为实际上就像典当经纪人，暂时保管资产，以满足那些急需现金的人。就像典当业一样，这种投机可以稳定市场，并且有利可图。投机者可以为市场提供耐心，使被迫出售资产的人能够以一定的成本变现，直到找到愿意的永久买家。通过这种方式，短线交易者可以为市场提供流动性。

如果你问市场参与者市场运行状况如何，谈话将在几分钟内（可能是几秒钟）转向流动性。可以毫不夸张地说，在评估拟议的监管、技术创新或市场实践变化时，有一个问题占据了主导地位：这将对流动性产生什么影响？

没有什么比把流动性当作口头禅更能说明现代金融市场对话的自我参照性质了。家庭、非金融企业、政府，这些金融的终端用户确实需要流动性，这就是人们在持有存款的同时使用信用卡的原因，也是如上所述，银行系统必须始终能够满足他们的需求的原因。

但家庭、非金融企业、政府这些终端用户对证券市场的流动性要求非常有限。家庭确实需要能够赎回投资，以应对紧急情况或为退休提供资金；企业有时需要进行大笔投资；政府需要为即将到期的债务进行再融资。但如果市场每周开放一次（或许每年开放一次），进行少量交易，这些需求几乎在任何情况下都可以得到满足。正如送奶工所发现的那样，现金需求的激增大多要么是临时起意的结果，如忽然决定购买汽车或环游世界，要么是可预测的事件。圣诞节在降低我们储蓄能力的同时增加了我们的需求（不仅仅是对牛奶的需求）。

现代证券市场价格的大幅波动让人们更加怀疑：终端用户对证券市场流动性的真实需求（即可以以适当的价格比较迅速地将其所持资产变现的信心）是否得到了更好的满足，或者根本就没有得到满足。

对极端流动性的需求，即短时间内进行巨额交易（或至少是交易）的能力，并不是市场终端用户传递给市场的需求，而是金融市场参与者自己创造的或者感知到的一种需求。那些称赞交易员为市场提供流动性的人，通常只会说交易促进了交易——这一观察是正确的，但与普通人无关。

高频交易员使用的计算机不断提供从其他计算机上买卖证券的服务。高频交易员声称在英国和美国的所有股票交易中占了很大的比例，也许超过了一半。交易所付费吸引这种"流动性"，而交易员付费将自己的计算机与交易所的计算机连在一起，以尽可能缩短交易或监管消息到达他们机器的时间。美国延展网络公司通过阿巴拉契亚山脉为这些商人提供服务。对高频交易员来说，一毫秒是很长的一段时间。

但是，就本章对流动性一词的定义而言，高频交易员对市场流动性没有任何贡献。他们无法在不中断的情况下提高市场满足突然或异常需求的能力，因为他们没有为市场提供资金。大多数情况下，他们在每个交易日结束时"结账"。

流动性有时是通过对"价差"的影响来衡量的。"价差"是指如果你同时买卖同一种证券，你将损失多少。由于这是一笔不太可能发生的交易，因此这一指标的相关性并不明显。重要的是交易的总成本，它不仅取决于价差，还取决于价格本身的水平。

当投机者为市场带来资金，且交易规模相对于长期投资者而言比较适中时，投机者可以帮助提供流动性。当市场交易的主要模式是短期投机者之间的交易时，情况就大不相同了。在受欢迎的体育赛事门票供不应求的情况下，黄牛党可以发挥积极作用，但是当大部分门票都在黄牛党手上时，门票价格的波动就会很大，这主要取决于其他黄牛党对未来价格的预期，总之，真正的球迷的需求将得不到满足。

流动性在某种意义上是一种错觉，但是一种有益的错觉，不仅对提供它的人如此，对整个社会也是如此。然而，许多人将流动性的供应与市场活动的规模混为一谈。短期交易者提供的表面上的流动性本身就是一种错觉，因为它只在不需要时才可用。在全球金融危机中，恐慌导致对短期安全资产需求的增加，而总的来说，交易员没有也不可能有能力满足这一需求。至于送奶工，只有在需求很少的时候，他才能随时供应。从根本上说，满足需求的能力受到牛奶，在货币市场上是耐心资本的数量的限制。

只有政府的干预才能提供这种耐心资本。但政府干预的结果是道德风险的加剧：维持一个只有通过暗示未来可以进一步干预才能继续存在的脆弱的结构。鲁伯特·布鲁克所指的流动性是弗兰德斯战场上的流动性，它逐渐吞噬了布鲁克本人和他的许多同胞的生命。他们是短期行动的受害者，这些行动在做出决定的当下似乎是恰当的，但累积起来会产生从未设想过的长期后果。政府应对全球金融危机也是如此。通过支持一个不能很好地适应用户需求的行业结构，政策制定者不仅保住了金融体系，还保住了导致不稳定的机构。这种做法对企业、家庭、经济增长和经济政策的不利后果将在后面的章节加以讨论。

分散投资

> 看哪，愚人说："不要把你所有的鸡蛋都放在一个篮子里。"其实就是在说："分散你的金钱和注意力。"但是智者说："把你所有的鸡蛋放在一个篮子里，然后小心地看好那个篮子。"
>
> ——马克·吐温，《傻瓜威尔逊》，1894 年

金融中介可以促进多元化。几个项目中的小份额比单个项目中的大份额风险要小。如果你掷一次硬币，你要么赢，要么输；如果你掷 30 次硬币，你将在 98% 的情况下获得 10 次或更多的胜利。与一群目标相似的人分担资本池的风险和回报，意味着你可以获得相同的平均回报，同时降低遭遇重大损失的风险（但相应地降低了获得可观收益的可能性）。个人可以而且应该使用这一原则建立自己的投资组合。专业中介机构可以提供现成的多元化投资服务，储户可以通过购买共同基金或投资公司的单一证券来获得投资组合份额。

投掷硬币的游戏有效地降低了风险，因为连续投掷的结果是相互独立的。如果投资组合中的资产价值不相关，那么分散投资是最有效的。例如，利率大幅上升的风险与抗癌药物临床试验失败的风险，或苹果新产品系列失败的风险无关。对像我这样的保守投资者来说，只要投资是多元化投资组合的一部分，我就可以投资非常危险的东西。相关性是一个统计学术语，指的是两个不同变量，比如苹果股票和长期债券的价值同时变动的程度。理解相关性，并对其进行判断，对中介机构进行有效的投资组合管理至关重要。

如果这些证券的风险完全不同，少量的证券就足以提供有效的分散投资。另一方面，即使是一长串特征相似的证券也很难实现真正的多样化。投资不同经济部门和不同国家的公司曾经是实现多样化的有效途径。但是，今天的大公司经营着许多业务，其范围是全球性的。它们有着共同的销售状况，因此辉瑞和葛兰素史克、埃克森和壳牌的命运非常相似。因此，像这样的大型跨国公司的投资组合并没有实现太高的多元化。

"杀死华尔街的公式"高斯联结是一种计算资产支持证券各组成部分违约的相关性如何决定其整体违约概率的方法。但一个公式提供的答案不会比它输入的数字更好。相关性随着经济条件的变化而变化。当经济繁荣、房价上涨、信贷宽松时，抵押贷款违约就少了。欠款往往是由一些灾难性的事件引起的，如严重的疾病或家庭破裂。正如托尔斯泰的名言所说，不幸的家庭各有各的不幸。这些事件彼此独立。在2008年的国会听证会上，格林斯潘解释了评级机构评估抵押贷款支持证券的数据是如何从这个良性的整体经济环境中被提取出来的。但当房价停滞、信贷收紧时，这些因素会影响所有购房者履行抵押贷款义务的能力。违约并非孤立事件，因为同样的经济力量在各地都在发挥作用。

相关性是一个数学术语，但理解相关性的来源需要定性和定量的知识。一台计算机和一个庞大的数据集是不够的，你还需要了解当地的情况，以及理解起作用的经济过程。你在本地分支机构或19号洞①学到的东西，可能和解决复杂数学问题的能力一样有用。

影响所有公司和家庭的一般经济风险（利率和住房市场状况）和个人特有的问题（离婚和疾病）之间的区别，是金融经济学的基

---

① 19号洞指的是高尔夫球场附近的酒吧或餐馆，通常的规矩是不在高尔夫球场上谈生意，把生意留到附近的酒吧或餐馆中，也就是所谓的19号洞去谈。——译者注

石——资本资产定价模型的核心。商业风险部分归因于特定业务的特殊性,部分与整体经济的繁荣有关。资本资产定价模型将它们分别描述为特定风险和市场风险。当一个管理不善的企业的市场份额被竞争对手抢走,或者一个重大项目的成本超支时,特定风险就会出现。一个多样化的投资组合会积累各种特定的风险。(资本资产定价模型意味着,构建这样一个投资组合所带来的较低风险将反映在较低的回报上。我建议读者忽略这一建议,无论如何都要构建一个多样化的投资组合。)市场风险通常用 β 来衡量,它衡量特定股票的价值和一般股价指数运动之间的相关性。我们将在第 7 章讲述这个希腊字母。

但选择不相关的投资并不容易。在交易文化中,价格在很大程度上代表了其他交易员的共同观点,而很少涉及潜在的基本价值,这加剧了选择难度。各国央行推动的连续信贷扩张浪潮,尤其是美联储、欧洲央行、英国央行和日本央行在全球金融危机后采取的计划推高了所有资产的价值。由此导致的证券价格普遍波动,促使投资者寻找与现有投资组合不相关的"替代资产"。

传统上,"另类投资"是黄金、艺术品、老爷车和名酒等投资,但这些投资数量有限。随着投资者对它们兴趣的增长,它们的价格与主流资产的价格越来越相关。从 20 世纪 90 年代开始,投资于多元化新业务组合的私人股本和采用非常规投资策略的对冲基金,被视为实现多样化的"另类资产"。

最初的对冲基金由乔治·索罗斯和朱利安·罗伯逊等传奇人物运营,长期资本管理公司是其中最著名的。在 2000 年新经济泡沫破灭后,养老基金和大型投资者将大量资金投到这些所谓的另类投资上。但随着对"另类资产"需求的增加,由此产生的"另类资产"供应的增加越来越像对现有资产的重新包装。对冲基金建立了追踪总体经济发展的衍生品投资组合或证券化贷款组合，而私人股本投资的是规模更大的成熟企业，与在公开市场上市的企业没有什么不同。事实上，较新的对冲基金与收费较高的交易基金差不多，通常是资产的 2% 作为年管理费，再加上 20% 的利润。一些受欢迎的基金收费更高。总体而言，尽管一些特定的对冲基金非常成功，对冲基金经理赚得盆满钵满，但投资者获得的收益则不然。[8]

然而，金融中介机构的分散投资对投资者来说是有价值的，而且成本更低。这是集合投资基金最初具有说服力的理由，它使小投资者能够在他们不可能为自己建立的多元化基金中持有股份。构建多元化投资组合的一种简单、慵懒、廉价的方法，就是购买市场上所有可以买到的股票。在 20 世纪 70 年代，计算机使中介机构很容易提供持有每种证券一定份额的资金。围绕有效市场假说的学术研究鼓励了人们对经理人的技能持怀疑态度，也催生了第一只指数基金（即被动管理型基金）。在几年之内，仅仅持有标准普尔或其他指数所有股票的被动管理型基金，不仅在股票市场，而且在债券甚至房地产投资者中都占据了越来越大的份额。我将在第 7 章进一步讨论被动管理型基金的增长。

随着 ETF（交易所交易基金，一种本身可以交易的指数化证券）的发展，复杂性出现了新的转折。下一个发展阶段是合成 ETF，它实际上并不持有与 ETF 价值相关的资产。如今，有数百种不同的 ETF，其中一些 ETF 的市值和交易量超过了基础证券的市值和交易量。金融界永远不会有太多的好东西。

最重要的是，它永远不会有太多的利润。在下一章，我们将研究金融化的关键特征：金融报告利润的增长，以及金融从业人员的薪酬。但我们首先要看看实现这一目的的一个关键工具——杠杆的使用。

杠杆

> 当把无知和杠杆结合起来时，你会得到一些非常有趣的结果。
>
> ——沃伦·巴菲特谈论全球金融危机，2008年

每一个储蓄或投资决策都涉及资金的供应和风险的承担。当你把钱存入银行时，你面临着银行不还钱的风险。当你投资一家企业时，你为企业提供了资金，但你永远无法确定如何以及何时会得到回报。当你买入股票时，你不确定它将支付多少股息，也不确定如果你卖出股票，它将值多少钱。

杠杆是一种调整风险和储蓄组合的手段，以满足借款人和贷款人的特殊需求。需要资金进行投资的企业通常会寻求贷款和股权融资的结合。贷款人为企业提供资金，但承担的风险较小。股权所有者即股东提供的资本更少，但承担的风险更多。房产抵押贷款的运作方式与此相同：贷款人提供所需的大部分资金，房主必须找到首付（股本）并承担（大部分）风险。高回报通常与高风险相关，反之亦然。

将风险承担与资本供应完全分开是可能的，但不可取。劳合社保险市场的传统组织就是这样做的。传统保险公司保留储备金以应付理赔。劳合社富有的认购人只是同意从保险承保中承担损失或获得收益。抵押贷款支持证券的交易试图将风险承担与抵押贷款市场的资本供应分离开来。信用违约掉期似乎是一种将贷款风险与资本供应分离开来的有效手段。这些发展都没有好结果，理解其中的原因很重要。

当20世纪80年代证券化开始时，人们的想法只是简单地把一揽

子贷款打包。但随着债务抵押债券（CDO）在随后10年的发展，贷款包被划分为具有不同优先级的部分。当对一揽子贷款支付利息或本金时，将首先履行CDO高优先级部分的义务。接下来再满足中级或初级的偿付要求，在所有基础贷款都得到全额偿付后，最低级别或股权部分的持有者将得到偿还。在这个层次结构中，证券等级越低，风险越大，因此承诺不一定能兑现的回报也就越大。在唐纳德·科恩对"格林斯潘主义"的描述中，这种切割和划分使机构能够"更精确地选择风险等级"。

但是，与更简单的杠杆机制一样，贷款组合的整体风险不会因为重新打包而改变。没有一种炼金术可以将向不可靠的借款人提供的安全性差的贷款变成其他任何东西。[9] 简单地观察一下，购买证券的银行正是出售这些证券的银行，这本应给我们一个警告：格林斯潘理论并不是全部，甚至不是主要部分。

资产支持证券和随后的债务抵押债券的发展，极大地拓展了信用评级市场。很快，大多数有资格获得最高"AAA"评级的债券不再像传统上那样是埃克森美孚和德国政府的债券，而是部分资产支持证券。信用违约掉期（以及它们担保的债券）的价值取决于担保人的信用评级。因此，美国国际集团地位的下降对债券投资组合的安全性造成了毁灭性的后果。

这一切都是为了什么？要想解释这些不同形式的杠杆对投资者的吸引力，以及它们的流行程度，最好是跳出标准金融理论的限制。杠杆可以将适度的风险分为两部分：债务部分，它提供可预测的回报，但发生重大损失的概率很低；股权部分，回报的波动性很大。但这两种结构都存在问题，会导致估值错误。

许多人和机构发现，很难管理重大损失的可能性较低的情况。我经常在法国的高速公路上开车，紧跟是那边常见的驾驶策略。后面的司机会紧逼你的后保险杠，并闪烁车灯，要求你让路。在大多数情况下，紧跟行驶是有效的，不耐烦的司机会稍微提前到达目的地（通常是他的目的地，但并不总是如此）。当然，有时跟在后面的司机根本到不了目的地。

紧跟投资可以带来反复的适度收益，偶尔也会遭遇罕见的灾难。紧跟者说服自己，或许也说服别人，他的成功是熟练驾驶的结果。车祸时有发生（法国道路上的事故率如此之高，以至一位法国交通部长公开呼吁他的同胞们要"像英国人一样"驾驶）。但人们对此次崩盘的解释潜藏着认知失调的因素。事故受害者将自己的不幸归咎于他人，通常伴随着各种理由。追尾事故是由其他直接原因引发的，如道路上的障碍物、另一名驾驶员的错误等等。同样的认知失调，让许多银行家说服自己——和其他人：全球金融危机不是由他们的轻率行为造成的。

紧跟投资的收益分布表明，小收益的概率很高，大损失的概率很低。金融经济学家将这种交易描述为"大量虚值期权"。这样的分布很难评估或管理。会计师一直在努力寻找一种好方法来报告财务报表中可能发生但可能不会发生的事件。拉古拉迈·拉詹在杰克逊霍尔研讨会上向不愿接受的听众描述过这种紧跟现象。[10]

大多数交通主管部门认为，追尾事故的成本和后果超过了成功紧跟的好处。然而，只有通过长期的多次观察，才能确定这一命题。而且，这样的调查也可能无法阻止许多紧跟者愚蠢的行为。他们会继续假设，无论统计数据显示的驾驶人口是多少，结果都不适用于像他们这样熟练的司机。他们这样想甚至可能是对的。

"虚值期权"只是人们发现难以正确估价的证券的一个例子。在一揽子计划中去除债务后，剩下的是波动性较大的股权组成部分。这些分布本身是不确定的。这种估值不可避免地会出现错误。有时我们高估了一项资产对我们的价值，有时我们会低估。但是，把伦勃朗的赝品卖给相信它是真品的人，要比把伦勃朗的真品卖给相信它是赝品的人容易得多。所以错误不会被抵消。资产的拥有者更有可能是高估资产价值，而不是低估资产价值的人。这个问题被称为"赢家的诅咒"。[11]

当一件物品的特性或价值存在不确定性时，许多购买者都是那些因为犯了错误而购买它的人。证券市场总是存在不确定性。这就是为什么会有如此多的交易发生。没有人能确定一只股票值多少钱。没有人能确定贷款是否会得到偿还。商品或货币的价值总是不确定的。

每次买股票，你都是从想要卖出的人那里买的。其他许多人选择不以你同意支付的价格购买股票。这应该会让你三思而后行。皇家银行之所以收购荷兰银行，是因为它愿意支付比世界上任何其他银行都高的价格。在几个月内，"赢家的诅咒"就使这家银行陷入瘫痪，并使其首席执行官蒙羞。"赢家的诅咒"是一个普通且普遍存在的问题，但与杠杆率上升所造成的结果的高度不稳定分布尤其相关。即使是对回报或与回报相关的概率的微小误判，也会导致交易员对价值的根本性误判。

紧跟投资和"赢家的诅咒"解释了杠杆造成的许多愚蠢行为。但有些则是用别人的钱下注的结果。尽管金融业的许多薪酬方案都存在不确定性——据说这是为了让委托人和代理人的利益保持一致，但有一种压倒性的趋势，即激励机制的好处多于坏处。这反过来又造成了对结果波动性高的活动的偏好。

杠杆可能具有优势，还有其他原因。利息和资本利得在税收处理上的差异意味着有些人希望获得收益并扣除利息，而有些人则不希望。这就创造了对交易各方都有价值的交易机会，尽管交易各方的优势被纳税人的劣势抵消（也许还不止）。

杠杆几乎一直是现代金融危机的核心。利用杠杆可以提高效率，使风险得到更有效的控制和管理。但杠杆的使用为紧跟者和用别人的钱赌博的人提供了机会，并创造了许多成为"赢家的诅咒"的受害者的机会。这些机会在"大稳健"时期被充分利用。到全球金融危机爆发时，德意志银行的负债是其股本的50多倍——而且，正如我将在第6章描述的那样，即便是这种计算也低估了杠杆的程度。

当风险在银行系统中累积时，伯南克、格林斯潘、盖特纳和其他人究竟认为发生了什么？也许厄普顿·辛克莱提供了答案：从政治和意识形态上说，不仔细观察或分析更便利。即使是现在，政治家和公众也愿意相信，那些聪明的、收入很高的人进行的令人眼花缭乱的复杂交易是深刻理解的产物，而不是无知和困惑的产物。那么，复杂的数学一定得到了很好的利用吗？

然而，这种信心在过去和现在都是没理由的。大型金融机构的事务晦涩难懂，交易中的工具很难理解，而且往往无法估值。所采用的风险模型在本质上与理解极端事件的影响无关（当然，风险模型应该针对这种情况设计）。高盛首席财务官维尼亚在2007年8月全球金融危机爆发时声称，高盛连续几天都经历了"25个标准差事件"[①]。但是任何有统计学知识的人（必须假定包括维尼亚在内的一群人）都知道，短时间内连续发生几个概率为25个标准差的事件是不可能的。他想说的是，该公司的风险模型未能描述发生了什么。极端观测通常是"模型外"事件的产物。如果你掷一枚硬币100次，所有的结果都是正面朝上，你可能遇到了一个统计上的怪胎，但首先要找一个更简单的解释。尽管宇宙的主宰们表面上很老练，但他们并没有真正了解眼前发生的事情。

---

① 25个标准差事件，指概率极小，几乎不可能发生的事件。——译者注

-4-
利润

更聪明的人

> 虽然银行业的原则听起来有些深奥,但其实际作业可以被简化成严格的规则。无论在什么情况下,由于对非凡收益的投机而背离这些严格的规则几乎总是极端危险的,而且对试图这样做的银行来说往往是致命的。
>
> ——亚当·斯密,《国富论》,1776年

那是1995年,在西约克郡哈利法克斯一栋引人注目的大型现代建筑的最顶层,我坐在一张巨大的八角桌前。这里是哈利法克斯建房互助协会的董事会会议室。哈利法克斯建房互助协会一路走来,规模不断壮大,会址却变动不大。这家世界上最大的抵押贷款机构的源头可以追溯到一个互助团体,150年前这个团体就在对面酒吧楼上一间小得多的房间里进行了第一次会面。

摆在董事会面前的提案是,管理协会日常现金的集团财务部不应再简单地服务于业务需要——向储户吸收存款并向购房者发放贷款。财务部应积极参与货币市场交易,从而变成另一个利润中心。哈利法克斯在英国的主要竞争对手阿比(Abbey)几年前就进行了股份制改革,据称在资金业务中实现了巨额盈利。哈利法克斯为何不效仿呢?

目前的计划是买卖债务工具，通常是政府证券或其他金融机构的债务。协会将充分利用推动固定利率证券市场发展的刘易斯·拉尼埃里革命。尼克·卡拉韦已经让位于谢尔曼·麦科伊，哈利法克斯也渴望分一杯羹。

在随后的日子里，许多金融机构持续（并且仍在持续）报告其交易业务实现了盈利。近年来，投资银行的盈利大头一直来自固定收益、外汇和大宗商品（FICC）交易。不过债券和货币的总价值是固定的，尽管大宗商品价格有波动，但长期趋势是向下的。个体企业和交易员固然可以通过牺牲彼此来获利，但交易活动作为一个整体是无法实现盈利的。

这使我心生疑问。财务部的盈利从何而来？我们预期赚到的钱是谁亏掉的？对我的问题的回应方式是，我被送去接受实践教育，寄希望于交易员能解开我的困惑。可我并未从这段经历中获得启迪。有人告诉我，我们会赚钱是因为我们的交易员更聪明。但是我遇到的交易员似乎并不是特别聪明。况且不可能每个人都比其他人更聪明。

不过，有些人就是更聪明，而且聪明的表现方式多种多样。有些人善于理解证券的基本价值；有些人善于预测其他交易者不断变化的情绪和心态；还有些人擅长分析证券市场产生的海量数据。这三种方式可以分别称为投资、交易和分析，而从事这些活动的人分别是投资者、交易员和量化分析师。股票市场为这些方式以及金融化时代中介性质的变化提供了最清晰，或许也是最重要的例证。

沃伦·巴菲特是历史上最成功的投资者，他逐步积累的财富使他成为世界上最富有的人之一。伯克希尔－哈撒韦公司现在是美国最大的公司之一，拥有世界上最大的再保险公司 GEICO，并涵盖多种业务，如 Netjets（公务机租赁）、Equitas（为处理劳合社崩溃事件而成立的保险公司）和喜涛糖果。伯克希尔－哈撒韦还持有可口可乐和宝洁等大型上市公司的大量股份。巴菲特以极其简单的方法、对金融业传统观念的不屑以及绝对不投资让他难以理解的事物而著称。在与商业新闻界元老卡萝尔·卢米斯共同撰写的致伯克希尔－哈撒韦公司股东的信中，巴菲特通俗地描述了他的投资哲学。他说他最喜欢的持有期限是永远。[1]

欧洲也有一些差不多的企业。瓦伦堡家族的投资工具瑞典银瑞达公司就拥有类似的广泛业务，包括持有大多数具有瑞典血统的全球公司（如阿斯利康、爱立信和ABB集团）的大量股份，甚至也包括纳斯达克交易所。然而，巴菲特的成功并没有在英国或美国引发大规模模仿。

在那些强调基本价值的投资者中，最成功的是像巴菲特一样对所选公司有深入了解并参与其中的人。一般的选股员没有那么高的要求，但他们的决策仍基于对公司前景深思熟虑的评估。安东尼·波顿常常被称为英国或欧洲的沃伦·巴菲特。[2]在美国，比尔·米勒和彼得·林奇通过成功选股获得了类似的声誉，他们的表现持续跑赢市场指数。但这些人最近都退休了（巴菲特现在也80多岁了）。超级明星选股员的时代似乎已经结束，尽管少数人（例如英国的尼尔·伍德福德和美国的丹尼斯·林奇）还保持着良好的声誉。

然而，在选股方面长期取得成功的例子其实很少，而且基金经理的数量如此之多，以至有些人的持续成功似乎只是运气使然。即便是波顿、彼得·林奇和米勒，在离开投资界时他们的名声也已经有所下降。对共同基金（为小投资者提供的多元化股票投资组合）的业绩分析显示，它们的平均业绩落后于市场，只是偶尔有强于市场的业绩表现。

那些强调经济基本面的传奇对冲基金经理，几乎只有乔治·索罗斯取得了持久的成功。朱利安·罗伯逊和维克多·尼德霍夫在20世纪 90 年代为客户和他们自己赚取了数十亿美元,最终还是被巨额亏损击败。著名的"大空头"约翰·保尔森通过预测全球金融危机中次级抵押贷款的崩溃而赚得数十亿美元,随后他却在黄金价格上亏了大笔赌注。

巴菲特说过,他买入股票的前提是,即使接下来股市关闭 10 年,他也很乐意买入。[3] 巴菲特能够这么说是因为他的业绩足够长久并优秀,但他的后继者是办不到的。虽然从长远看,证券的基本价值决定了其能够产生的回报,但在短期内,回报取决于其他交易者的估价。

如今价值视界(事件准确反映在企业价值中所需的时间)随着业务变得越来越复杂而延长,并且业绩视界(衡量资产管理人业绩的时间段)有所缩短。因此,第 1 章描绘的那种交易者崛起了:只有善于预测其他交易员不断变化的情绪和心态才能获得回报。同时,代理人与交易员、经纪人与交易商之间的区别逐渐模糊并最终消失。新的"聪明才智"不再通过诸如富达(曾聘请彼得·林奇和安东尼·波顿)或美盛(比尔·米勒)等资产管理公司为投资者服务,而是为那些已经开始主导做市的投资银行的利益服务。

这种转变影响了公司的行为习惯。即将发布的公告造成的市场冲击对交易员来说很重要,企业竞争的优劣势则无关紧要。公司开始陷入季度盈利导向和盈余管理活动,公司业务旨在"达成指标":取得略高于市场预期的结果。这种导向和管理的循环越来越背离企业的基本现实。

投资者关注经济基本面,交易员关注彼此,"量化分析师"关注数据。基于历史价格序列的交易曾被称为技术分析或图表主义(现在仍然有图表分析师)。这些学者在价格数据图表中找出各种可视化图形,并常常冠以"头肩"或"双底"等引人注目的名字。这就是伪科学式的胡言乱语，相当于金融界的占星术。但自从20世纪70年代衍生品市场及相关数学创建以来，更复杂的量化方法已被某些人证明是有利可图的。

获利机会可以来自套利：观察相关证券价格变动的规律。很明显，例如，某只股票的衍生品的价格会随着这只股票本身的价格波动。套利意味着建立相匹配的头寸——当两种证券价格差异超出正常范围时，买入一种证券，卖出另一种。这种套利策略曾被长期资本管理公司广泛使用，这家对冲基金公司在1998年轰然垮台。长期资本管理公司因与两位诺贝尔经济学奖获得者罗伯特·默顿和迈伦·斯科尔斯的合作而闻名，其创始人约翰·梅里韦瑟曾在20世纪80年代执掌所罗门兄弟公司的交易业务（迈克尔·刘易斯在其著作《说谎者的扑克牌》中描述过），从而开创了FICC交易的爆炸性增长。该基金的大部分职员是他的前同事，内部人士往往将其称为"北方所罗门"。最终，长期资本管理公司的交易业务由接管它们的投资银行以盈利方式清算：这是对凯恩斯（可能是杜撰的）的格言"市场保持非理性状态的时间可能比你保持不破产的时间更长"的生动诠释。[4]

最近，对交易模式进行数学分析使一些算法式交易员能够从证券价格的细微变动中获利。在这些以量化为导向的基金中，取得最持久成功的是吉姆·西蒙斯的文艺复兴科技基金，该基金20多年来在收取超高水平的佣金的同时，也给投资者带来了超乎寻常的回报。在涉足金融行业之前，西蒙斯是一位杰出的数学家。

这种量化策略的早期成功实践者会使用复杂的方法识别数据中反复出现的模式，并以长期资本管理公司的方式从反常中套利。高频交易借助计算机以非常频繁的间隔完成或要约小额交易。在实际知道其他投资者买卖意图的基础上进行交易有可能是违法的，但如果你并不知道而只是猜测，或者你的计算机可以从投资者对交易报价的反应中推断出他们的意图,那就是合法的。

文艺复兴科技基金有成功的模仿者,例如由大卫·哈丁在英国创立的元盛资产。这些基金的所有交易都由计算机来完成,而交易员相当高的能力(一般会拥有数学或物理学博士学位)则用来对计算机使用的算法进行编程。

在证券交易或基于证券价值进行的衍生品交易中,对价格数据的分析本身并不能得到证券基本属性(外汇、大宗商品、公司)的相关信息。将信息从芝加哥到纽约的传输速度加快一毫秒可能从个人角度来说是有利可图的,前提是能够有选择地出售这种技术的使用权,使一些交易员能够从中获利。然而,整个世界无法从这种极微小的信息传播速度提升中获益。FICC交易作为一个整体不可能是一项有利可图的活动,作为信息接收者的交易员的利润必然是牺牲其他市场用户换来的:实际上,这些利润相当于一种税收,其他用户最好的避税方式就是尽量不交易。这样一来,财务部的盈利又从何而来呢?

竞争

"我们必须打一架,可是不一定打很久。"叮当兄说。
——刘易斯·卡罗尔,《爱丽丝镜中奇遇记》,1871年

有些交易者很聪明,但并不多见。巴菲特、索罗斯、西蒙斯和哈丁都聪明过人,他们利用自己的聪明才智在证券市场赚了数十亿美元。还有很多人只是运气好。最成功的投资者赚到的巨额资金鼓

励了其他许多天赋一般的人进入这个领域。这就产生了一个悖论。聪明人的利润就是不那么聪明的人的损失。但在金融领域，一些聪明人的存在却可能增加每个人的利润——不管他们是否聪明。

你在购买产品时，总是想要最好的。当外科医生拿起手术刀时，你可能会后悔找了费用更低的医生。如果你打算卖掉你的房子，那就值得多花些钱找一个能帮你卖出好价格的代理人。如果你面临被长期监禁的风险，你就会想要最好的律师。

你不能确定自己会在手术中幸存下来，也不能确定你的房子会卖到最好的价格，或者你可以通过支付更多的钱避免牢狱之灾，但你认为存在更好的机会。对许多这样的产品来说，讨价还价不仅不得体，而且不明智，这意味着购买者并不是真的想要一份高质量的服务。在这样的活动中，强调廉价的商业策略不太可能成功。如果群体中的某些人拥有值得花钱购买的技能，但很难确定他们是谁，那么每个人都可以收取更高的费用。[5]这一机制是金融业高利润（和高薪酬）的部分原因。

当所涉及的商品只占交易总成本的一小部分时，价格竞争往往也是无效的。人们会为了省下几英镑的杂货账单而开车去另一家商店，但不会为了在家具上省下这些钱同样这么做。我们许多人肯定都是这样。然而，非常大的数量中的一小部分也可能是很大的数量。你可能不觉得1%的基金管理费很高，以目前的标准来看也的确不高，但10万英镑的1%就是1 000英镑。在一笔500亿美元的收购交易中，相当于1%的1/4的费用看似微不足道，却高达1.25亿美元。这种水平的收费并不罕见：首席执行官想要最好的，而且通常他们花的是别人的钱。

然而，企业咨询工作的高额费用来源，或许最令人意外的是在新股发行市场，因为这一比例并不小，而且资金往往来自创始人和早期股东的口袋。在美国，7%是首次公开发行的标准费用很少打折（欧洲的费用通常更低，波动性更大）。⁶ 但没有证据表明存在卡特尔，或许也不存在——人们只是强烈地感觉到，维持现状符合集体利益。

监管往往是竞争的敌人。当法规相当详细地规定了商业行为时，不可避免的是，所有公司都将采取类似的行为：监管机构和被监管机构之间将共享"最佳实践"的特定概念。与监管机构联系密切的现有公司可能会利用监管来抵制创新，并为新进入者设置障碍：我将在第8章更全面地描述这种监管俘获现象。此外，应对监管还存在规模经济。老牌公司会聘用专业的合规人员：一家大银行可能会有数万人（摩根大通报告称，仅2013年一年就新增了1.1万名合规和监管人员），而较小的银行只能在有限的程度上通过聘请顾问来获取这方面的专业知识。类似的规模经济也适用于游说监管机构和立法者。

普通客户不愿意更换供应商，这是零售金融服务竞争的主要障碍。业内流传着这样一个笑话：客户换配偶的频率比换银行的频率还高。他们似乎都一样：为什么要把你的忠诚从叮当兄转移到叮当弟身上？散户买家的这种惯性在所有金融产品中都很普遍。信用卡一直是最赚钱的零售银行产品之一，而该行业的"先行者"，尤其是美国银行和巴克莱，仍然处于强势地位，尽管新进入者都在积极尝试招揽新业务。许多人就是不喜欢购买金融服务，并尽量减少他们花在购买上的时间和精力。

金融行业的零售客户因忠诚而获得奖励的时代早已一去不复返。以交易为基础的文化取代了以关系为基础的文化，这意味着最好的交易几乎总是通过积极地货比三家而不是建立信任来获得的。客户的认知落后于这个残酷的现实。

但客户惰性和价格不敏感所带来的利润还不够，显然也不足以证明高级雇员的高薪是合理的。大多数金融公司的目标是通过在金融市场建立"优势"（the Edge）来增加利润。这就是哈利法克斯董事会围在桌旁讨论的目的。

优势

> 能下金蛋的鹅被认为是最有价值的财产。但更有利可图的是拥有能拿走别家鹅所下金蛋的特权。投资银行家和他们的伙伴现在享受着这种特权。他们通过老百姓自己的钱来控制老百姓。
>
> ——路易斯·布兰代斯，《别人的钱》，1914年

柯林斯参议员：你是否认为自己有义务为客户的最大利益服务？

斯帕克斯先生：我有责任以一种非常直接的方式，以一种非常公开的方式对待我的客户。从技术上讲，在投资建议方面，我们是做市商。但作为一个谨慎和负责任的市场参与者，我们确实有责任这样做。

柯林斯参议员：……公司是否希望你以客户的最大利益而不是以公司的最大利益行事？

斯帕克斯先生：嗯，当我在高盛的时候，客户是非常重要的，一直非常重要，所以……

柯林斯参议员：对于你是否有责任为客户的最大利益行

事,你能给我一个"是"或"否"的回答吗?

斯帕克斯先生:我相信我们有责任服务好我们的客户。

——2010年4月27日,参议员S.M.柯林斯(缅因州共和党人)和D.L.斯帕克斯(高盛前合伙人兼抵押贷款部门负责人)在国会做证

敏锐的评论员、前投资银行家菲利普·欧格将其称为"优势"——投资银行由于处于金融体系的中心而获得的优势。

大型投资银行比任何其他机构或组织都更了解世界经济。它们比它们的客户知道得更多,比规模小于它们的竞争者知道得更多,比中央银行知道得更多,比国会知道得更多,比财政大臣知道得更多,而且比美国财政部长知道得更多。[7]

这是一个惊人的论断。但这个论断是真的吗?我去过大部分这些地方,和这些人交谈过,听过他们的演讲,读过他们的研究资料。投资银行可能比国会或议会更了解世界经济——尽管英国下议院图书馆提供了一些令人印象深刻的简报文件,我预计国会图书馆也会提供同样的文件。但我认为,投资银行对世界经济的了解无法与欧格所描述的其他机构相比,也无法与麦肯锡等咨询机构、《经济学人》或《金融时报》的编辑室、最好的资产管理人的办公室或许多学术研究机构的公共休息室相比。

欧格接着引用一位基金经理的话说,"尽管它们(投资银行)掌握了所有信息,但它们没有把这些点联系起来"。尽管欧格仍然对这些机构的信息处理能力感到敬畏,但我认为怀疑者的论点更有说服力;投资银行即使有能力,也没有什么理由"把这些点联系起来"。在今天的市场中,重要的不是对经济有那么多了解——对商业、经济发展、全球政治的了解,而是对其他市场参与者活动的了解。这是投

资银行所具备的知识，也是其优势所在。

"优势"是一个赌博术语。当瑞士村民投保时，英国绅士们却在赌博。约翰·保尔森和购买资产支持证券的高盛客户在同一事件中押注了相反的结果。图尔设下了"赌局"。

一般来说，只有博彩公司和"庄家"认为，从长远来看，押注是有利可图的。运营商设计的产品迎合了人类对待风险的态度的特殊性（有人会说是弱点）。老虎机有闪烁的灯光，赌场雇用了迷人的荷官。轮盘的旋转，纸牌的翻动，创造了一个高度戏剧性的时刻。赌客被鼓励，相信他们的技能和知识给了他们优势。经营"赌场"的专业人士"设计赌局"。他们依据数学原理设计游戏，这样无论结果如何，他们都会胜出。所有这些都适用于金融市场，就像在赌场或赛马场一样。

如果你在一场比赛中押注所有的马，或者你在轮盘赌上押注所有的数字，你肯定会输钱。庄家的目标是创造一局"荷兰赌"——设定一个适当的赔率，这样无论结果如何，他都会赢。他通过调整赔率，影响每匹马的下注金额来实现这一点。成功的庄家以往需要在头脑中快速完成复杂的计算，而今天计算机的计算速度比任何人都要快。

庄家从他对客户的了解中获得优势。他们对马的判断并不完美。他们受困于各种各样的误解。他们由于喜欢某匹马的名字或收到某个朋友的提示而下注。或者他们也可能通过在自己的《赛马邮报》上随机扎上一个大头针而选择要押注的马。其结果是，平均而言，太多的钱被押在无望获胜的马匹上，而没有足够的钱被押在可能获胜的马匹上。意识到这一点，庄家就会相应地调整赔率，当路人选手轻松获胜时，庄家往往会赔钱，而当热门选手如预期般跑赢时，庄家就会赚更多的钱。

这并不是因为庄家比其他人更了解马，他可能了解马，但这种错觉对庄家来说可能代价高昂，就像对下注者来说代价高昂一样。对庄家来说，有价值的知识是关于他的客户的知识，以及设计赌局的数学知识，而不是关于马的知识。据说，亨利·霍金斯爵士的赛马学识非常渊博。有些人甚至靠赌马为生，但这些人是特例。有见识的赌徒是庄家的敌人，这不是因为他比庄家聪明（庄家是根据下注的金额来定赔率的），而是因为对更有见识的赌徒的恐惧可能会把大多数不知情的人赶走。因此，在吸引业务进入"庄家"的目标和传递有关风险根本特征的知识之间存在内在的冲突，而后者是下注的核心。

在金融化之前，做市商一直保持着坐庄带来的优势，利用买卖价格之间的差异获利，受益于自身对客户习惯的普遍了解，几乎很少将自己的资本置于风险之中。有时，即使是谨慎的做市商也可能受到意外事件的打击。对做市商来说，市场的大幅回调可能相当于庄家面对的大赔率赢家。

然而，经纪自营商的崛起为做市商提供了有关客户仓位和意向的具体的一般性信息。随着经纪自营商和传统做市商被并入大型金融集团，做市商可以获得的信息库变得更广泛。现代投资银行能获得相当大的优势，与其说是由于对全球经济的广泛了解，不如说是由于对金融市场主要参与者的身份、仓位和意图的广泛了解。这些是银行可以，也确实连接起来的"点"。

为了投资银行及其交易员的利益而使用这些信息，会产生一种固有的利益冲突。但这种冲突并不局限于有问题的经纪人—交易商关系。现代投资银行通常在一级市场发行证券，在二级市场进行证券交易，提供企业咨询，为散户和机构投资者进行资产管理，并以自己的账户进行自营交易。每一项活动都可能与其他活动发生冲突。高盛不仅受到柯林斯参议员的谴责，特拉华州（美国公司诉讼的主要法庭）首席法官利奥·斯特林也严厉批评该公司在金德尔摩根收购埃尔帕索石油业务中存在多重利益冲突。[8]总的来说，摩根大通建议其客户埃尔帕索接受金德尔摩根大幅降低的报价。摩根大通持有金德尔摩根的大量股权，而金德尔摩根的合伙人也持有该公司相当一部分个人股权（也为大量个人股权提供咨询）。

高盛商业行为和道德准则的第一条原则是，"我们永远把客户的利益放在第一位"[9]，也许曾经有一段时间这句话是对的。20世纪70年代，高盛的高级合伙人格斯·利维创造了"长期贪婪"的口号，强调这家公司的成功依赖于保持客户的信心。[10]但是合伙制结构的消亡降低了"长期贪婪"哲学的吸引力。当图尔在进行"智力自慰"时，他对高盛的长期稳健并不感兴趣，而是对自己的奖金更感兴趣。

拉各斯的网吧是骗子的大本营，他们邀请你为非法交易提供便利，以换取一大笔佣金。罪犯们把那些听信他们恳求的人称为"笨蛋"——这些人认为自己是不当行为的受益者，而实际上他们是受害者。笨蛋总是源源不断。伯纳德·麦道夫的一些客户怀疑他在非法经营，但认为他是在不恰当地利用他从其他活动中获得的信息来获得超额回报。因此，投资银行的客户常常认为，通过从事广泛的金融服务活动而获得的有关市场的内部信息，即"优势"，是被用来为他们谋利的。

但是，即使客户怀疑"优势"在多大程度上有利于客户而不是内部人士，他们也会发现，除了与这些有严重利益冲突的公司打交道，没有其他切实可行的选择。或者,他们可能被做市商的规模优势吸引。买家和卖家被吸引到买家和卖家最多的场所。在跳蚤市场、好莱坞（电影制作人与明星见面的地方）以及外汇期货市场，情况都是如此。因此，做市业务本质上是寡头垄断的，现有的优势很难被取代。主要的投资银行已经成功地在FICC的做市业务中确立了主导地位。这种主导地位让他们能够充分利用"优势"。此外，还可以从另一种"优势"中获得利润：金融机构相对于监管机构享有的优势。

监管套利

> 晚礼服织得那样梦幻，
> 财政部的探员在追查，
> 潜逃的漏税者正通过，
> 省城的下水道。
>
> ——W.H. 奥登,《罗马的衰落》,1940 年

1997 年，当国际掉期与衍生工具协会请波茨就信用违约掉期的状况发表法律意见时，他给出了该协会所希望和期待的答案：这些工具既不是保险（在这种情况下，它们将作为保险单被征税和监管），也不是赌博（在这种情况下，它们将被作为赌博征税和监管）。按照 2005 年以前的英国法律，这些投注合同在法律上是不可强制执行的。

法律顾问的意见不具有法院裁决的法律地位，但监管部门和财政部门都没有试图挑战波茨的观点。大多数信用违约掉期合约后来都是根据英国法律制定的，为伦敦律师提供了一项有利可图的业务。一些人仍然怀疑美国居民进行此类交易的合法性，但由美联储主席艾伦·格林斯潘和时任财长拉里·萨默斯推动的 2000 年《商品期货现代化法案》解决了这一问题。[11]

波茨的善意观点和美国政策制定者的热情，为处于金融危机中心

的信贷证券（信用违约掉期和债务抵押债券）市场的爆炸式增长奠定了基础。但如果信用违约掉期既不是赌博，也不是保险合约，那么它们是什么呢？1997年，这个问题有了答案，尽管或许可以理解，这不是波茨先生选择详述的问题。现代金融服务的复杂性在很大程度上是监管套利的结果。这种套利是这样一种过程，即通过参与一种商业效果大致相同但监管待遇更优惠的交易，你可以避免或将监管限制降至最低。这就是信用违约掉期的起源和最初目的。

这种想法是利用银行和保险公司监管之间的差异。银行被要求持有贷款准备金。这些准备金是按贷款金额的比例计算的。保险公司也被要求持有准备金，但这些准备金是按照保单预期损失的比例计算的。埃克森美孚是企业借款方——在计算银行准备金时，企业贷款的风险权重很高。但埃克森美孚是一个极其安全的贷方，这笔贷款的预期损失可以忽略不计。因此，银行和保险公司之间就有了有利可图的交易空间。

但是，事情总是物极必反。到2008年，信用违约掉期市场的范围已远远超出向埃克森美孚提供的贷款，还包括对复杂证券组合的担保——这些证券的内容没有人真正了解。到2008年，美国最大的保险公司美国国际集团承保了5 000亿美元的信用违约掉期，其中大部分不是针对埃克森美孚的破产，而是针对部分资产支持证券的可行性。该公司金融产品部门的负责人乔·卡萨诺直到2007年8月还告诉投资者，"在合理的范围内，甚至很难看到我们在这些交易中损失1美元的情景"。[12]

卡萨诺是错误的。2008年9月，由于普遍存在贷款违约的可能性，美国国际集团有责任向美国最大的投资银行高盛支付约129亿美元，这笔钱美国国际集团无力支付，但高盛也无法豁免该笔款项。让两党都松了一口气的是，美国政府伸出了援手，向这家濒临倒闭的保险公司提供了850亿美元的特别援助，从而使其能够完全履行义务。值得注意的是，高盛还单独为自己投保了美国国际集团破产的风险。[13]

早在摩根大通高管布鲁克·马斯特斯发明信用违约掉期之前，监管套利就已经存在了。监管套利的一个早期例子是，通过欧洲美元市场规避Q条例对活期账户的利率加以限制。另一种针对零售客户的监管套利机制——货币市场基金应运而生。美国货币市场基金的投资者持有债券投资组合的一部分，而债券基金经理则被期望以固定价格赎回这部分，债券投资组合的收益将支付给投资者（实际上是储户）。支票可以写在货币市场基金上，这样一来，在储蓄者而非监管机构的眼中，货币市场基金就是一个银行账户。在美国，这些资金在规模上已经能和传统银行存款相匹敌。货币市场基金的作用几乎完全局限于那些对活期账户利息有或曾经有重大限制的国家。在英国，从未存在类似的Q条例，货币市场基金的市场份额几乎可以忽略不计。

由于货币市场基金严格意义上不是存款，它们没有资格获得存款保险。然而，当持有一些雷曼兄弟债券的超大型的主要储备基金在2008年"跌破一美元"（无法以固定价格提供赎回）时，来自受害投资者的压力和对其他基金遭受挤兑的担忧，导致政府将存款担保扩展到此类投资上。自2008年以来，有关为货币市场基金建立合适的新监管框架的讨论一直在进行，但至今仍无结果。

1980年之后，Q条例逐渐被削弱并失效，尽管它直到2011年才最终被废除。监管机构很少取消无用或无效的监管。更常见的反应是对监管规则做出详细的解释，以试图消除或减少套利机会。于是，一场猫捉老鼠的游戏开始了，在这场游戏中，金融服务公司通常能比监管机构领先一步或更多步。其结果是，监管变得越来越复杂，但很少能完全有效地达到其预期目的。

欧洲美元市场和信用违约掉期市场都起源于监管套利，但它们都有自己的生命力。这也是一个反复出现的模式。"回购市场"就是一个例子，它最初是作为一种监管套利机制而存在的，尽管人们竭尽全力消除它的套利收益，但它仍然存活下来并繁荣发展。回购协议是许多大公司向银行和其他金融机构存款的一种方式。储户从银行"购买"一种证券，比如政府债券，银行签署在第二天回购的协议，溢价相当于一天的利息。双方的共同意图是每天重复这一交易。

这一切都是为了什么？如果你问一位企业财务主管，他会告诉你，回购协议为公司提供的回报略高于单纯的存款。但是为什么呢？监管套利是这种交易方式产生的原因之一：回购交易在会计报告和监管资本计算中被区别对待（而且，在人们熟悉的猫鼠游戏中，应对这种情况的监管规则越复杂，随之而来的就会是更复杂的套利）。对雷曼兄弟破产的调查凸显出这家倒闭的银行在多大程度上利用了一种名为"回购105"的复杂套利形式，针对监管机构和客户来粉饰其账目。

还有财政套利的机会——具有类似商业效果的交易可能会以不同的方式征税。而且存在会计套利的机会——两笔交易具有相似的商业效应，但在公司账户中被以不同的方式处理。正如监管机构通过制定越来越复杂的规则来应对监管套利一样，税务部门应对财政套利的方式是在税法中增加税种，而会计准则机构应对会计套利的方式是制定更详细的会计准则。套利和应对套利的反应是监管规则、税收立法和会计准则变得越来越复杂的主要原因。

"回购105"受益于管辖权套利。如果一项交易在一个国家被禁止，或者以你不喜欢的方式被监管、征税或记账，也许你可以在其他地方进行交易。雷曼兄弟曾寻求一份支持其处理这些金融工具的法律意见，并在伦敦找到了一份比在纽约更有吸引力的法律意见。因此，相关交易经由伦敦进行，以便受英国法律管辖。

有些国家可能会邀约司法套利。在全球金融危机爆发前的几年里，英国和美国的政策制定者都很清楚，英国是在以宽松的监管为工具，把业务从纽约吸引到伦敦。而开曼群岛等地可能更有吸引力。这些离岸地点（"金银岛"[14]）通常被描述为"避税天堂"，但它们既是避税天堂，也是监管天堂。150 年前，摩纳哥的格里马尔迪家族创办了蒙特卡洛赌场，首先发现这种活动潜在的盈利能力。此后，司法套利已成为许多小国的主要收入来源。

监管套利、财政套利和会计套利都要花钱。从非金融经济的角度来看，用于套利的资源是一种令人沮丧的浪费。一个国家的一些最聪明的头脑致力于一项活动，其目的是故意破坏有效监管、高效税收和诚实透明的会计记账。除了支付给设计这些方案的律师和会计师的费用，企业还要向交易商支付将母猪的耳朵变成丝绸钱包的费用①，从而获得更温和的监管、财政或会计待遇。因此，套利是金融机构交易利润的重要来源。

但这些利润的来源是什么？这不是一个简单的问题。在财政套利的情况下，答案似乎最为明确。如果节省的税收大于从事避税交易的成本，那么就值得套利。节省税收的公司获利，顾问获利，交易员获利；税务人员损失相应的金额。财政套利是一种把钱从公众的口袋里拿出来，转移给顾问、交易员和雇用他们的公司的手段。

在监管套利的情况下，输家是监管的潜在受益者。如果监管是无用的（情况往往如此），监管套利的成本只是从企业的经营利润转移到让这种套利成为可能的金融专业人士身上。如果监管本可以使客户受益，或保护纳税人或其他公司免受潜在损失，那么这些客户或纳税人就会在规避监管的努力中成为输家。

会计套利产生的利润是以那些依赖账目完整性的人为代价的。安然使用了大量会计套利，安达信参与审计这一过程是该会计师事务所

---

① 这里作者引用了谚语，可理解为"变废为宝""化腐朽为神奇"。——译者注

倒闭的原因。摩根大通和花旗集团分别同意支付约 20 亿美元的和解金，以了结安然投资者的索赔。这些投资者声称，他们为银行安排的交易促成的误导性账户所欺骗。

监管套利是金融服务细化规范性监管的必然结果。避免这种情况的唯一方法是，确保具有类似经济效应的交易总是以同样的方式被处理。这是一个被普遍接受的监管目标，但在我们今天金融和监管体系的复杂性背景下，实际上它是无法实现的。另一种选择是允许监管机构拥有更多的自由裁量权，从而让他们有信心执行规则的精神内涵而不仅仅是字面上的意思。但这将要求监管人员的能力以及监管机构与受监管活动之间政治影响力的平衡发生重大而持久的转变。更好的应对办法是找到更稳健、更容易实施的监管原则。我们将在后面的章节再谈这个问题。

我会离开，你也会离开

> 我们是投资银行家。我们不在乎 5 年后会发生什么。
> ——文森特·达欣登，苏格兰皇家银行全球结构性产品主管，《机构投资者》，2004 年 2 月 12 日。引自 2014 年伊恩·弗雷泽《抽丝剥茧：深入苏格兰皇家银行，让英国破产的银行》，第 222 页。4 年零 8 个月后，苏格兰皇家银行得到英国纳税人的纾困

在一个有巴菲特、索罗斯、西蒙斯和哈丁的世界里，"我们的人更聪明"的说法是不可信的。但接下来发生的事情为我解答哈利法克斯的问题提供了线索。在那次辩论之后不久，董事会做出了一个被认

为（或许是错误的）更重大的决定。该协会将结束150年的互助性质，成为一家上市公司。4年后（郑重声明，在我离开董事会之后），哈利法克斯公司接管了苏格兰银行。2008年，这家名为苏格兰哈利法克斯银行（HBoS）的新机构破产了，并且得到了英国政府的救助。

对FICC强大盈利能力的部分解释是，这项活动并不像看上去那样有利可图。在21世纪的第一个十年里，银行宣称它们获得了巨额利润，并将其中很大一部分支付给了高级雇员。但这些利润都是想象出来的。这些银行的股东或多或少都损失惨重，银行指望政府来支持其债权人并恢复其资本。

用纳西姆·尼古拉斯·塔勒布的话来说，"他们的利润只是从命运中借来的现金，随时都可能要偿还"。[15] 但是当偿还时刻到来的时候，许多负责人已经离开了：2006年，50岁的詹姆斯·克罗斯比先生（他是HBoS合并的架构师）从他的职位上退休了。利润是按年或按季度计算的。但商业项目（如贷款或抵押贷款）的时间跨度通常远远超过一年或一个季度，而且往往超过负责这些项目的官员的任期。"我会离开，你也会离开"，就像交易室里的人说的那样。这种时间框架的脱节对会计师来说是一个挑战。

并不是所有同代人都在当时保守的苏格兰银行找到了稳定的工作。还有一些擅长数字而不善与人相处的人成了会计师。会计师出了名地呆板。他们和银行经理一样谨慎行事。价值是基于成本的，除非资产不再与其成本相符，在这种情况下，它们必须被减记。银行被鼓励少报利润并建立隐藏的储备。手里的鸟比林子中的数字更有价值：只有当鸟儿从林中飞出来时，你才被允许去数它。

就像金融一样，出于类似的原因，会计变得越来越聪明，也越来越糟糕。英国商学院的规模从未达到美国的水平。英国公司（除了少数跨国公司）也没有日本或德国公司所特有的那种内部管理培训。到

20 世纪 80 年代，会计已经成为英国毕业生为经商做准备的主要手段。这些学员中有许多人在金融行业找到了工作；其他人则在非金融行业工作——由于他们很聪明，许多人升到了高级职位。年轻的会计师更聪明、更贪婪，在审慎方面受到的教育较少，而在经济学方面受到的教育更多。"公允价值"逐渐取代保守主义成为指导原则。但这条通往"真实和公平的观点"的道路——会计的传统圣杯——往往会导致与公平相反的结果。乍一看，采用按市值计价的会计准则显然是明智的。历史成本只是历史，市场承认当前的现实。28 年前，我与人合著了一本关于经济学和会计学的书[16]，当时我对按市值计价程序的优越性深信不疑。但是 28 年是一段很长的时间。

1990 年，麦肯锡一位名叫杰夫·斯基林的年轻合伙人被一家不起眼的得克萨斯州能源公司从这家世界上最受尊敬的咨询公司挖走。斯基林和他的同事认为，天然气合约可以像哈利法克斯这样的银行交易固定收益、货币和大宗商品那样进行交易。露西·柏宝的音乐剧《安然》取得了引人注目的成就，将按市值计价的会计准则搬上了伦敦西区的舞台。音乐剧的开场是 1992 年 1 月 30 日斯基林的办公室，他和同事们举行了一场香槟派对。当时，美国证券交易委员会发来一封信，同意在天然气合同中使用按市值计价的会计方法。柏宝的戏剧具有莎士比亚悲剧的结构。在第三幕中，斯基林升任公司的首席执行官，几乎成为杰克·韦尔奇的竞争对手，成为美国最受尊敬的商人之一。在第五幕中，他被判处 24 年监禁。

一份长期的天然气合同，比如一份为期 24 年的天然气供应合同，应该在合同期内产生稳定的利润流。就像银行的一笔可靠的贷款一样，会在贷款期内产生源源不断的利润。传统的会计程序会逐年报告这些利润。但如果合同或贷款是可交易的，交易可能会被区别对待。如果你要出售合同，买方支付的价格将反映未来可能产生的所有利润。按市值计价使你可以将这些利润的全部价值立即记入你的损益账户。安然已经向美国证券交易委员会解释了其基本原理。交易业务"创造价值,并在交易最终敲定时完成盈利过程"。[17] 安然不再是一家能源公司,而是一家"天然气银行"。

半个多世纪前,J.K. 加尔布雷斯用一本篇幅短小、文笔优美的著作,对 1929 年的华尔街大崩盘进行了描述。加尔布雷斯观察到,侵吞公款的特点是,"从犯罪到被发现需要几周、几个月或几年的时间。顺便说一句,在这个时期,侵吞公款的人有所得,而被侵吞的人没有任何损失。精神财富有了净增长"。加尔布雷斯将这种财富增长描述为"欺骗"。[18]

沃伦·巴菲特的商业伙伴查理·芒格在一篇令人愉快的文章中指出,这个概念可以应用到更广泛的领域。创造这种精神财富不需要任何违法行为:错误或自我欺骗就足够了。芒格创造了"扯淡"这个词,或者"功能等同于欺骗",用来描述存在于幻觉产生和毁灭之间的财富。[19]

揭发伦勃朗赝品的评论家对世界没有任何好处。画作的所有者会蒙受损失,潜在的观众也可能蒙受损失,而伦勃朗真品的所有者却得不到什么好处。金融部门对那些指出新经济泡沫或全球金融危机之前的信贷扩张造成了巨大损失的人不以为然。对监管者和市场参与者来说,从众更容易。只有勇敢的人才会阻止那些期望通过买卖互联网股票致富的人,或者阻止那些因为买家买不起房子而拒绝让人们拥有自己住房的人。

欺骗的乐趣在于,两个人都不知道对方的存在和作用,却能享有同样一笔财富。斯基林喝下的香槟是由安然的股东和债权人支付的,但直到 10 年后他们才知道,当时大多数人甚至没有听说过这家公司。2006 年,美国城市的家庭收到了一笔他们永远不可能偿还的款项,而纳税人也从未想过他们会被要求为这笔钱买单。银行的股东和倒霉的受益人从哈利法克斯银行获得最终一文不值的意外之财——股票，用手中的股票换取哈利法克斯票据的苏格兰银行股东不可能明白，他们获得的股息是他们从自己那里借来的钱。投资者为自己从价格令人眩晕的互联网股票中获得的利润感到高兴。他们没有意识到自己赚的钱会像温暖的春天中的雪一般融化。短暂的财富被创造出来，在当时的每个人看来都足够真实。真实到值得去消费。真实到足以伤害那些被迫偿还这笔钱的人。

欺骗和扯淡的途径有许多。金融机构的账目一度是不透明的、保守的。它们今天仍然是不透明的，但通常不再保守。对未来收益的估计（"按市值计价"）会被计入当前交易收益。[20] 但如果没有市场呢？你可以估计一下，假设有个市场——"按模型计价"，那么价格会是什么。斯基林为有机会认识到未来利润而干杯，这些利润可能（也可能不会）成为现实。从保守体制到相反体制的转变创造了一个过渡时代，在这个过渡时代，公布的收入比过去更高，或者可能在未来更高：这个转变对当时恰巧在场的人非常有利。

如果你以市值计价来衡量利润，那么利润就是市场认为的利润。企业账目中所包含的应该阐明市场观点的信息来自市场本身。[21] 而且，市场容易出现短暂的对新兴市场债券、互联网股票、住房抵押贷款支持证券、希腊政府债券的共同热情。交易员不必等待利润何时或是否会实现。我会离开，你也会离开。[22]

当一项活动结合了大概率的小利润和小概率的大亏损时，紧跟问题就会出现。但这就是借贷的本质。大多数贷款都很好，为银行带来了适度的回报；需要许多这样的交易来抵消偶尔出现的不良交易。就像紧跟一样，贷款的盈利能力只能在长期内评估，并且很难评估。银行的亏损核算一直存在问题。对于那些被认为可靠的贷款，如果真的有，应该从今天的利润中提取什么准备金？

假设一笔 100 英镑的贷款有 1% 的概率无法得到偿还,"按市值计价"或"按模型计价"的方法可能会将贷款估值为 99 英镑。但这笔贷款不值 99 英镑。就像薛定谔的猫,不是死的就是活的,贷款不是好的就是坏的;它要么值 100 英镑,要么一文不值。爱因斯坦在谈到薛定谔这样的问题时说"上帝不会跟宇宙掷骰子",但银行家会跟金融宇宙掷骰子。传统上,银行会将利润隐藏起来,以应对困难时期;但最近,它们的高管有了相反的担忧,他们试图通过报告尽可能多的利润来证明自己的奖金是合理的。

对于如何计算贷款损失的困境,有一个答案是等待和观望:在衡量银行盈利能力时需要从长远考虑,这是在苏格兰银行和皇家银行工作是一种职业,而不仅仅是一份工作的重要原因。银行的管理职位是一份终身制工作,而且大部分的报酬都被推迟了:银行经理希望退休后能拿到丰厚的退休金,并在他与客户闲聊的高尔夫球场上享受多年的黄金岁月。由于银行和员工之间的这种相互的长期承诺,那些做出贷款决定的人将会关心他们所做的事情的全部后果,而不仅仅是直接影响。

在 20 世纪 90 年代早期,哈利法克斯仍然盛行这种文化。这个机构对变化的时代的反应比大多数机构都要慢,但它确实做出了反应。当我接受交易员的再教育时,他们的文化是"我会离开,你也会离开",我意识到紧跟对他们的成功,或者表面上的成功来说是多么重要。哈利法克斯财务部希望获得的大部分利润将来自"套利交易",即通过冲抵不同期限(不同利率)的贷款,或将良好信用与较差信用进行匹配,从而获得利率溢价的交易。

几年后,欧元区的形成创造了机会,催生了规模最大的套利交易之一,而且将产生政治和经济上的后果。金融机构可以用在北欧筹集的资金购买南欧资产。这一机会被法国和德国银行的交易员广泛利用,以至德国和希腊债券之间的利率差异几乎消失了。常规的利润——紧跟前车的驾驶员在旅途中节省下来的那几秒钟——都被记入银行的账目,更关键的是,被记入交易员的奖金。就像紧跟驾车一样,损失被恰当地假定在遥远的前路上才会发生。

马丁格尔策略是一种以更大的赌注来应对每一次损失的赌博策略。想象一下,在一场"公平"的赌博中,你下注5英镑,正面赢10英镑,反面则一无所获。如果你赢了,你可以获得5英镑的利润。马丁格尔建议,如果你输了,你应该在下一轮抛硬币时押上10英镑。如果你赢了,你现在将获得20英镑,收回你在游戏中投入的15英镑(第一次投掷的5英镑+第二次投掷的10英镑),并将获得5英镑的利润。如果你又输了,你就重复这个策略,每次输了就加倍下注。几个世纪以来,这个游戏一直吸引着统计学家和赌徒,它的悖论就在于它的两个看似不相容的属性。如果玩游戏的时间足够长,这个游戏肯定是有利可图的,但如果经常玩,你最终会破产。

"流氓交易员"不时会成为头条新闻。在著名的伦敦投资银行巴林银行新加坡办事处,28岁的员工尼克·利森一夜之间从办公桌旁消失后,这个词就开始流行。他所引发的损失导致了银行的破产和自己的入狱。后来的流氓交易员包括法国兴业银行的前雇员杰洛米·科维尔(现已入狱),他被要求偿还49亿欧元,以及摩根大通的"伦敦鲸"(布鲁诺·伊克希尔),据说他的违规交易给这家美国银行造成了60亿美元的损失。

此类过度行为中规模最大的可能是对豪伊·许布勒的报道,他曾是摩根士丹利一位受人尊敬的交易员,据称,他在2007年的活动造成了90亿美元的损失。[23] 流氓交易员是指在亏损数字出现之前就已花光了钱,或者吓坏了雇主的人。与其他流氓交易员一样,许布勒采用了一种马丁格尔策略:在市场崩盘之际,他加大了对基于抵押贷款支持证券的抵押债务的押注。

流氓交易员通常会抗议说，如果银行没有平仓，他们的交易最终会盈利，就像被从赌场拖回家的赌徒告诉他的妻子和全世界，要是他被允许待更长时间，他一定会拔得头筹一样。通常这些说法是正确的。在长期资本管理公司，接管失败基金头寸的银行最终会从交易中获利。

债务抵押证券通常有这样一种结构，即发行人承诺对任何抵押品不足的情况做出回应，通过"补足"抵押品的内容来维持价值。类似地，"实物支付"证券通过额外的同类债务来支撑其价值：第三世界国家的许多债务的现实情况与此类似，它们的支付承诺只是被推到未来。就像在赌场里用马丁格尔策略的赌徒总是会再玩一手一样，借款人会在到期时推迟还款日期。沃伦·巴菲特对这些结构有一句名言："不支付任何款项的承诺不可能违约。"[24]

庞氏骗局与马丁格尔策略关系密切。这种通过思考致富的方法是以查尔斯·庞兹的名字命名的。庞兹在20世纪20年代（正确地）告诉投资者，世界邮政当局使用的国际回信券定价有误。可以通过在一个国家购买，在另一个国家销售来获得利润。遗憾的是，回信券供应不足以满足投资者的需求。

于是，庞兹采用了欺诈手段。这种诈骗并不复杂：通过从新投资者认购的资金中提取款项，给老储户回馈高额回报。新投资者为那些从一开始就参与该计划的人的成功所吸引。当新投资者的供应不足以满足老投资者的提款时，庞氏骗局就会崩溃。

历史上最大的庞氏骗局是伯纳德·麦道夫犯下的，他声称一种使用衍生证券的投资策略具有高回报和低波动性。事实上，没有任何投资活动发生。[25] 在全球金融危机期间，赎回需求增加，流入资金减少。由于无法满足提款要求，麦道夫向联邦调查局自首，最终被判140年监禁。一些与庞兹和麦道夫一起投资的人赚了钱。即使知道或怀疑存在庞氏骗局，你也希望及时脱身并从中获利。我会离开，你也会离开。

庞兹和麦道夫因为撒谎而入狱。1999—2000 年的新经济泡沫是一种或许合法的庞氏骗局。早期投资者赚取了巨额利润，但正是后来的投资者被类似的收益前景吸引，才提供了使这些利润成为可能的资金。那些购买和出售没有内在价值的证券的人，他们的购买动机是知道这些股票已经获得了利润，并且期望（在许多情况下实现了）他们可以通过在更高的价格上继续出售这些股票获得类似的利润。最终，就像所有庞氏骗局一样，新买家的供应耗尽，泡沫破灭，互联网股票价格暴跌。骗局、欺骗、自欺和错误之间的界限是模糊的。

在新经济泡沫中，一些早期投资者赚了钱，但大多数人留下来希望赚更多钱。即使是非常聪明的人，也高估了自己判断市场调整错误定价时机的能力。朱利安·罗伯逊和乔治·索罗斯等传奇投资者误判了新经济泡沫，损害了自己的声誉。沃伦·巴菲特一直坚决地在场外观望，他被嘲笑没能"把握机会"。艾萨克·牛顿在早期的庞氏骗局"南海泡沫"中损失惨重。随着新经济泡沫的扩大，我经常问自己："金融集团里销售产品的人真的相信这些东西吗？还是他们在欺骗中变得愤世嫉俗？"我逐渐意识到，真相介于两者之间：天真和欺骗都不能提供充分的解释。重复各组织和同事的意见十分方便。在自说自话的金融世界里，重申似乎就可以证实这些观点。

欺骗和扯淡的持续不断是对真相漠不关心的产物。当我天真地问哈利法克斯"利润从何而来？"这个问题时，回应的一个显著特点是，金融行业的大多数人认为这个问题既不有趣，也不重要。他们的态度并不是公然的欺诈者那种完全的不道德，而是在知道答案会令人尴尬或至少是不方便时，对问问题的人故意视而不见。厄普顿·辛克莱的这句话同样适用："当一个人的薪水取决于他不理解某件事时，让他理解这件事是很困难的。"

金融部门有多赚钱？

> 幸运的傻瓜丝毫不怀疑自己可能是幸运的傻瓜。
> ——纳西姆·尼古拉斯·塔勒布，《随机漫步的傻瓜》[26]

从众本能和相关的竞争压力导致企业模仿竞争对手的灾难性战略。查克·普林斯将这个问题概括为："只要音乐还在播放，你就得站起来跳舞。"自说自话的行业价值观和实践强化了错误的信念。对客户利益的承诺，对机构的忠诚，被对个人利益的积极追求和"我会离开，你也会离开"的文化取代。所有这些活动都是由对盈利能力的幻觉支撑的：人们相信金融创新会带来巨大的价值并确保超额回报，而现实情况是，交易员们正在向未来借钱以填满自己的口袋。

金融机构并没有真正赚到很多钱的可能性很难理解。看看这些薪水、奖金、大理石装饰的接待区、公司专机，一个利润异常丰厚的行业的所有标志都在那里。难道这个行业真的没有特别赚钱吗？

银行集团认为，它们的零售业务回报相对较低。但是集团允许，甚至鼓励业务之间的交叉补贴。当相互竞争的群体争夺企业的整体控制权时，这种交叉补贴将倾向于目前执掌大权的群体。从零售部门到金融集团的交易业务，都存在大量的交叉补贴。事实上，补贴的规模如此之大，以至如果没有零售银行业务的支持，这些交易业务很难有效竞争。

这种认可是企业集团的重要组成部分，对金融化至关重要。为促进交易文化的兴起做出巨大贡献的所罗门兄弟成为花旗集团的一部分，伦敦金融城最具创新精神的投资银行华宝已被瑞银（UBS）收购。巴克莱和摩根大通等零售银行发展了它们的投资银行业务。一些规模较小的投资银行,如拉扎德,退到专门的利基市场,而刘易斯·拉尼埃里在所罗门兄弟公司的老板约翰·梅里韦瑟创立了自己的公司——长期资本管理公司。

这种集团化和相关的复杂性增加了评估利润的难度。2005年,花旗集团宣布盈利250亿美元,这是有史以来所有公司报告的最多的盈利之一。(在美国,只有埃克森美孚和苹果超过了这个数字。)但这种说法是虚假的。到2008年,花旗集团实际上已经破产:该公司之所以存活下来,是因为美国政府为它提供资本,美联储为它提供现金。在最近的任何一个10年期间,花旗集团的股东都在亏钱。他们还不如把钱存入花旗集团的银行账户,但这只是因为美国政府确保该银行的储户可以得到全额偿付。

在全球金融危机之前,众所周知,政府(严格地说,是政府发起的存款保护计划)会在一定限度内支持存款,但原则上,较大的储户和其他银行债权人都面临风险。不过现实并非如此。零售存款基础为交易活动提供的抵押品在2007—2008年被证明是至关重要的,当时五家主要独立投资银行中的三家倒闭——雷曼兄弟破产,贝尔斯登和美林进入大型零售银行的怀抱,而另外两家,高盛和摩根士丹利之所以能够存活下来,是因为它们将自己重新配置为银行控股公司,以便美联储能够向它们开放陷入困境的零售银行可获得的流动性渠道。2008年之后,各国政府或多或少都明确了支持的保证,而在此之前,这些保证或多或少是未言明的。

存款保护计划并没有得到实质性的使用(好吧,这取决于你说的实质性是什么意思——英国的计划从英格兰银行获得了大约230亿英镑的"贷款",主要是由于布拉福德-宾利银行的失败),但苏格兰哈利法克斯银行或苏格兰皇家银行破产时并没有要求赔偿,因为财政部和英国央行向这些机构提供了直接资金。同样,在美国,联邦存款保险公司遭遇的最大失败是华盛顿互助银行。面临风险最大的银行，也是世界上最大的银行花旗集团，得到了美国财政部特设的"问题资产救助计划"的支持。

花旗集团是一个极端的例子，但在全球金融危机中，极端的例子变得很正常。英国央行和皇家银行的股东，贝尔斯登和雷曼兄弟的股东，以及所有爱尔兰和冰岛的银行的股东几乎失去了一切。美国政府弥补了美国国际集团、花旗集团、房利美和房地美的巨大损失，为股东留下了一些价值。美国银行和巴克莱银行的股东也损失了大部分投资。在截至2014年8月29日之前的15年里，MSCI世界银行指数的年复合总回报率为3.0%（参见图4.1）。

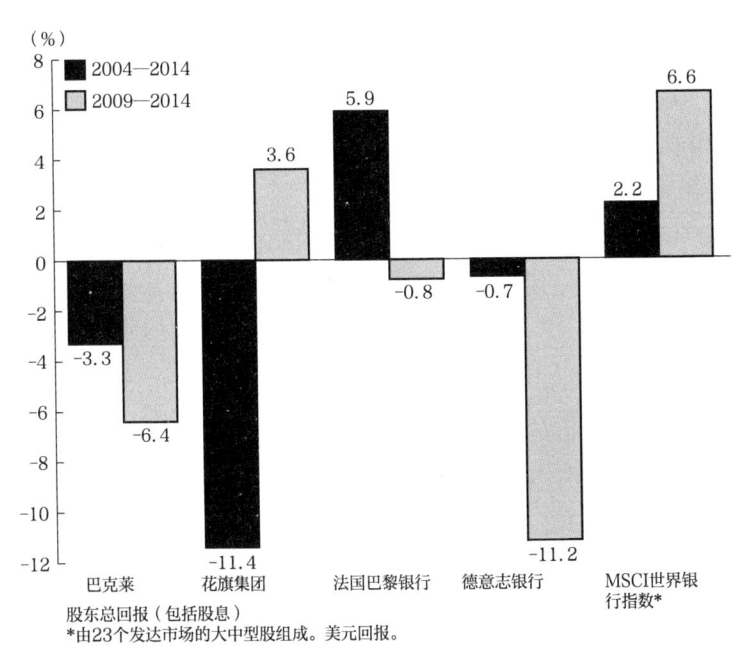

股东总回报（包括股息）
*由23个发达市场的大中型股组成。美元回报。

图4.1 主要银行的股东年回报率，8月至8月（每年百分比）

资料来源：晨星公司、MSCI。

金融公司的股东是 21 世纪第一个十年繁荣与萧条的受害者，而不是受益者。在多元化的金融集团中，许多业务在那个时期都是盈利的——做市、发行证券、资产管理和一些零售产品。大部分利润都被支付给高级职员。其余部分被批发金融市场活动的整体损失冲抵。欺骗和扯淡，从命运那里借来的钱，都被支付给银行的高级职员。过去，大型金融集团的经营主要是服务其管理者的主要利益[27]——而且，总的来说，它们现在仍然如此。

当然，辩护者会解释说，全球金融危机是一个千载难逢的事件。从某种意义上说，紧跟者一生中只会经历一次崩盘，使用马丁格尔策略的赌徒一生中只会屈服一次，庞氏骗局的罪魁祸首一生中只会暴露一次。这场危机是之前一系列事件的产物，而所发生的损失与前期的利润是不可分割的。

在全球金融危机爆发前的几年里，银行首席执行官像小学生一样竞相证明"我的净资产回报率比你的高"。领衔主演是约瑟夫·阿克曼，他 2002—2012 年担任德意志银行执行委员会主席，2006—2012 年担任董事会主席，他宣布了 25% 的净资产回报率目标。2008 年，当全球金融危机在他身边爆发时，他自豪地宣布，这一目标已经实现。

净资产回报率（RoE）是利润与股东资金的比率，有两种方法可以提高该比率。你可以增加分子，也就是利润，或者减少分母，也就是股本。减持股权更容易。RoE 是衡量盈利能力的一个严重误导性指标。对资本密集度不高的企业（如资产管理公司或会计师等其他专业服务公司）来说，由于资本要求非常小，因此较高的 RoE 是可以实现的。资本密集型企业——在现代经济中主要是银行、公用事业公司和资源公司——只有像德意志银行那样，通过高杠杆才能实现高 RoE。

即使在资本不足的德意志银行受益于政府对其债务的担保之际，

它也在回购自己的股票,以减少资本基础。无论德意志银行的财务官员声称的净资产回报率如何,这一指标都讲述了一个不同的、更具启发性的故事:2002年5月至2012年5月(阿克曼担任银行执行委员会主席期间),其股票的年均总回报率(以美元计算,股息再投资)约为 –2%。净资产回报率对任何公司来说都是一个不恰当的绩效指标,尤其对银行而言,而且奇怪的是,它的使用竟然得到了金融和风险管理专业人士的支持。

银行仍然宣称净资产回报率目标:虽然不那么雄心勃勃,但仍然不切实际。在最近关于对银行实施更广泛资本要求的影响的讨论中,15%的数字被提议并获得批准,作为衡量银行集团股本成本的一个指标。[28] 如果这些公司真的有可能为股东带来15%的回报,那么寻求这些诱人回报的投资者将排起长龙。实际上,大多数欧洲和一些美国银行根本无法从投资者那里筹集到任何资本,而在2008年的亏损之后,银行恢复资产负债表所需的新资本主要是由政府或客户提供的。现代金融集团与其说是产生巨额利润的引擎,不如说是靠公共补贴生存下来的机构。

各大银行的账目冗长难懂。没有人真正知道银行逐年、逐个业务部门或整体的盈利能力。在金融领域,人们知之甚少的复杂性不断增加,这是有意为之的:复杂的产品是利润的来源,如果买家能更好地理解这些产品,这些产品对卖家的回报就会更低。但这种复杂性最终将压倒金融机构的管理层,因为监管要求的增长速度超过了主管和监管机构受托进行监管的能力。

获得高净资产回报率的关键在于,你的资本基础中没有多少净资产(股本)——杠杆率非常高,德意志银行在这一点上取得了比历史上任何一家大公司都更为显著的效果。在全球金融危机爆发之初,这家德国最大的银行的股本占其负债的比例不到2%。怎么会有人认为,一个负债是其资本的 20 倍、30 倍甚至 50 倍的贸易实体会保持稳定，更不用说成为个人储蓄和国家信用体系的适当储存库了！没有其他哪个行业的资本基础如此薄弱，也没有哪个金融机构会向财务如此不安全的非金融机构放贷。但德意志银行曾被认为是坚不可摧的，就像花旗集团和美国国际集团一样——多亏了德国政府和欧洲央行，事实确实如此。当政府支持你时，你不需要在政治和经济上拥有强大的实力，也不一定是盈利的——或者有能力为高级职员提供丰厚的奖励。

政府也成了紧跟者，冒着风险支持金融体系，这可能会得到回报，但如果不这样做，可能会付出巨大的代价。一些政府会宣布，在 2008 年采取的措施没有成本，甚至产生了利润。美国政府的问题资产救助计划（TARP）已经提出了这样的说法。英国政府似乎也决心以这样一种方式处理事务，即对苏格兰皇家银行和劳埃德银行进行纾困，这表面上似乎为纳税人赚取了些许利润。但担保不是免费的。

提供贷款担保，无论是通过借款人的亲属、企业创始人，还是政府，都是典型的紧跟策略。大多数担保没有被调用，结果是没有明显成本的小收益。然而，当这些担保被调用时，其成本可能非常高。爱尔兰政府愚蠢地做出明确承诺，将偿付实际上已资不抵债的银行（以无可救药的盎格鲁爱尔兰银行为例）的债务：这种操作的成本将在未来 10 年或更长时间内成为爱尔兰经济的负担。然而，爱尔兰并不是可以想象的最糟糕的情况。爱尔兰的银行规模不是很大，它们的损失主要是爱尔兰国内的不良贷款造成的。纾困实质上是对爱尔兰内部的再分配，把钱从爱尔兰纳税人手中再分配给那些利用爱尔兰房地产泡沫获利的诈骗犯、投机分子和普通的机会主义爱尔兰人（从而减轻了外国债权人在爱尔兰银行的潜在损失）。

如果苏格兰是一个独立的国家，对两家倒闭的银行做出类似的承诺将是灾难性的：苏格兰银行和皇家银行的负债超过了国家国民收入的10倍。即使对英国来说，英国政府明确承诺支持的三家银行——巴克莱、劳埃德和苏格兰皇家银行的未偿债务也超过了英国政府本身的债务总额。

欧洲央行对欧元区金融体系债务的支持是历史上规模最大的马丁格尔计划。每一次官方干预都在市场上遇到了阻力，几个月后，欧洲机构又回来进行更大规模的干预。最后，在2012年，新任欧洲央行行长马里奥·德拉吉承诺将"不惜一切代价"[29]——只要需要，他的银行将一直留在谈判桌前，直到成功摆脱困境。也许这将成为事实。

人们曾试图通过纳税人提供的隐性或显性担保衡量公共部门对银行部门的补贴规模。有两种类似的方法：一个是如果没有政府的支持，银行的借贷成本将上升多少；另一个则是利用信用违约掉期市场来评估它们私下购买公开提供的保险的成本。（当然，这种规模的市场是不可能稳定存在的。）

英国银行业独立委员会建议，将零售银行业务与其他银行业务隔离开来，其成本为每年40亿~70亿英镑。[30]英格兰银行的安德鲁·霍尔丹对整个国际银行业做出了更具推测性的估计，他估计，2007年（全球金融危机之前）的总数字为370亿美元，2009年（全球金融危机之后）为2 500亿美元。[31]国际货币基金组织对2011—2012财年进行了类似的计算，得出的数字范围为1 500亿~5 000亿美元（后一数字主要与欧元区有关）。[32]

无论从绝对值还是相对于银行公布的利润而言，上述的补贴规模都非常大[33]，但陷入细节的讨论是无益的。实际上，支持金融部门的公众成本可能远低于这些数字，也可能远不止这些。这种可能结果的巨大差异是"紧跟"的本质。

更重要的一点是，如果银行必须为"大而不倒"的原则提供的保险买单，那么它们私下参与的交易活动就不会发生，或者至少不会以目前的规模发生。这些机构的盈利能力在很大程度上（或许全部）来自贷款人（包括其他金融机构本身）愿意以这种条款提供融资，而这种条款在没有公众支持的情况下会被认为风险太大。

哈利法克斯董事会没有人怀疑，该提议的实质是利用例行的吸收存款和发放抵押贷款活动所建立的强大资产负债表，在一个由信誉较差的个人和机构组成的市场展开竞争。但在那个时候，没有人想到这些交易活动的规模会完全盖过核心业务，我们将在第 6 章看到这一点。"如果一件事好得不像是真的，那么它很可能是假的。"这条适用于投资者的格言同样适用于金融部门的盈利能力。

第二部分
金融的功能

第一部分描述了现代金融系统的作用、金融系统受金融化的影响及其对非金融经济的影响。第二部分关注现代金融系统必要的基础功能。经济体需要金融来促进支付，引导个人储蓄转向新的投资，并帮助家庭进行财务管理，实现财富的代际传承。接下来的章节描述了寻找新机会和管理现有机会这些核心目标是如何实现的，以及成效如何。第5章讨论了资本主义经济的核心机制——家庭财富向生产性资产的转化。第6章和第7章着眼于促进这一过程的两种主要机制——存款渠道和投资渠道。

—5—
资本配置

实物资产

> 商品的价格或货币形态,与一般的价值形式一样,是一种与其可触摸的实体形态截然不同的形态。
>
> ——卡尔·马克思,《资本论》第一卷第三章,1867 年

在 2009 年《星期日泰晤士报》一篇备受指责的采访中,高盛首席执行官劳埃德·布兰克费恩声称,他的公司在做"上帝的工作"。[1] 神的目的是"通过为公司筹集资金来帮助公司发展。公司的发展创造现金,这反过来又让人们拥有创造更多增长和更多财富的工作。这是一个良性循环"。如果你要求华尔街或伦敦金融城大楼行政楼层的工作人员解释金融业对实体经济的贡献,他们的回答将与布兰克费恩先生的回答相呼应(尽管可能没有关于神的那部分内容)。金融部门负责筹集和分配资本。

金融市场的核心功能是将资金从储户引向企业、房地产商和政府。这些机构反过来用这些储蓄建造、拥有和经营住宅、商店、办公室、仓库和工厂,购买厂房和机器,发展国家的基础设施和土木工程,包括道路、桥梁、电力和电话电缆、管道和下水道等。或者说应该是这样的。

每代人都继承了上一代的资产。每代人或是花费这笔资产并眼看着它贬值，或是增加资产并将增值后的资本存量传给下一代。一个有效的金融系统可以帮助企业、家庭和政府实现这些目标，并造就一个比成立之初更好的国家。或者说应该是这样的。

我把金融系统的两个关键功能称为搜寻和管理。搜寻即寻找新的投资机会，管理指经营已创造的长期资产。本章主要关注搜寻功能，第7章主要关注管理功能。在资本配置中搜寻和管理之间的区别在商业地产领域早已确立。房地产开发商寻找可以翻新或重建的场所，投资者则持有房地产作为长期投资。不同的开发商拥有不同的技能、专长，通常还有公司结构。当然，有些公司兼具开发和投资的功能，这两种功能从来都不是泾渭分明的，只是这种区分方法很常见，而且是有用的。

如果我们用这种区分方法来看待今天的金融部门，那么许多在其中工作的人似乎并没有真正从事搜寻或管理工作。本章的中心悖论是，马克思所描述的实物资产本身和代表它们的证券之间的分裂。金融化将越来越多的资源转移到所谓的资本配置过程中。但是这种专业技能主要不是用于搜寻、促进新的有形投资或管理、维护和经营资产：建造新房屋、创建和维护基础设施、发展和有机扩张企业。资本配置最终扩张的是与现有房屋、基础设施和企业相关的证券交易。与前辈相比，新一代金融家对家庭的住宿需求、支撑日常商业和社会生活的公用事业、新老企业的竞争优势和企业战略了解得更少，而不是更多。他们生活在一个自说自话的世界中，他们在其中与自己的同类对话和交易。

要理解资本市场的作用，首先要理解资本本身的性质。如果想衡量国家资产的价值，有两种方法。你可以看看资产本身——用马克思19世纪的术语来说，就是可触摸的、实体的形态，或者你可以看看代表这些资产的证券——"商品的价格或货币形态"。

为了评估资产本身，你会走遍全国，走遍街道，在街道下面寻找管道和电缆，参观办公室、商店和工厂，穿越公路和铁路。在每个阶段，你都会估算你所识别的资产的价值。你从可以看到的资产开始，比如一所房子、仓库中的一排货物、一根电线。不过你还希望包括许多有价值甚至可交易的资产，但这些资产不是你可以轻易触摸和感受到的，如版权、无线电频谱的一部分、穿越某人的田地、排放烟雾或取水的权利。一些资产（例如软件）则介于有形资产和无形资产之间。许多商品和服务已经非物质化。拥有知识与拥有实物财产一样重要。这些无形资产在今天比马克思想象的要重要得多，影响也更广泛。

但资本概念的这种引申至少就现有目的而言不应该走得太远。经济学家谈到"人力资本"，它源于教育和培训，虽然不可交易，但显然很有价值。其他人使用"社会资本"一词来描述信任和社会纽带的价值。[2] 或许，这是金融化的一个小小的副作用，以至许多评论员认为，有必要使用金融的语言来描述其他金融界之外的社会机构。但是，与金融市场相关的实物资产是那些你可以，或者至少可能购买或出售的有形或无形的东西。

另一种完全不同的衡量资本的方法是评估家庭财富——用马克思的话来说，它考察的是商品的价格或货币形态，而不是商品的实体形态。为了衡量这一点，你可以挨家挨户询问人们有多富有，然后把结果加起来。受访者可能会告诉你他们的房产所有情况，他们的抵押贷款及其他债务情况，他们持有的证券，他们的钱包、皮夹和银行账户中的现金。他们也可能会估算自己预期的养老金，也可能不会。

发达国家的统计局同时进行这两项工作——评估实物资产和家庭财富。当然，与我所描述的方式不完全相同。两种程序都带有主观性和任意性。对资本和财富的衡量并不是一项精确的工作。[3]

国家的实物资产主要是房屋。如图5.1所示，住宅房地产约占英国和法国资本存量价值的60%，在德国占50%，占美国实物资产的

40%。余额由商业地产、基础设施和商业资产构成,比例大致相等。[4]

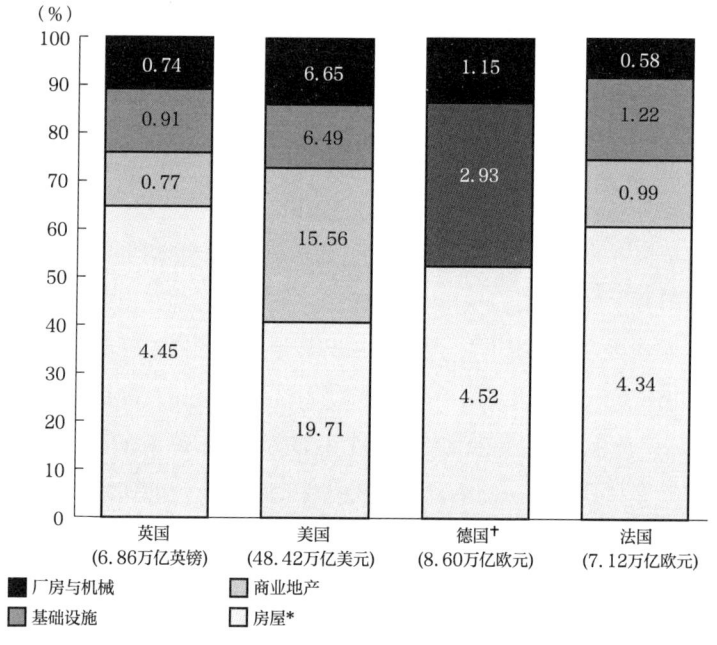

```
(%)
100 ┤
     │  0.74      6.65      1.15      0.58
 90 ┤
     │  0.91                          1.22
 80 ┤            6.49
     │                     2.93
 70 ┤  0.77                          0.99
 60 ┤
     │           15.56
 50 ┤
     │                     
 40 ┤
     │  4.45
 30 ┤                      4.52      4.34
     │
 20 ┤           19.71
 10 ┤
  0 ┴────────────────────────────────────
      英国       美国       德国†      法国
   (6.86万亿英镑)(48.42万亿美元)(8.60万亿欧元)(7.12万亿欧元)

■ 厂房与机械    ▨ 商业地产
▨ 基础设施      □ 房屋*
```

图 5.1　各国的实物资产,2012 年底(以万亿当地货币计)

*法国和德国的数据仅包括建筑(地皮除外)。
†德国的数据合并了商业地产和基础设施。
资料来源:经合组织、美联储(美国房地产)。

由于房屋的寿命比其他资产长得多,因此这三个大类的新投资构成比存量本身更加平衡(如图 5.2 所示)。投资模式每年都有很大差异,反映了房地产的繁荣和萧条,以及公共支出和商业信心的起起落落。

国家的实物资产由家庭财富提供资金。这些资源还能从哪里来?金融市场的复杂性有时会掩盖所有资本都来自个人储蓄这一核心问题。当人们谈论"新的资金来源"时,他们的意思是引导现有资金来源的新方式;他们混淆了中介渠道和资金来源。第 5 章的其余部分描述

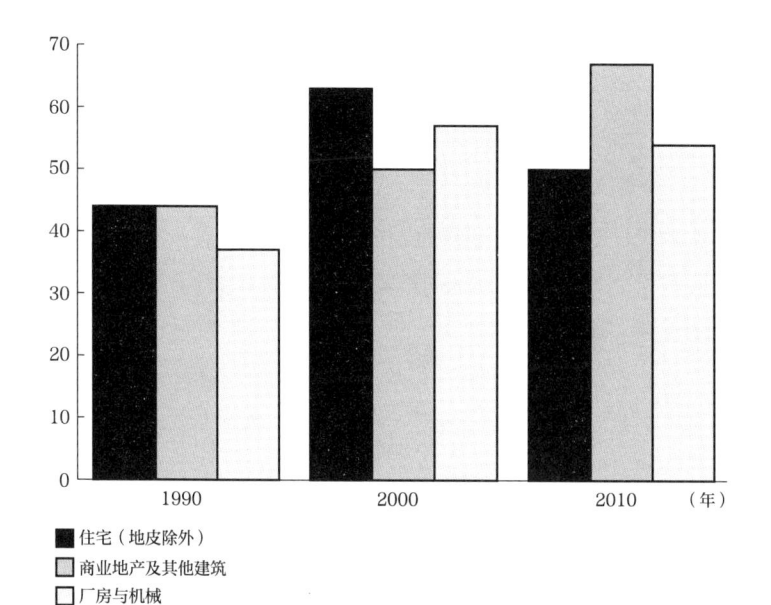

图 5.2　1990—2010 年英国的投资额*按资产类别划分（十亿英镑，按 2010 年价格计算）

■ 住宅（地皮除外）
▨ 商业地产及其他建筑
□ 厂房与机械

*固定资本形成总值。
资料来源：英国国家统计局。

了如何利用资本来建立国家的实物资产。第6章和第7章描述了两个渠道——存款渠道和投资渠道，中介通过这两个渠道引导家庭财富达成上述目的。

住房

我知道你会理解我在追随伟人脚步时所感受到的谦

卑……这些伟人为我们设立了一个拥有财产的民主的目标，这是我们今天仍在追求的目标。

——玛格丽特·撒切尔，作为党魁在保守党会议上的第一次演讲，布莱克浦，1975 年

为购买住宅房地产提供融资是现代经济资本配置机制最主要的内容。在金融化时代之前，华尔街、伦敦金融城及其他金融中心在住房融资方面只发挥了很小的作用。从 20 世纪 80 年代开始，这种情况发生了改变，并带来了灾难性的后果。住房融资配置不当是全球金融危机的核心问题。抵押贷款确实在一段时间内变得更便宜了，但之后更贵了。许多不明智地涉足房地产市场的人陷入困境或丧失抵押品赎回权。每家大银行都遭受了重大损失，其中有些银行，比如专门从事住房金融的华盛顿互惠银行完全倒闭了。主导美国住房金融的两家半国营机构房利美和房地美破产了。一个世纪以来，自有住房占住房存量的比例首次下降。

在 20 世纪初，不仅仅是低收入家庭，大多数家庭都是租房子住的。但房东一直不受欢迎。租金管制的历史，以及限制房东权利和扩大房东义务的立法，降低了住房投资的经济和政治吸引力，而税收优惠使购房自住成为一种有吸引力的储蓄方式。并且业主往往是更好的居住者。到 20 世纪末，购房自住已成为常态。

所以，今天大多数房子都归住在里面的人所有。第一次买房的人需要申请相当大比例的抵押贷款，通常为房产总价的 60% 至 100%。这是一笔高杠杆交易。但是，如果房价上涨，债务在总额中的比例就会减少，而所有者的权益，即财产价值与债务之间的差额就会增加。在英国和法国，住房存量的大部分价值（大约三分之二）是业主权益。在这些国家，这种住房权益的积累是家庭储蓄的主要工具。在其他国家（例如美国），抵押贷款利息可以从所得税中扣除。或许出于这个

原因，这些国家的家庭相对于他们的房产价值，往往拥有更高额的抵押贷款，以及更多的金融资产——股票、基金、保险和养老金产品。美国次级抵押贷款的泛滥也解释了该国非常高的债务价值比。

德国不一样。大多数家庭选择租房而不是买房。投资机构——通常是大型保险公司——拥有相当大比例的住房存量。这种机构所有权曾经在其他国家很普遍。但随着业主自住的增长，如今私人租赁部门由为低收入家庭提供社会住房的公共和准公共机构主导。少数私人业主将长期储蓄投入房产或小型房产投资组合。

随着20世纪业主自住的增长，美国的储蓄机构、英国的建房互助协会、德国的建房基金管理公司等专业机构通过提供住宅抵押贷款而迅速发展。但随着英国和美国的金融化，几十年来运作良好的体系被废除了。放松管制措施的动机是考虑一般原则，而不是管制引起的具体不良后果。雄心勃勃的金融家将创新技术和富有想象力的体系带入了他们知之甚少的领域。那些有能力管理住房金融机构的人自认为是伟大的国际金融家。正如弗雷德·古德温、桑迪·威尔、罗伯特·康波和杰夫·斯基林等人所说明的那样，自大妄想在金融化时代扮演的角色几乎与贪婪一样重要。美国的储蓄和贷款管制因一小撮骗子开始放松。住房金融体系原本没有崩溃，但我们对它进行了修复，然后它就崩溃了。

新的住房融资方式和旧的一样，主要依靠当地的代表，但这些代表是销售人员，而不是信贷员。他们经常与借款人勾结，运用一个中央系统，操作这个系统的人设计了巧妙的结构，而这些经营者对支撑他们所做的事情的基本原理却知之甚少。住房抵押贷款支持证券市场的增长并没有强化人们对住房市场的认识，而是使认识淡化了。储蓄机构和建房互助协会消失了，当新的机构进入业界时，就像它们在美国次级抵押贷款行业所做的那样，本质上它们是出售抵押贷款的企业，而不是专业放贷机构。矛盾之处在于，当转向住房市场金融中介的资源增加时，住房专业知识却减少了。

储蓄业在 1980 年被解除管制。按照美国抵押贷款市场的规定，借款人在抵押贷款期限内支付的利率是固定的，因此当保罗·沃尔克领导下的美联储突然决定调高利率时，储蓄机构遭到了沉重打击。人们希望解除管制能让他们通过盈利扩张来摆脱财务困境。事实证明恰恰相反，紧随改革而来的是储蓄机构的广泛多元化经营，不久之后又出现了大范围的倒闭。清算信托公司成立于 1989 年，旨在管理破产的储蓄机构。由联邦政府资助的一揽子救助计划是全球金融危机之前最昂贵的金融纾困计划。

储蓄机构倒闭留下的缺口部分由老牌银行填补，部分由新的专业放贷机构填补。到 2006 年，其中规模最大、最终也是最臭名昭著的美国国家金融服务公司，在其积极进取、人脉广泛的首席执行官安吉洛·莫兹罗的领导下，在美国抵押贷款总业务中占比 20%。在类似的超额放贷情况下，英国北岩银行在 2007 年英国新增抵押贷款融资中占比 19%。2008 年 7 月，美国国家金融服务公司被美国银行收购，这是有史以来最糟糕的企业收购之一。

在英国，1986 年的《建房互助协会法》解除了对协会活动的大部分限制，允许活动多样化，并促进其转变为在证券交易所上市的有限公司。到全球金融危机爆发时，主要的建房互助协会要么倒闭，要么被一家大型金融集团吞并，只有一家例外。英国全国建房互助协会例外地幸存下来，因为在 20 世纪 90 年代它实力太弱，无法吸引金融世界更广泛的关注。

伴随解除管制和新的产业结构而来的是金融创新。储蓄机构、建房互助协会和类似的组织将存款和贷款进行匹配，但其中一些机构擅长筹集存款，另一些机构则更擅长出售抵押贷款。市场可以弥补其中的差额。但抵押贷款证券化创造了新的机会。

1988年关于银行监管的《巴塞尔协议》推动了证券化的发展。打包成债券并由评级机构评级的抵押贷款，实际上被视为比原抵押贷款本身风险更低。抵押贷款可以被进一步拆分或重新打包成更复杂的组合，这些组合也将由评级机构进行评估。证券化、打包和再打包、拆分和再拆分的步伐变得越来越疯狂。对抵押贷款支持证券的需求如此之大，以至在美国，受委托的销售人员会向任何能在申请表上签名的人竭力推销抵押贷款。

在对全球金融危机的修正主义解释中，过度的抵押贷款证券化是美国政府扩大住房拥有率措施的结果。[5] 这种解释有一定道理，但没说到点子上。业主自住的大规模扩张发生在几乎没有次级抵押交易的时候，贷方保留抵押物，直到贷款被偿还。美国在20世纪60年代或多或少已经完成了从租房到购房自住的转变，而英国也在20世纪80年代将住房拥有率推高至60%以上，因为在撒切尔政府时期，大部分社会住房存量都出售给了租户。

世界各地的经验表明，70%可能是合理的业主自住比例。超过这个比例，一些财务情况或财务能力非常不稳定的人也会被吸引到住房市场，他们无法履行相关的义务。随着对抵押贷款支持证券似乎永无止境的需求使放贷人降低了评估标准，美国向70%的极限比例逼近，有时甚至超过了这个极限。

尽管美国国家金融服务公司和英国北岩银行等抵押贷款销售机构做出了努力，但劣质抵押贷款的数量仍然不足以满足那些想要交易抵押贷款支持证券的人的需求，这导致了"合成抵押贷款支持证券"市场的发展。这些只不过是对已经被其他人买卖的抵押贷款价值进行的押注。

一些人从这个过程中赚了很多钱。最早出售住房抵押贷款支持证券的刘易斯·拉尼埃里和利用信用违约掉期押注许多此类工具将会失败的约翰·保尔森都成了亿万富翁。世界上最糟糕的抵押贷款公司美国国家金融服务公司的首席执行官安吉洛·莫兹罗,以及世界上最糟糕的抵押贷款保险公司房利美的首席执行官富兰克林·雷恩斯,因他们的努力获得了数亿美元的回报。其他人赚取了略微逊色的财富,比如第 10 章还会提到的李·法尔卡斯这样的"金融顾问",他们说服贫困的借款人接受了永远无法还清的抵押贷款;还有债券销售人员,他们拆分兜售抵押贷款支持证券;还有评级机构,它们对复杂的证券化产品给予了认可。最后,损失的大部分是别人的钱。到 2007—2008 年,情况变得很明显,即使是出售给违约和房屋难以出售者的抵押贷款组合中最优先的那部分,也可能很不值钱。

有关那次崩溃的故事已经有许多人详细讲述过了。[6]莫兹罗将支付 6 750 万美元,以了结美国证券交易委员会对他的指控。由于处于紧跟者认知失调状态,他解释说,作为美国国家金融服务公司的首席执行官,他因其功劳而获得的大笔收入是合理的,因为在借款人正常还款时,他的公司报告显示,公司通过出售抵押贷款获得了巨额利润。我会离开,你也会离开。

随着储蓄机构的衰落,银行审查员承担起了以前由监管机构扮演的角色(那个以无能著称的监管机构继续存在,而信用违约掉期的发行者美国国际集团金融产品公司发现了一个漏洞,使其能够在监管机构无力的监管下运作)。但是,随着英国和美国抵押贷款的重点转向银行,如果说监管有什么不同,那就是更加严格了,而且肯定由比二三十年前更强大的监管机构来管理。行业重组导致资本耗散在股份化的暴利和不明智的多元化中,缺乏股权资本来支持住房贷款。

住房金融危机的根本原因在于住房金融部门结构的变化。中介链的延长和二级市场活动的增加并没有提高资本配置的效率。资本配置更糟糕了——糟糕得多。贷款人和借款人之间界限的弱化导致了低质量的承销和无力的不良抵押贷款管理。贷方赔了钱，借方丢了房子。对贷方的资本条件规定不当，助长了证券化和表外活动。评级机构被监管机构赋予了监督的角色，但它们没有能力履行职责，也缺乏好好表现的动力。

美国住房市场的传奇故事展示了全球金融体系的问题所在，以及需要采取什么措施加以纠正。这些问题源于金融创新（特别是证券化）和金融机构取消对多元化的限制所带来的行业结构变化——这些措施的初衷是好的，但在实践中被证明是有害的。个人和企业激励措施的相关变化加剧了这种情况，这些激励措施奖励的是交易量，而不是富有成效的长期商业关系。

任何住房金融体系的成败，都应该以我们是否拥有我们需要的房子，房子在不在需要的地点，以及房子是否满足住房者的需求来判断。要回答我们是否住得更好这个问题需要一整本书，但不是这本书。

然而，与这本书相关的"我们住得更好吗？"这个问题，并不是当今从事住房融资的大多数人都会想到的问题。一些像莫兹罗一样参与其中的人声称，他们在为自己建造豪宅的同时也为整个国家提供了住房；但大多数参与住宅抵押贷款支持证券交易的人除了预感房价常常上涨，对住房根本不了解，也没有兴趣。当住房融资属于建房互助协会、储蓄机构和建房基金管理公司的领域时，这些机构的经营者明白，他们的职责是帮助满足其所在社区的住房需求。在资本配置的其他领域，重点从中介的目的转到中介的过程，这种转移很明显。

房地产和基础设施

> "萨默斯部长,你的演讲很精彩,我完全同意。只有一件事——当教室墙壁上的油漆都剥落了,学生们凭什么还相信你?……哪家银行可都没有油漆剥落。"
>
> ——萨默斯在"赫芬顿邮报"上报道,一位匿名教师与他的对话,
>
> 2014年4月14日

商铺、办公室和仓库是商业(投资性)地产的主要形式。其他非住宅建筑包括工厂、学校和医院。大多数商业地产为私人拥有,但政府占据了相当大的办公空间,公共机构则在卫生和教育方面发挥着重要作用。基础设施包括道路和桥梁、机场和铁路线、管道和下水道、电话线和电缆。过去,大多数基础设施都是由政府直接拥有和运营的。但现在其中很大一部分都是私人"拥有"的,尽管"所有权"本质上是一张按照监管机构规定的条款运营该基础设施的许可证。

房地产和基础设施是长期资产,可在较长时期内提供相对可预测和稳定的回报。企业受到竞争压力的影响,可能会从迅速的技术变革中受损或获益。企业的股权是有风险的,其贷款可能无法偿还。但是商店和办公室、工厂和仓库、桥梁和下水道、学校和医院,总是在那里,而且永远都是必要的。人口会流动,购物区时兴时衰,新技术也改变了办公空间的设计。但这种变化大多是渐进的。

这两种资产类别都受益于特定的、相关的专业知识。许多房地产经纪人既知道如何管理建筑物,又知道如何就财务回报向投资者提供建议。建筑师、测量师和建筑商都有施工经验。基础设施相对特殊,但咨询师可以在世界各地提供项目管理咨询服务,并且许多工程师对

基础设施资产的开发和使用非常了解。

房地产和基础设施是家庭长期储蓄,尤其是退休基金的天然归宿。在金融化之前,基础设施建设主要是通过这种方式融资的,保险公司和养老基金代表长期储户购买政府债券。一些商业地产过去和现在都是通过这些机构对建筑物的直接所有权来进行类似融资的。但金融化改变了这些体系,使之复杂化。机构投资者对房地产的直接投资总体上下降了,基础设施的融资过程也因许多公用事业的私有化和各种公私合作而发生了重大变化。

通过使用杠杆,可以改变相对稳定的房地产基础回报模式,即将整体投资回报分成债务部分和股权部分。这种杠杆的使用一直是房地产开发和购买融资的常用手段。以房地产为抵押进行贷款,有很小的可能性出现重大损失,但它可以获得很高的回报,这是一种典型的紧跟结构。由于房地产贷款在景气时似乎能提供更高的回报,而且没有明显的亏损风险,因此每当经济增长迅速、价格上涨时,竞争性模仿就会出现。银行和其他贷款机构眼看着竞争对手窃取交易量并报告利润,便放松了贷款标准。传统观点认为,房产价值总是会上升。事实上,从长远看,这种传统观点往往是正确的。但金融行业的时间尺度要短一些:我会离开,你也会离开。

杠杆式房地产交易的股权元素具有很强的波动性。上行空间可能很大,下行空间仅限于股权投资的损失,而进一步的损失将由债权方承担。当经济状况良好时,几乎所有在房地产市场上押注高杠杆资产的人都能赚钱。而且,就像所有赌徒一样,他们认为这种成功彰显了自己的高超技能。在全球金融危机爆发前夕,许多人相信他们从房价上涨中获得的利润证明了他们的金融头脑:亚马逊上有很多关于"如何通过炒房致富"的书。即使在危机爆发之后,一些书仍在印刷。

房地产投机创造了巨大的财富,但也带来了巨大的损失。2008年,肖恩·奎因被《星期日泰晤士报》的"富豪榜"列为爱尔兰最富有的人，也是世界上200名最富有的人之一，拥有约40亿欧元的财富。2011年，他被宣布破产。房地产的股权投资者，以及借他们钱的机构，是"赢家的诅咒"的潜在受害者。房地产具有特殊性，购买商店或办公室的股权投资者需要出价高于其他同样消息灵通的投资者。为收购提供资金的金融机构，同样需要为了取得融资的特权而在其他贷款机构面前进一步压低价格。对借给奎因近30亿欧元的盎格鲁爱尔兰银行来说，"赢家的诅咒"确实是诅咒。（这家银行的首席执行官肖恩·菲茨帕特里克轻松超越弗雷德·古德温，成为世界上最差的银行家，而后来归爱尔兰政府所有的盎格鲁爱尔兰银行也被清盘了。）

商业地产的价值是互相关联的，也与经济状况和许多其他资产的价格相关。繁荣和萧条的潜力是显而易见的，并且每隔一段时间就会显现。适度地运用杠杆，使投资者能够集中商业地产投资固有的适度风险，并使其多样化。现实情况是，房地产风险的打包已使商业房地产成为经济不稳定的一个重要来源。

大多数基础设施都是由政府或其他政府机构建造的，但也有例外。铁路、美国电话网络，甚至一些地铁线路是由私人公司建造和运营的。但是，政治干预、缺乏盈利能力、业绩不佳以及战时破坏的一连串历史，导致到1950年大多数私人融资的基础设施已归国家所有。尽管国有企业和其他机构有时能够通过自己的账户借款，但是用于公共基础设施的资金一般是政府借款的一部分。这种借款通常由政府明确担保，即使不是，也被认为是政府担保的。

1979年玛格丽特·撒切尔成为英国首相后，政府对基础设施的控制进行了重组，包括出售国有企业、外包政府服务、公私合作，以及通过私人融资计划为基础设施投资融资。英国率先进行了这些改革，后来被其他国家广泛效仿。随着大批律师、会计师和其他顾问在世界各地提供咨询，这些复杂金融交易的专业知识成为英国的出口产业。

这些私有化措施背后的动机过去和现在都很复杂。总体而言，国有企业管理不善，尽管某些国家（如法国）的业绩要好于其他国家（如英国）。私有化，或者更重要的是，建立管理自主权更大而日常政治干预更少的体系使航空和电力等原有国有行业得以大幅提高效率。[7] 私有化和外包也削弱了公共部门工会的影响力，这些工会往往致力于实现优厚的薪酬、条件和人员编制，但阻碍了工作实践的改进。在一些行业中，私有化与走向更具竞争性的市场结构有关。

公共部门对大型基础设施项目的管理往往很差，存在大量的超支和延误。波士顿的"大挖掘"是位于波士顿中心 93 号州际公路的一条全长 3.5 英里[①] 的隧道，原计划耗资 28 亿美元，在 7 年内完工。实际成本为 146 亿美元，工程耗时 15 年才完成。位于英格兰东北部哈特尔浦的核电站于 1968 年开始建设，直到 1983 年才开始（有限地）商业运行，而且又过了 10 年才达到额定容量。原预算为 4 000 万英镑的新苏格兰议会最终花费了 4.14 亿英镑。然而，大型项目管理不善并不仅限于公共部门：英吉利海峡隧道的成本是预计金额的两倍。[8]

改善公共基础设施管理的迫切需要已同日益复杂的融资机制交织起来。一开始，从公共部门资产负债表上消除债务就是私有化的一个目标。1984 年出售英国电信 51% 的股权，是为了推动一项投资于数字交换能力的重大项目，同时将报告的公共债务控制在政府目标之内。

但会计操纵是一种滑坡效应。表外融资是安然欺诈案的核心。高盛管理的一项复杂交易美化了希腊的国民账户，以方便希腊加入欧元区。恰如其分的结构性投资工具（SIV），是银行在 2008 年之前隐藏其风险敞口规模的主要机制。

---

① 1 英里 ≈ 1.61 千米。——编者注

国会广场一角英国财政部所在的那座丑陋但具有标志性的建筑，是从一家名为 Exchequer Partnerships 的私人公司租来的，这家公司的杠杆率很高，没有其他商业经营活动。这个"特殊目的工具"归 Bovis（一家建筑公司）、Stanhope 和 Chelsfield（房地产公司）、Chesterton（房地产代理公司）和汉布罗斯银行创建的财团所有。这笔钱是在一场"融资竞争"中借来的，相对于政府自身的借款利率，年溢价为 1.63%。这一切是为了什么？

有潜在的效率收益：通过竞争选出的私营公司可能会提供更好的项目翻新管理，也可能会在建筑投入使用后改善设施运营。但英国政府可以比任何私营部门更轻松、更便宜、利率更低地借到钱。把建设、运营和融资结合在一个合同中——就像在 Exchequer Partnerships 公司和大多数类似的交易中那样，不仅没有必要，而且有很多缺点。尤其是，将政府绑定到一项预设大量无效细节的长期协议中会付出高昂代价。变化是不可避免的，而且很难预料，修改合同的成本也很高。

为了推动伦敦地铁网络现代化而建立的公私合作关系，其复杂性和僵化程度达到了荒谬的地步。与承包商的谈判带来了长达数千页的文件，其中涉及向律师和顾问支付数亿英镑的费用。据称，这些合同规定了地铁司机上厕所的时间长度。[9] 不出所料，当两家主要公司之一的 Metronet 因在合同变更付款问题上存在分歧而破产时，这些协议很快就破裂了。Metronet 的巨额借款得到了一家美国债券保险公司的担保——前提是 95% 的付款将由当地交通主管部门伦敦交通局（TfL）支付。英国政府一直是真正的借款方。这一切是为了什么？

这些融资机制的一个目的是，粉饰公共部门债务的规模。但是，想要在谁面前粉饰呢？也许是政治上的反对派，但各种各样的政府都参与了这种欺骗。债券交易员和评级机构会因为这种透明的伎俩上当吗？有可能。又或许这样做的就是为了让政客和官员们能够自我欺骗。

无论如何，对全球纳税人来说，此类安排的净成本可能高达数十亿美元。公平地说，超额支付的大部分资金都被用于提高我们养老金和其他长期储蓄的回报。但在这一过程中，很大一部分已经被私营金融机构抢走了，继续把为政府及其机构筹集长期资金这一本质上很简单的问题复杂化，对私营金融机构来说是有利可图的。

公共基础设施的近期历史表明，在规划和管理为金融、法律和会计利益所劫持的大型项目方面有必要做得更加专业，而不是倾向于日益复杂而非必要的融资安排。目前，英国、法国、德国和美国等国政府的借贷成本比以往任何时候都要低。

这些市场条件提供了一个前所未有的机会——为银行和学校重新刷油漆，更准确地说，更新英国和美国那些尤其明显的摇摇欲坠的公共基础设施。然而，各国政府并没有以极为优惠的条件借款，而是以紧缩的名义积极回购其长期债务并削减资本支出。公共财政正通过昂贵的短期表外融资得到支撑。第 9 章将进一步解释这种局面。但是，将结果的荒谬视为常识，比充斥着 PPP、PFI、QE 和 SIV 等首字母缩略词的技术解释更富有智慧。

大公司

　　银行是一个可以借给你钱的地方，只要你能证明你不需要这笔钱。

——据说出自鲍勃·霍普

劳埃德·布兰克费恩解释说，他的公司从事的工作是"通过为企业筹集资金来帮助它们发展"。这里有两个错误。事实上，"通过为企业筹集资金来帮助它们发展"并不是高盛业务的重要组成部分。过去5年，通过承销和发行新债和股权为企业筹集资金的总收入不到高盛净收入的10%。[10] 高盛的利润主要来自股票和FICC的二级市场交易。

另一个错误是，认为作为高盛典型客户的企业是通过筹集外部资本来实现增长的。虽然大型企业曾经利用伦敦、纽约证券交易所，以及其他资本市场筹集资金以扩大业务，但很多年来已经不是这样了。

埃克森美孚一直是美国最赚钱的公司，也是最大的私人投资者。为了开发新能源并将石油产品推向市场，它每年都需要在勘探开发和基础设施方面投入大量资金。2013年，埃克森美孚投资了200亿美元。这一数字占了美国企业总投资的很大一部分。埃克森美孚的所有这些资金都来自其内部资源。2013年，埃克森美孚斥资160亿美元回购了自己的股票，此外还向股东支付了110亿美元的股息。该公司的短期和长期债务水平几乎没有变化。它根本没有筹集到任何新资本。

2013年也不是例外的一年。在截至2013年的5年（包括2013年）中，埃克森美孚的活动创造了近2 500亿美元的现金，大约是其投资额的两倍。这家公司在这5年里没有筹集任何新资本，相反，还花了约1 000亿美元回购此前发行的证券。

石油勘探、生产和销售是资本密集型产业。许多现代公司只需要很少的资金，苹果公司的股票总市值超过7 000亿美元。尽管苹果拥有大量现金结余（目前约1 500亿美元），但它几乎没有其他有形资产，制造业务被分包出去了。苹果正在库比蒂诺建造一座新的总部大楼，预计造价50亿美元，这将是其主要的实物资产。目前苹果在库比蒂诺拥有各种各样的房产，有些是自有的，有些是租来的。苹果位于伦敦摄政街的英国旗舰店由国王和挪威主权财富基金共同拥有。因此，运营资产仅占苹果业务估值的3%左右。

苹果在1980年于纳斯达克上市时，从投资者那里募集了1亿美元。即使在那时，股票发行的目的也不是获得资金以发展业务。与大多数科技公司的上市一样，让公司上市是为了给早期投资者和企业员工一个实现价值的机会。那天，40名苹果员工成为（纸面上的）百万富翁，史蒂夫·乔布斯的财富估值超过2亿美元。迈克·马尔库拉曾投资8万美元帮助乔布斯及其合伙人斯蒂夫·沃兹尼亚克制造计算机，他也同样富有。股票市场不是一种将资金投入公司的方式，而是一种把钱取出来的方式。

对马尔库拉这样的早期投资者来说，实现投资回报的机会至关重要。为所持股份赋予价值让乔布斯、他的同事及其继任者获得了激励。一家企业一旦建立起来，长期机构投资者就会获得一部分利润。这个机会使像马尔库拉这样的天使投资人和像乔布斯这样的企业家能够将他们的努力货币化。实现这一目标的机会发挥了重要的经济功能。但这并不是股票市场发展的初衷，而且满足这些功能所需的交易量也不大。

第一批在现代市场上市的公司是像铁路和啤酒厂这样的公司，它们对用于特定目的的资本需求很大。修建铁路是昂贵的，一旦建好了，你唯一能用它来做的事就是开火车。啤酒厂除了酿造啤酒什么也干不了。早期的公用事业和制造业从个人那里筹集了大量的小额资金。

但商业世界和金融世界都发生了变化。如今，大多数商业场所都是办公室、商店或仓库，它们可以有多种用途。在这些建筑中运营的公司不需要拥有这些场所，通常也并不拥有。与苹果一样，对这些企业至关重要的资产基本上是无形的：公司的品牌和声誉，员工的技能和能力。尽管铁路、汽车制造商和啤酒制造商在扩张过程中需要额外的资金来建设新工厂，但如今像苹果和谷歌这样的新公司通常在创立之初就成为现金的生产者，而不是现金的使用者。脸书在首次公开募股（IPO）中筹集到非同寻常的 160 亿美元新资金，而这家公司在招股说明书中却表示，它并不真正知道如何使用这笔资金。

股权的性质也发生了变化。公司的外部股东不再是分散的个人，个人需要一个公开市场才能获得流动性和公平的持股价格。正如我将在第 7 章描述的那样，股权现在集中在大型机构，由专业资产管理公司控制。金融化的一个悖论是，在交易量呈指数级增长的同时，对活跃的股票市场的需求却在减少。

在一个由大公司主导的经济体中，投资项目的资本配置不是由投资者或金融机构决定的。也不应该是这样。股东和投资银行都没有能力决定埃克森美孚资本支出计划的规模和内容。关于投资多少和在哪里投资的决定是由公司自己做出的：这是公司的高管经过培训和选拔后要做的工作。

股市通过支持或不支持现任管理层，在资本配置方面发挥着间接作用——更广泛地说，在判断运营管理和企业战略的效率方面发挥着间接作用。如果埃克森美孚投资计划的结果不能满足企业的长期需求，那么管理层就应该会感受到外部压力，最终面临被解雇的风险。知情投资者对管理层进行监督并不是股权投资的附带条件，而是它主要的现代作用。我将在第 7 章进一步讨论股权的这个方面。

大公司发行债券，一般来说，不是因为它们需要资金用于投资。用于投资目的的债务主要限于公共基础设施。2012 年，埃克森美孚和少数几家实力相当的公司为其债券支付的利率，实际上低于美国政府可以获得的利率。商业票据最初是为海上货物融资而创建的短期借款工具，后来被用于为库存和在制品提供资金——也被广泛使用。在欧洲，大型企业更多地依赖银行债务，较少依赖可交易债务证券，尽管贷款证券化模糊了二者之间的区别。

为什么大公司在不需要钱的时候还要借钱？公司的财务主管过去

只负责为公司支付账单，后来他的地位有所提升，到 20 世纪 80 年代，他的目标是成为一名独立的金融家，通过在信贷市场和外汇交易中建立头寸、利用利率和期限差异为公司赚钱。哈利法克斯决定走这条路，虽然有点儿迟。在埃克森美孚这样的公司，财务部实际上是企业集团的银行部门。埃克森美孚的石油资产建立了强大的资产负债表，这意味着该业务的评级比任何银行都要高。

2013 年，苹果通过发行债券筹资 170 亿美元。不是为了投资新产品或业务线，而是为了向股东支付股息。苹果公司现金充裕，但其中大部分资金都在海外，如果汇回美国，还需要缴纳税款。对许多公司来说，债务相对于股权的税收优惠鼓励了金融工程。大多数大型跨国公司的公司结构和财务结构都极其复杂。这些安排主要针对避税或监管套利，其机制只有少数专家了解。高盛发行的大部分证券并没有"帮助企业发展"，而是苹果公司所进行的那种金融工程的体现。

让我们回到伯勒和希利亚尔提出的问题，这种资本市场活动和商业有什么关系？与开采石油或销售 iPad（苹果平板电脑）又有什么关系？ 非常小。对企业满足其投资需求来说，这几乎是没有必要的，这些融资需求完全可以从企业潜在的现金收入中获得。如今，大公司对资本市场的利用主要受到税收和监管套利的驱动，并且都是公司财务主管使用别人的钱来完成的。

中小企业融资

"商业信贷不是主要基于货币或财产吗？"

> "不,先生。首先是人品……因为一个我不信任的人是不可能用基督教世界的任何债券从我这儿弄到钱的。"
>
> ——1912年12月19日,华盛顿特区,J. 皮尔庞特·摩根在众议院银行和货币委员会(普若委员会)做证

在现代经济中,大公司通过经营活动产生的现金为投资提供资金。中小企业需要资金来成长。最初,它们必须租用并装修房屋,购买材料库存,建造厂房,安装设备。但是资产的可替代性提高了,公司的资本密集度降低了。商业性质的这些变化既适用于已建立的中小型企业,也适用于新企业。成长中的中小型企业融资的主要需求是应对由于开发新业务和新产品并抢占市场份额而产生的经营亏损。

对小企业来说,获得融资从来都不是件容易的事。贷款银行会要求担保,而财产是首选的抵押品。企业的资产或许可以用于满足这一目的,但银行往往更倾向于创始人的住宅。银行融资过去和现在都更适合那些需要厂房和场地的企业,而不适合那些需要花钱开发产品或在市场上测试产品的新公司。

但随着金融化步伐加快,传统的银行经理有的退休,有的被解雇,商业贷款业务从银行分支机构转移到区域办事处。对商业计划的更专业的分析取代了从19号洞得来的信息。用统计方法替代直觉和传统智慧让医学等领域的结果得以改善,对数字的冷静分析往往比那些强调经验价值而对其他价值知之甚少的人的传统智慧更可靠。[11]

但正如J.P.摩根所认识到的,小企业融资不仅仅是(或主要是)数字问题。一个新企业的成功或失败在很大程度上取决于经营者的个性和能力,而这些是很难用计算机来评估的。最重要的变化是银行的优先事项。传统银行从零售客户那里吸收存款,然后将这些钱的一大部分贷款给企业,一小部分贷款给政府和个人。如今的金融集团仍保

留着这些机构的名称——巴克莱、花旗银行和德意志银行。但传统的银行职能，尤其是对中小企业的支持，只是这些现代金融集团的一小部分业务。

由于银行不再那么重视为中小企业的商业投资提供资金，资金通过由富有的个人和少数富有想象力的资产管理公司创办的风险投资机构流向小型初创公司。信息技术领域的一些早期投资，比如马尔库拉对苹果的支持，获得了巨大的成功。假如他保留了自己的股份，单是这笔投资就能让他成为世界上最富有的人。继马尔库拉投资苹果之后，红杉资本等专业风险投资基金也纷纷跟进。许多机构投资者在看到这些出色的回报后，在20世纪90年代也开始将资金专门用于非上市的投资。

但结果是，曾经的风险投资机构转变成了私募股权机构。风险资本是为初创和早期企业设计的，比如20世纪70年代的苹果。私募股权的重点是从大公司手中收购现有业务，或者用额外的杠杆为老牌企业再融资。适用于需要仔细监控的小规模投资的高收费水平被应用于金融工程中的大量资金。这个行业偏离了最初的目标，为中介机构创造了更多收入，但经济价值却减少了。

苹果和其他许多转型的新公司一样，都是在现在被称为硅谷的加州的一小块土地上成立的。其他一些公司，比如脸书在创建早期就搬到了那里。然而，另一些新企业，如亚马逊和微软则把总部设在西雅图或西海岸的其他地方。

"硅谷"出现的新业务主要集中在信息技术和生物技术领域。这些产业受益于战后美国政府对基础研究的大量投资。这些资金来自一系列机构——美国国家科学基金会、美国国立卫生研究院和美国国防部下属机构。由此产生了意想不到的多元化，这些业务富有成效，但也存在重复性。这些活动地点的选择似乎是太平洋战争的余波和宜人的天气共同作用的结果。一所研究型大学也很重要,许多成功的创业家都是斯坦福大学的校友。[12]

一些早期企业的成功孕育了一群既有可观的个人财富,又有将新技术应用于初创企业经验的人。这些人支持新的初创公司。马尔库拉在32岁时以千万富翁的身份从英特尔退休。另一位英特尔资深人士约翰·杜尔是亚马逊和谷歌的早期支持者。贝宝(PayPal)创始人之一彼得·蒂尔是脸书的第一位外部投资者。

这类企业家、金融家的活动得到了小型金融咨询公司("四骑士":亚历克斯·布朗、汉博奎斯特风险投资公司、蒙哥马利证券和罗伯逊·斯蒂芬斯)的帮助,这些公司充当机构投资者与商业天使投资人共同投资的渠道。这些资金由于为初创企业的亏损提供了支持,必然以股权的形式存在,而且最初既没有投资银行,也没有零售银行参与其中。

20世纪90年代,当新经济泡沫膨胀时,投资银行积极寻求授权,让硅谷企业上市。摩根士丹利的"网络女皇"玛丽·米克尔是一位先驱,瑞士信贷第一波士顿银行的弗兰克·夸特罗内是另一位杰出人物。"新经济"泡沫在2000年破裂,夸特罗内在法庭上花的时间很快就超过了向投资者做推介的时间。"四骑士"的业务被归入收购它们的银行。

但到了这个时候,"硅谷"已经有了自己的生命,即使在华尔街的兴趣从高科技转向抵押贷款支持证券之后,它仍然充满活力。新的风险投资公司取代了"四骑士"。不断涌现的新业务还是主要集中在信息技术和生物技术领域,但这种模式已扩展到其他一些领域。电动汽车制造商特斯拉汽车公司是由贝宝的另一位联合创始人埃隆·马斯克创立的。

但是,对硅谷的普遍痴迷不代表人们应该相信所有成功的中小企业都出自加州。商业作家赫尔曼·西蒙发现了大约 2 000 家被他称为"隐形冠军"的公司，其特点是规模适中（收入低于 40 亿美元）且在利基市场占据世界主导地位。[13] 它们的大部分产品主要出售给其他工业公司，大多数读者可能从未想过会购买。典型的例子包括：总部位于弗吉尼亚州布莱克斯堡的 Tetra 公司，是全球观赏鱼食品的领导者；位于米兰西北拉伊纳泰的 Saes 公司，在世界钡吸收剂（有助于保持真空的化学反应材料）市场上占有 85% 的份额；以及在医疗应用光源方面处于世界领先地位的日本滨松光子学株式会社。这些公司通常来自客户更看重质量而不是价格的行业。

尽管在美国、意大利和日本也有这样的小众生产商，但 2/3 的"隐形冠军"来自德国以及瑞士和奥地利的德语地区。这些"隐形冠军"是德国中小企业的明星，它们是德国在制造业出口方面非凡实力的基础。德国人均出口额是美国的 4 倍，是中国的 10 倍多。德国中小企业的业务主要为家族所有。"隐形冠军"不需要外部资本，就像上市公司一样，它们通常从内部资源中产生足够的现金来满足投资需求。但所有企业都曾是初创企业，都需要早期融资。

与英语国家相比，欧洲大陆国家的公共股票市场发挥的作用更为有限。德国企业的股票市值约占德国国民收入的 40%，而英国和美国的这一比例超过 100%。德国的企业融资主要由其独特的银行体系提供，该体系有三个组成部分，国内规模大体相当。全球金融集团（其中德意志银行是规模最大的）目前在结构和行为上与其他国家的此类企业集团类似。储蓄银行归市政当局和地方政府所有。在储蓄银行领域，由各省所有的地方银行实际上开始成为该地区储蓄银行的地方中央银行，但因其业务多样化而成为商业银行和国际银行。合作银行、本地互助银行，是德国银行体系的第三个组成部分。

德国没有错过金融化。下一章将更全面地讨论德意志银行的全球野心，而 2003 年至 2007 年的信贷扩张对德国地方银行造成了严重破坏。德国有非常多的像弗雷德·古德温这样的人，他们是成功的省级银行家，有远大的理想和愿景。德国银行体系是美国次级抵押贷款证券化和拆分产生的票据的主要倾销地。西德意志银行，即北莱茵－威斯特伐利亚州立银行，是全球金融危机中欧洲主要的受害者之一，联邦政府接管了德国第二大银行——德国商业银行。然而，为中小企业提供约 2/3 贷款的合作和储蓄银行部门基本上毫发无损，这些银行愿意提供的一种长期债务融资，其条款是英国和美国的小企业几乎无法获得的。

在整个金融化过程中，全球投资银行一直寻求促进德国债务和股权资本市场的发展，并经常从欧盟委员会那里获得支持。德国银行业的分散性，以及德国资本市场活动的低水平，一直是被批评甚至嘲笑的对象。然而，德国银行体系为欧洲乃至全世界最有效的中小企业提供了资金。

"单一欧洲资本市场"和"资本市场联盟"这两句话具有相当大的吸引力，尤其是如果你不太考虑这些话的实际含义。1964 年签订的《罗马条约》宣布，"应禁止对成员国之间以及成员国与第三国之间资本流动的一切限制"。经过 50 年的金融变革，以及变革背后的知识分子和政治游说团体的力量，人们将这一要求重新解释为一个目标，即推动证券二级市场的发展，而不是欧洲传统上直接的、基于关系的投资资金中介渠道。许多讨论都认为，德国企业相对于美国企业的较低市场资本比率，不言而喻地说明了问题的存在。[14]

但德国对更高水平资本市场活动的需求，或许是一个寻找问题的解决方案。被称为"欧洲纳斯达克"的新市场成立于 1997 年，该市场于 2002 年关闭，当时大多数在该市场上市的欧洲信息技术公司已变得毫无价值。总部位于柏林的 Rocket Internet 是一家为新兴市场科技初创企业提供孵化和融资服务的公司，该公司首席执行官奥利弗·桑维尔指出了美国和德国中小企业活动的本质区别："有创业型企业家和执行型企业家，也许我们更属于执行型企业家。"[15] 德国中小企业对上市兴趣不大。通常的模式是家族所有权的延续或是创始人及其家族为专业管理人员赋权，这种结构符合德国监事会和执行董事会的划分。

这种模式甚至延伸到更大的公司。今天宝马之所以能存在，是因为主要的世袭股东赫伯特·匡特在 1959 年拒绝将濒临破产的业务并入梅赛德斯，并赋予新的管理层权力，以改进其产品系列。这个深居简出的家族和他们的匡特基金会从中获利数十亿欧元。正如第 1 章指出的，这种集中的所有权和治理结构，以及家族控制的中小型企业的成功，导致德国的收入和财富分配不像其他欧洲大陆国家那样均等。

银行通常持有德国公司的股权。与交易活跃程度高的国家的风险资本家和私募股权投资者不同，银行愿意将这些股份保留数十年。在英国和美国，成功的中型企业通过收购或被收购来发展壮大。但这种企业规模分布中部区间"空心化"的现象在德国还没有出现。

帕洛阿尔托与德国工业中心地带之间的距离不仅仅是地理上的距离，它们还提供了成功小企业融资的两种主要范式。但世界各国政府都试图效仿的是硅谷，只是收效甚微。硅谷对核心研究创新式的国家支持、对高素质人才的培训，与对那些明显未受老牌大公司或传统融资机制影响的充满活力的私营部门的创业创新相结合的特殊模式并未被有效模仿。也许最接近的例子是以色列高科技创业部门的发展，专注于（但不限于）电子领域。这些成就似乎在很大程度上取决于以色列国防军获得的个人关系和技术技能。

欧洲的德语地区、加利福尼亚和特拉维夫截然不同的环境表明，在培育中小企业和提供必要的融资方面，没有单一的成功公式。德国中小企业、硅谷、以色列电子产业集群都证明在全球竞争中是有效的，但每一种模式都是独特的历史、文化和环境的产物，这些特点可能在其他地方是不可复制的。

尽管如此，还是有一些共同的特征。政府、具有创新精神的金融家和拥有相关行业经验的富有的个人都发挥了作用。地理位置的集中和人际关系很重要。认为证券化是解决中小企业融资需求的有效方法的观点，是另一个误解的例证，即大多数问题的解决方案都是在复杂的融资工具中找到的。中小企业的筹资无法通过计算机进行有效评估。金融集团的发展是以牺牲地方机构为代价的，这些机构对德国中小企业仍然至关重要，并在硅谷的发展中发挥了同样重要的作用。

对政府来说，最有益的初始作用或许是推动创建新的金融机构，旨在提供帮助中小企业成长所需的贷款、股权融资，以及咨询服务。这种发展应该与为不太关注公开市场的资产管理公司提供简介相结合。我将在第 7 章进一步讨论这些问题。

在整个资本配置过程中，投资方面的专业知识已被金融中介机制方面的专业知识取代，这种活动需要更高的智力和更强的复杂数学能力，而不是 19 号洞的愉快交谈。在住房领域，有关本地房地产和人的知识已被模型构建和证券化产品设计取代。在上市证券市场，对公司的了解已被侵蚀，如今，最大的回报由那些设计和实施复杂交易算法的人获得。银行已将小企业贷款集中起来，风险资本投资者已将注意力转移到为老牌企业再融资上。正是通过这些手段，金融化造就了这样一个世界：人们彼此交谈，彼此交易，在自己创造的现实中行动，慷慨地奖励自己的技能（尽管这些技能大多是无用的），而与才华不如他们的前辈相比，他们在提供实体经济真正需求方面的能力要少得多。

−6−
存款渠道

家庭财富

> 如果我们能支配我们的财富,我们就会变得富有而自由;如果财富支配了我们,我们就真的贫穷了。
>
> ——埃德蒙·伯克,《论弑君以求和平》,1796 年

资本和财富是令人难以捉摸的概念。上一章介绍了两种衡量国家资本的方法:家庭财富的衡量和实物资产的评估。本章是关于中介渠道的,即家庭储蓄变成国家实物资产的方式。这些渠道曾经是直接而畅通的,现在变得复杂而淤塞。

一些家庭财富与实物资产直接相关。大多数家庭拥有自己的房子,一些小企业主个人拥有办公室、商店和其他交易资产。一些统计机构在计算实物资产价值时,也包括了某些家庭耐用物品,如汽车。家庭之间也相互借贷,主要是通过中介机构——节俭者的储蓄为有需要的人的抵押贷款和信用卡债务提供资金。然而,总的来说,个人之间的这些交易相互抵消了。

但直接拥有的资产仅占个人财富的一半左右。大多数个人储蓄都是通过中介进行的。家庭把钱委托给公司、金融机构和政府,而这些机构反过来又代表他们持有资产。国家的所有实物资产都由个人或机

构合法拥有。但如果所有权是制度性的,原则上我们总是可以沿着中介链走到底,并将个人和家庭确定为受益人。机构的所有资产和债权都是别人的钱。

如果我是在金融化之前写这本书的,那么对家庭储蓄如何被中介转化为实物资产的解释就会简单得多。通过银行和储蓄机构运作的存款渠道,将可随时或在短时间内偿还的存款用于购房融资和企业贷款。投资渠道为企业以及商业地产的开发和购买提供股权融资。基础设施大多是由政府或其机构建造的,这些机构通过发行债券为这一活动提供资金;这些证券又由银行和投资者直接持有。通过短而简单的中介链,储蓄者和投资者可以确定其储蓄所资助的资产类型,通常也可以确定具体的项目。

今天,中介渠道变得更长、更复杂。这个渠道上有许多障碍、岔路、弯路、车流,还有收取过路费的中介机构。但是,国家实物资产总值与国家家庭财富总值必然是相当的,如表 6.1 所示。普通家庭的财富在 10 万美元到 20 万美元之间,住房拥有率较低的德国位于这个范围的底部,而美国位于顶部。当然,这些平均数掩盖了各国家庭之间极其巨大的差异。比尔·盖茨拥有 800 亿美元,是平均水平的 50 万倍,而其他一些人的财产除去他们穿的衣服所剩无几。

表 6.1 按资产类别划分的家庭财富[1],2012 年底(按购买力平价计算,人均千美元)

	英国	美国	德国	法国
房产财富 (房产价值减去住房贷款)	63.7*	32.7*	43.7	51.0
现金及存款净额	25.2	16.9	30.6	23.8

续表

	英国	美国	德国	法国
净长期储蓄	**64.0**	**159.2**	**38.6**	**44.0**
保险和养老金	52.9	64.2	27.6	28.8
直接持有证券	11.1	95.0	11.0	15.2
总计	152.9	208.8	112.9	118.8
人口（百万）	63.7	313.9	81.9	63.5
家庭财富总值（按购买力平价计算，万亿美元）	9.74	65.54	9.25	7.54
实物资产总值（按购买力平价计算，万亿美元）	9.29	45.32	10.95	8.34

* 包括地皮。

资料来源：经合组织、作者的计算。

美国和欧洲有着明显不同的储蓄文化，这是历史和不同中介体系的结果。在英国、法国和德国，住房投资（净抵押贷款）约占家庭财富的40%。美国的数字较低，部分原因是房价水平，利息可减免税，但也反映出抵押贷款债务相对于房地产价值的水平较高，这是全球金融危机前滥发贷款的后遗症。美国是唯一一个个人直接持有证券在家庭资产中占很大比例的国家；在其他三个国家，大多数长期储蓄都是通过中介机构进行的。

在美国，投资渠道的长期储蓄产品几乎是储蓄渠道资产的10倍，而在德国，这两个数字几乎相等，英国和法国则介于两者之间。美国的客户债务比其他地方高得多，英国家庭的债务要少得多，而法国和德国的客户债务水平可以忽略不计。与英国和美国相比，法国和德国的养老基金似乎没有那么重要。但这是一种误导。与盎格鲁-撒克逊国家相比，这些欧洲大陆国家的养老金待遇更为慷慨，但这些待遇基本上是没有资金来源的——而是由当前财政收入支付。而且，正如下面将解释的那样，所报告的家庭财富数字只包含有资金来源的养老金承诺。

中介机构起到中介作用,但不能创造财富。因此我们需要解释为什么实物资产价值与家庭财富总额的等价只是近似值。原因可以分为三大类。最根本的是金融化的直接影响,即建立起一种广泛的金融债权关系,其价值仅与支撑这些债权的实物资产价值大致相符。二是政府资产和负债的特殊状况。三是资本流动的全球化。我将依次讨论这三种原因。

半个世纪以前,公司估值的关键是看实物资产的潜在价值。沃伦·巴菲特的导师本杰明·格雷厄姆正是根据这种做法制定自己的投资策略的;但正如巴菲特非常清楚地知道的那样,现在必须以一种不同的方式来看待证券估值。这种转变部分是现代企业性质变化的结果(如苹果),部分是为了现代金融家及其依附者(如安然)的利益而故意扩大复杂性的结果。

上一章讲了苹果股票的价值反映的不是其可忽略不计的运营资产价值——本杰明·格雷厄姆感兴趣的账面价值,而是对其未来利润的预期。这种期望是一种真实的资产,由企业的活动和记录创造,即使它是一种价值不确定的资产。然而,苹果未来的客户不会报告任何相匹配的负债,也许他们也不应该报告,因为他们只有在乐意的情况下才会购买苹果的产品。苹果公司的价值与其实物资产价值之间的差异可以被量化为"无形资产",即"苹果品牌"的价值。但这种推理本质上是循环的。"苹果品牌"无非就是公司的产品和运营。"品牌价值"只是为了使公司的股票市场价值与其资产的账面价值相同而计算出来的一个数字。[2]

让苹果股票的价值远远超过格雷厄姆的账面价值,就等于承认,现代经济依赖于设计和创意,而不是物质活动。对苹果继续盈利的预期似乎是有根据的,但这种预期必然是主观的。同样的理由被认为适用于安然能源合同未来预期收益的资本化,以及对抵押贷款支持证券可能回报的乐观估计。基于未来的信念对金融债权进行估值，就有机会产生欺骗和扯淡，这种可交易债权的数量越大，欺骗和扯淡的预期总量就越大。有关安然所持金融债权价值的虚假声明，通过安然股价的上涨，转化成了家庭财富。

但这一上涨的股价被用来对持有安然股票的股票投资组合、养老基金和投资公司进行估值。如果官方统计人员要求麦道夫的客户申报财富，这些受害者就会报告麦道夫发给他们的报表上的金额。当金融债权的价值上升时，家庭金融资产的价值也会上升。只有时间才能告诉我们，这些证券价格的波动究竟是代表了实物资产实际价值的上升，是对未来利润的合理预期，还是像安然和麦道夫证券那样，是一种欺骗和扯淡。

在全球金融危机爆发前的几年里，许多人对公共和私人债务的增长提出了批评。这种批评虽然不是无关紧要，但是没有触及问题的核心。金融化在薄弱的有形资产基础上，创造了一座庞大的金融债权大厦：这就是为何未偿付衍生品敞口的价值远远超过全球所有资产的价值。作为一个整体，这些金融债权可以相互抵消，但它们的存在使所有个人持有者既面临市场风险（债权市场价值的变化），又面临信用风险（交易对手方无力支付）。这些风险敞口远远超过了头寸的净值。成为百万富翁就是享受舒适的财务状况。拥有1亿美元的资产，却欠着9 900万美元的债务，这完全是另一回事。如果这1亿美元的价值存在一些不确定性，并且由于"赢家的诅咒"和其他欺骗和扯淡的机制，估值有偏高的趋势，情况就更糟了。

其他几个因素阻碍了金融债权和实物资产之间的对等。原则上，大多数金融债权都是由其他人承担相应的支付义务，但有时谁承担这个义务并不明确，尤其是政府债务和一些养老金权利所代表的金融债权，两者都是相当重要的债权。用于偿还公共债务、支付到期养老金的税收是未来纳税人的负债，但最终必须履行这些义务的纳税人并不把这些义务视为债务。许多负债的人还没有出生。

机构和家庭当然将其持有的政府债券视为一种资产，但在家庭预算和官方统计中，对养老金权利的处理就不那么确定了。一个65岁的人每年有1万美元的养老金，这意味着他拥有目前价值15万~20万美元的金融资产。如果养老金在支付的过程中增加（也许反映了通货膨胀），那么养老金的价值将大大增加。但家庭并不一定是这样想的。

官方统计学家也不这样想。大多数对家庭财富的调查在一定程度上都包括养老金权利，但仅在养老金权利与金融资产相匹配的程度上。因此，如果你有自己的个人养老基金，它的价值将被计入家庭财富。如果你是一个公司养老金计划的成员，该计划拥有一个由投资支持的信托基金，那么你的那部分基金将被计入申报的家庭财富，尽管你可能从未考虑过它的价值。但将由未来的税收提供资金的国家养老金的价值未被包括在财富中。报告中的家庭财富也不包括雇主未来支付养老金的承诺，而这是法国和德国提供养老金的主要机制。

未来的纳税人往往不会将政府债务视为自己的个人负债，他们也不会将政府拥有的资产视为自己个人财富的一部分。作为个人和家庭，我们从公路网、国家美术馆和国家公园中获益，但当被问及我们有多富有时，我们不会报告这种获益。政府的资产和负债是所有人的资产和负债，而不是某个人的。

我们生活在一个资本全球化的世界。越来越多的政府债务（尤其是美国政府债务）来自海外。跨国公司无处不在。一些国内资产属于外国人，而家庭也直接或间接拥有海外资产。大国，就像大公司一样，基本上是自给自足的。2012年，海外居民、企业和政府在英国拥有的资产价值超过1 600亿英镑，超过英国居民、企业和政府拥有的海外资产。尽管1 600亿英镑是一个很大的数字，但它只代表着10.47

万亿英镑的海外资产和 10.63 万亿英镑的海外负债之间微小的差别。

大多数其他大国也有海外资产和负债,这些资产和负债规模非常大,总体规模大致相当(见图 6.1)。长期保持国际收支顺差的德国,其海外资产多于负债,而美国的情况正好相反。瑞士和卢森堡等一些富裕的小国,以及盛产石油的海湾国家,就其规模而言,拥有大量海外净资产。贫穷国家大多负债累累:其政府往往大量借贷,而且大部分企业都为外资所有。东欧的前社会主义国家也是如此。

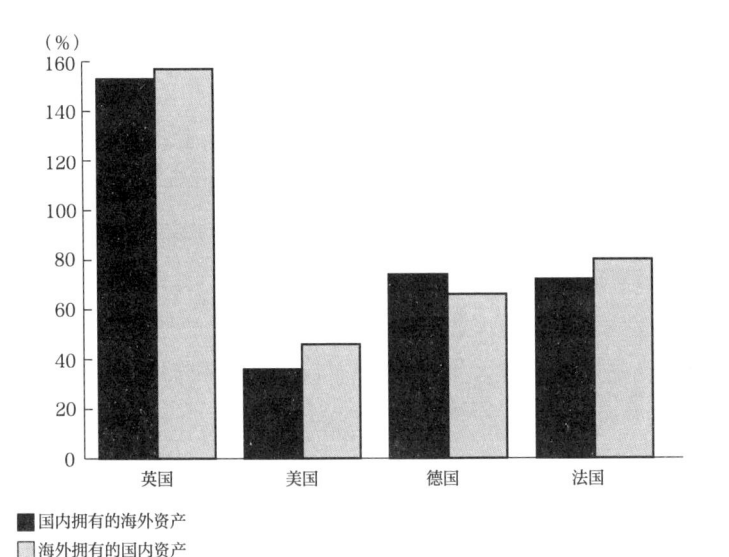

■ 国内拥有的海外资产
□ 海外拥有的国内资产

图 6.1 海外资产与负债,2012 年底(占国民财富总额的百分比)

资料来源:经合组织、作者的计算。

这些国际资本流动带来了许多好处,而不仅仅是购买阳光别墅和外国公司股份的机会。英国金融业的发展在很大程度上是为了资助"穿越非洲的铁路、横跨尼罗河的大坝",并为世界贸易的增长提供资金。如今,英国公司不仅在墨西哥湾开采石油,还在非洲拥有电话网络，在中国生产药品，而英国的汽车工业在日本（和印度）的控股下已经复苏。

但最近全球资本流动和收支的增长——2000—2008年，英国海外资产和负债都增长了近4倍——是金融化的直接结果。资产和负债总额都以金融机构彼此的债务为主。[3] 正是资本流动的全球化使雷曼兄弟的倒闭立即成为一个全球性问题，而不仅仅是美国的问题。

我已经描述了在厘清实物资产与金融债权之间的关系时所涉及的许多复杂问题中的一部分，这些复杂问题由于金融化而大大增加。但所有这些复杂情况都没有偏离一个基本事实：国家资产是家庭储蓄的产物。

由于中介的存在，不同国家的不同储蓄做法不会对资金的最终去向产生相应的重大影响。在法国和德国，主要以银行和保险公司为直接中介是一种常态。基础资本存量的相似性意味着，无论在哪个地方，资金都会流向抵押贷款、企业和政府融资，以及房地产开发。在德国，存款渠道是一个重要的商业渠道。在美国，通过证券市场进行的中介活动要普遍得多，许多活动是通过债券和股票融资的。而英国通常介于两者之间。本章的其余部分将讨论存款渠道的功能（以及与之紧密相连的支付系统），而第7章将讨论投资渠道的运作。

支付系统

金钱往往代价太高。

——拉尔夫·沃尔多·爱默生，《生活的准则》，1860年在艾伦·格林斯潘之前担任美国联邦储备委员会主席的保罗·沃尔克身材高大，说话简洁。据报道，他曾表示，近年来唯一有用的金融创新是自动取款机。[4] 对于在杰克逊霍尔峡谷让欢庆者兴奋不已的批发金融市场的发展，沃尔克深表怀疑。从普通客户的角度看，重要的是零售金融服务的创新。支付系统是企业和家庭需要的主要金融服务，我们每天都在使用。

第一个支付系统依赖于实物交换单位。贵金属，尤其是黄金，非常适合这个任务。我们的祖先开始明白，他们可以用黄金兑换信贷，同时允许黄金留在原地。[5] 最近，他们意识到，黄金在这一过程中根本不是必需的。这些概念上的发现促进了信贷的发展，但也导致了欺诈和不稳定。因此，政府首先监管并最终垄断了纸币的发行。当美国在1971年放弃金本位时，纸币和贵金属之间最后的联系消失了。因此，几个世纪以来，有两种主要的支付和接收方式：代币交换和信贷转让。

由政府或其机构发行的硬币和纸币用于小额日常交易。更大额度的支付依赖于银行或其他金融机构账簿上的借记和贷记记录。非接触式支付卡和移动银行应用程序只是这些由来已久的做法的新形式。

支付系统是支撑社会和商业活动的公用事业网络之一，类似电网、电信网络、供水系统。我们每天都在使用这些网络。如果它们停止活动，哪怕只有几个小时，商业活动就会逐渐停止，社会生活也会受到干扰，我们只能坐在家里等待恢复正常服务。

也许我们不应该夸大这种影响。1970年，爱尔兰银行员工罢工，导致该国的支付系统被关闭。客户无法从他们的账户中取款，支票也不能兑现。从这件事得出的奇怪结论是，银行员工的罢工似乎无关紧要。商业活动仍然持续着。爱尔兰的酒吧靠信用体系运作。1970年的爱尔兰并不是一个特别发达的经济体，但也不是一个原始社会。或许，还因为爱尔兰是一个高度相互信任、社会同质化的小国。无论如何，罢工通过冻结支付系统对爱尔兰经济的影响远不如 2008 年全球金融危机期间爱尔兰银行系统崩溃的影响大。

大多数公用事业网络也是自然垄断的。不可缺少性和垄断性的双重特征解释了为什么公用事业受到严格管制。国家政府或市政当局的公有制是传统公用事业监管的机制。但 20 世纪 80 年代一个过程开始了，许多网络引入竞争，并将许多公用事业转为受监管的私人所有。这种重新评估始于英国，但已被许多国家效仿。巧合的是，一项重大的反垄断诉讼导致主宰美国电信业近一个世纪的美国电话电报公司解体。公用事业的新监管制度使具有创新产品的竞争公司能够进入这些网络。如果不是政府采取行动打破现有巨头、私营企业和国有企业的权力，给我们带来智能手机和互联网的电信业转型就可能永远不会发生。

交通、电信和其他公用事业的物理网络都是由工程师规划的。弹性和稳健性从一开始就是设计目标。支付系统以一种更随意的方式演变，并持续了更长的时间。在某种程度上，设计是存在的，这种设计是金融家和管理者的工作。不仅仅是支付系统，整个金融系统的历史演变的差异是金融网络一再被证明远不如其他基础设施网络稳定的主要原因。纳西姆·尼古拉斯·塔勒布解释了系统的脆弱性是如何创造利润机会的，从而使这种不稳定性符合许多市场参与者的利益。[6] 我将在第 10 章重新讨论这些系统设计问题。

在英国和大多数欧洲国家，支付系统由银行财团控制。当你开一张支票，或通过互联网或自动转账进行电子支付时，你的付款与你的银行的所有其他付款一起，汇总于一个清算系统，并与你的银行从其他银行收到的付款总额相冲抵。银行间收支的净额记入银行与中央银行（银行的银行）的结余。只有极少数大公司和享有特权的公司直接在中央银行持有账户。你可以从自动取款机上获得政府发行的纸币,因为你的当地银行从它在中央银行的存款中提取现金,中央银行印制钞票。

英格兰银行是英国的中央银行。在美国,银行在其业务所在地区的相应联邦储备银行持有存款。由蒂莫西·盖特纳领导的纽约银行是这些机构中最重要的。美国联邦储备系统在美国联邦储备委员会的监督下对整个体系行使职责,美国联邦储备委员会的主席由总统任命,是国家的中央银行家。同样,在欧元区,一家在西班牙经营的银行在西班牙银行持有存款,而西班牙银行又在欧洲中央银行(为各国中央银行服务的银行)持有存款。

但是,美联储的运作与欧元区的运作存在一个关键的区别。如果堪萨斯州的某人从纽约的卖家那里购买商品,这笔钱就从买方的账户中借记,然后由堪萨斯州联邦储备银行转到纽约联邦储备银行,再记入该商人在纽约的账户。在欧洲,中间这一步不一定要走。美国联邦储备系统不允许其成员进行巨额永久性透支,欧洲央行则允许。德国被欠了 5 000 亿欧元,与该系统未偿债务大致相当,其中包括西班牙和意大利的 2 000 亿欧元以及希腊的 1 000 亿欧元。这一负债(德国人均约 6 000 欧元)是从德国到地中海俱乐部的有效转移。很难看到可能偿还这些负债的资金来源,而管理欧元区中央银行之间债务的 TARGET2 系统内的未偿余额是欧洲货币体系下的定时炸弹之一。

个人和企业的国际支付(包括欧元区内部的支付)依赖于一个名为 SWIFT 的布鲁塞尔清算系统,正如大多数普通用户会发现的那样,事实并非如此。自欧元区成立以来,欧盟委员会和议会一直对收费施加下行压力。但它们在优先考虑现代化和效率方面没有那么成功。令人惊讶的是,自采用单一货币以来,欧元区跨境支付的日常机制似乎没有什么变化。

除了清算系统，还有一个"实时"支付机制，资金可以立即被贷记或借记。这是处理高价值交易的方法——读者很可能在购买房屋时用到过。尽管实时处理只占交易总量的一小部分，但它在价值上占了压倒性的比例。大多数高价值交易都用来结算金融机构之间的交易。

支付系统是金融服务业的心脏，大多数在银行工作的人从事的是服务性支付。但在业内，这项业务的优先级和声望都很低。企业之间的竞争通常会促进创新和变革，但银行通过改进其支付系统几乎无法获得竞争优势，因为客户体验更多是系统整体效率的结果，而不是任何一家银行的效率。加快支付速度的动机很弱。

经过几十年的逐步发展，大多数银行的内部系统都不堪重负：与进行基本的重新设计相比，在现有基础上添加一些东西更容易，也意味着短期内导致破坏的可能性更小。行业领导者的利益在别处，银行往往将新技术视为降低成本的一种手段，而不是更有效地满足客户需求的机会。尽管美国是批发金融市场的全球金融创新中心，但其零售银行业务的创新相对滞后，英国虽然情况好一些，但也没有好太多。巴克莱前首席执行官马丁·泰勒（于1998年辞职，当时他无法阻止银行交易文化的兴起）曾这样描述支付系统的现状："典型大银行的系统架构，尤其是通过合并和收购而成长起来的银行，已经脱离了最初设计师设想的帕拉第奥式别墅，变成了一座恐怖的哥特式房子，满是塔楼、破碎的玻璃和不平整的地面。"[7]

正如沃尔克所认识到的，自动取款机对金融业的日常体验产生了巨大影响。互联网也是如此。现在越来越多的人通过家用计算机和移动设备来管理他们的财务。然而，银行客户似乎并不像其他用户那样热衷于使用信息技术改造的服务，例如音乐爱好者、社交网络用户、电子书读者和在线购物者。

其他行业的这些经验为解释提供了重要线索。在音乐、社交媒体和图书领域，面对老牌企业寻求保持控制权并保留其现有商业模式（但未能成功）的行为，新进入者引领了行业的颠覆性改变。纳普斯特和后来的苹果使老牌音乐厂牌边缘化；YouTube视频、脸书和推特让报业陷入衰退；亚马逊重新定义了图书销售，后来是图书生产。但是，在监管的支持下，制度的复杂性和官僚主义的惯性结合，阻止了货币流通领域发生这种颠覆性的变化。

就像音乐、社交媒体和图书一样，重大创新是新系统发展的结果，而不是旧系统的进化。塑料支付卡不仅是自动取款机的关键，也是支付改革的关键。信用卡是由美国银行首创的，作为商店信用的替代品。客户不是单独与商店协商信用条款和限制，而是从银行获得信用额度，并在多个商店使用这种设施。这些商店将向银行支付一笔费用，以获得银行客户及其消费能力。

在经历了起初的失败之后，信用卡的概念被证明是成功的，并被其他银行采用。发行机构组成了网络，使商家能够处理多个不同供应商的信用卡。这种安排还有一个好处，至少对银行来说是这样，那就是使它们能够就向商人收取的费用达成共识。VISA和万事达这两个主要网络就是以这种方式从美国银行和花旗银行牵头的财团中分别脱颖而出的。

信用卡的兴起恰逢电子处理技术的发展。由于这一历史事件，信用卡成为并仍然是进入完全电子支付系统的一种简单手段，这种支付系统不同于由银行操作的传统支付系统，而且在许多方面比传统支付系统更先进。信用卡支付的处理大部分外包给了技术公司，其中第一数据公司是最大的。不过，现有的银行能够维持其网络守门人的地位。

在信用卡最先推广起来的美国和英国，一张信用卡具有双重（而且很大程度上是不同的）功能，即为消费信贷提供滚动工具和电子支付机制。事实证明，这种双重性非常有利可图，特别是对信用卡先驱,如美国的美国银行和花旗银行以及欧洲的巴克莱银行来说,它们仍然是大型发行机构。信用卡提供的昂贵信贷被广泛使用,通常是那些没有任何借贷意图的人,他们本可以以更低的成本获得信贷。

银行在推广将电子支付系统与活期账户相结合的借记卡方面进展缓慢。我们不再需要使用纸张,无论是纸币、支票还是银行对账单。交通智能卡的使用加快了非接触式支付的速度,你可以很容易地看到节省的时间和人员,并减少拥挤。在一些贫穷国家(著名的是肯尼亚的 M-Pesa),移动电话传输尤其重要,在这些国家,移动电话网络是国家基础设施中最高效——或许是唯一高效的组成部分。全球最大的互联网支付系统贝宝,隶属于在线拍卖公司易贝。

不难想象一个纸币和硬币消失的世界。你可以用预存好的银行卡进行小额支付,而大额支付可以通过账户间的直接电子转账进行。在斯堪的纳维亚半岛,荷兰和日本的支票已不再被使用。或许值得注意的是,拥有大型金融部门的国家——如英国和美国——似乎在支付系统的创新方面比较缓慢。英国取消纸币使用的计划失败了,因为银行显然没有考虑到这一变化对客户的影响。[8]

变革即将到来。制度惯性可以减缓技术变革,但很少能完全阻止技术变革。支付的完全非物质化可能会剥夺政府和老牌银行机构的传统控制机制:垄断货币发行和获取实物记录。信用卡的发明意味着支付时不再需要现金或存款,只需要一张可预期的、足以完成交易的未来资源证明:正如我们所知,这种变化可能是金钱的终结。

比特币是一种被大肆炒作的数字货币,奇怪地融合了幻想和欺诈。从某种意义上说,比特币的传道者想象力不够。他们只是试图在电子世界里复制一种商品——货币,这种商品在物质世界里已经存在很久了。更大的问题是,我们所熟知的货币是否还有必要存在。我曾经和新生开玩笑说,货币之所以存在,是因为当水管爆裂时,要花很长时间才能找到需要听经济学讲座的水管工——但如今，我们能够找到那个水管工。

从现在起，50年，或许20年以后，存款渠道不太可能再在金融体系中扮演它凭借与支付挂钩而占据了几个世纪的核心角色。支付系统进行颠覆性创新的时机已经成熟，但到目前为止，贝宝、美国Square移动支付公司以及最近的苹果支付等参与者都更愿意躲在现有银行建立的效率低下、高收费的保护伞下。这种谨慎地分享寡头垄断利润的做法不会无限期地持续下去，最终，支付系统将成为一种不同于存款渠道的廉价公用事业。

支付技术的发展将为更广泛的制度和知识上的变革铺平道路。我们对货币和银行业的理解将发生根本性的改变——事实上，"控制货币供应"的概念已经让位于影响资产期限的更为宽松的概念。正如我将在第9章描述的那样，目前的利率政策更多地指向对银行的补贴规模，而不是借款人和贷款人之间的交易条款。监管机构和现有银行将抵制这些变化，并在一段时间内取得成功，直到最终失败。

存款渠道的活动

> 与拥有银行相比，抢劫银行算不上犯罪。
> ——贝尔托特·布莱希特，《幸福的结局》，1929年

存款渠道有两个目的：促进支付系统，在借款人和短期储户之间起到中介作用。很少有人想申请需要随时偿还的贷款，但很多人想拥

有一些可以随时取用的存款。因此，中介机构提供流动性的能力至关重要。存款渠道依赖于流动性错觉——这种错觉只有在没有很多人利用它的时候才能存在。

但错觉是脆弱的。大型金融机构总能履行其义务的信念，为序言中描述的它们之间异常投机交易量的增长提供支持。当全球金融危机爆发时，国际金融体系无法提供预期的流动性，在经历了几次危机后，各国政府转而提供了流动性。如今，存款渠道被一种注定失败的尝试堵塞了——尤其是在欧洲，这种尝试试图建立足够的资本和流动性储备，以便在没有官方支持的情况下支持这些交易活动的规模。

表6.2总结了存款渠道的资金流动。各地的存款总额大约相当于一年的国民收入。美国与三个欧洲国家表面上的差异比实际更明显。在美国，货币市场基金（实际上是存款）总额约为4万亿美元，这些货币市场基金主要持有的是银行发行的非常短期的证券，或者是苹果或埃克森美孚等大公司财务部门运营的准银行发行的证券。这种美国例外论是美国比欧洲更多地以证券市场为中介的普遍趋势的一个方面。存款主要是家庭的储蓄和交易余额，尽管企业的短期现金持有也很重要。

表6.2 存款渠道的资金流动，2014年中（万亿，当地货币）

	英国（英镑）	美国（美元）	法国（欧元）	德国（欧元）
个人存款	1.09	8.74	1.23	1.89
非金融企业存款	0.39	1.04	0.44	0.45
总存款	**1.46**	**9.79**	**1.66**	**2.34**

续表

	英国（英镑）	美国（美元）	法国（欧元）	德国（欧元）
抵押贷款	1.06	2.78	0.85	1.03
消费信贷和其他家庭贷款	0.11	1.74	0.24	0.45
商业贷款	0.23	1.85	0.82	0.80
其中的商业地产部分	0.17	1.68	不适用	不适用
政府贷款	0.01	0.00	0.22	0.36
向非金融部门发放贷款	**1.61**	**8.05**	**2.17**	**2.74**
金融部门交易	5.53	8.93*	5.82	4.85
总资产/负债	**7.13**	**16.98**	**8.00**	**7.59**

* 如第7章所述，这些数字大大低估了衍生品风险的规模。根据美国通用会计准则（GAAP），这种轻描淡写比欧洲国际财务报告准则（IFRS）要严重得多，因此美国的数据相对于欧洲来说太低了。
资料来源：英国银行（Bankstats 表 B1.4，C1.1，C1.2），美联储（美国金融账户表 L.109，L.204，L.205，L.215，L.218），欧洲中央银行（在线 MFI 资产负债表，表1和表2）。

　　实体经济存入银行系统的存款与银行系统贷给实体经济的贷款大致相当。抵押贷款在任何地方都是最大的组成部分。在英国，住宅抵押贷款约占总贷款的2/3，尽管这一比例在其他国家小一些。在英国，企业贷款占贷款总额的比例特别小。任何认为企业融资业务是银行主要职能的人都是错误的。大多数银行贷款是用于购买房屋的住房抵押贷款。除了企业融资，贷款余额由商业地产融资和消费信贷构成。银行还需要在央行保留准备金，以便利支付系统中的跨行转账。提供存款渠道的功能并不是很复杂。梅因沃林上尉都能做到这一点。

　　但是，存款渠道的操作如今已经变得非常复杂，如果梅因沃林上尉还在工作，他今天是无法做到这一点的。尽管通过存款渠道流动的资金量相当于一年的国民收入，但英国银行的负债（和资产）相当于四年的国民收入，而法国和德国的这一数字仅略低。如今，银行资产负债表中占绝对主导地位的因素，是金融机构之间的债权。这一切是为了什么？

第 4 章所述的在哈利法克斯董事会进行的辩论，在许多金融机构中都发生过，在大多数情况下发生得更早：哈利法克斯在这场特殊的游戏中来晚了。哈利法克斯一直持有固定利率证券（主要是政府债券）的头寸，利用资产负债表的规模和信用评级来建立一个规模更大的投资组合和资产负债表是有吸引力的。同时还有竞争压力：其他公司已经从这一业务中获得了可观的利润。这家全球最大的抵押贷款机构肯定有机会吗？

庞大的资产负债表所产生的信心无论对交易员还是交易对象而言都是一项主要优势，并促进了欺骗和扯淡的产生。只有那些拥有大量资源的人才能成功执行"马丁格尔"策略——在输掉的赌注上加倍下注。紧跟策略为那些信用评级能够支持该策略的人带来了稳定的利润流。尽管不可避免的崩盘会让独立的对冲基金破产（实际上，这是它们的正常命运[9]），但一家大银行可以将其异常亏损归因于异常因素，然后振作起来，从头再来。

在德意志银行的领导下，对高净资产回报率的追求，鼓励银行在FICC 头寸的基础上构建这些非常庞大的资产负债表。在德意志银行，追求净资产回报率产生了一张资产负债表，其中股东权益占总资产和负债的比例不到 2%，杠杆率超过了 50∶1。德意志银行可获得的风险资本（2012 年股东权益为 540 亿欧元）并不比最大的对冲基金可获得的资金多多少。2014 年，文艺复兴科技基金管理的基金规模为 380 亿美元，鲍尔森管理的基金规模为 240 亿美元。（摩根大通和花旗集团的股东基金规模超过 2 000 亿美元，远远领先于任何对冲基金，尽管这两家银行与德意志银行一样，除了交易，它们还从事许多其他活动。）但拥有庞大零售存款基础的银行在交易方面具有显著的竞争优势，这是由于它们提供的抵押品规模，以及政府对其债务提供的隐性或显性担保。它们的活动规模完全不同，交易损失的潜在后果也不同。

然而，50∶1的比率实际上大大低估了德意志银行的杠杆率，因为衍生品合约会产生杠杆。假设我不是以100美元的价格购买股票，而是购买了一种广泛使用的衍生工具，即一份与该股票有关的差价合约。通过差价合约，我承诺在合约结束时，支付给你股票价格与现值100美元之间的差价。实际上，这相当于借入100美元购买股票，银行的风险管理过程将记录100美元的"敞口"。但只要股价保持在100美元左右，账户就会以零"公允价值"记录这一合约。

衍生品敞口最大的两家全球银行是摩根大通和德意志银行。摩根大通的衍生品敞口约为70万亿美元，德意志银行为55万亿欧元。这些数字分别是美国全部资产总值的1.5倍和德国国民收入的20倍。但这些银行资产负债表上的数字要低得多。德意志银行宣布其在衍生品上的投资为7 680亿欧元：这不是一个小数目，但只占该银行风险敞口的一小部分。德意志银行财务状况如表6.3所示。

表6.3 德意志银行资产负债表，2012年（十亿欧元）

衍生品敞口	55 605	
衍生品价值	+797	−756
总资产负债表	资产2 012	负债1 958
放贷业务	贷款397	存款577
德国全部资产总值 德国国民生产总值	8 600 2 500	

资料来源：德意志银行2012年年报。

这些数据的荒谬性揭示了为什么沃伦·巴菲特称衍生品为"大规模杀伤性武器"。[10]但读者在赶往防空洞之前，应该感到放心的是，摩根大通或德意志银行实际上几乎不可能损失数万亿美元或欧元。这些风险敞口有许多已被大致或完全对冲，它们所代表的头寸被其他头寸冲抵。尽管欧元或美元可能会急剧下跌,但它们的价值不会跌至零。这些银行使用的风险模型旨在限制市场风险的有效敞口,尽管这些模型无法承受压力,但它们并非没有价值。

信用风险本应是监管资本要求的范畴。应对全球金融危机的一个办法是要求更多的衍生品合约通过交易所进行结算。目标是使同一交易对手的资产和负债能够相互冲抵。这一措施旨在降低银行的信用风险,但代价是交易本身产生的新风险。但无论对冲的程度、风险模型的复杂程度以及监管的影响如何,交易的规模都令人叹为观止。55万亿欧元的 1% 的 1/10 就是 550 亿欧元,而这一金额的损失将摧毁任何一家银行。

德意志银行根据欧洲会计准则 IFRS(国际财务报告准则)编制其主要账户。[11] 根据美国通用会计准则(GAAP),衍生品几乎完全从美国银行的资产负债表上消失了。不屈不挠的国际掉期与衍生工具协会(听取了波茨先生的法律意见)自然相信通用会计准则更优越,并提供了在这两种体系下大型银行的比较数据。根据年度账目报告的资产负债表规模判断,西方最大的五家银行都是欧洲银行,以法国巴黎银行为首。但如果使用国际财务报告准则,排名靠前的是美国银行和摩根大通。

我怀疑大多数读者(也包括作者)在面对这些数字时会感到不知所措。55 000 000 000 000 欧元是一个无法理解的数字——超出了政治家、监管机构的理解,更重要的是,超出了德意志银行管理者的理解。德意志银行的日常业务规模(5 770 亿欧元的存款和 3 970 亿欧元的贷款)本身就非同寻常,但与该行的总金融风险敞口(仅占总风险的 1%)相比微不足道。英国和美国政府为本国银行系统提供的支持(估计分别为 3 万亿英镑和 23 万亿美元)足以购买这些国家所有的非住房资产,但远低于这些银行系统潜在的债务规模。

德意志银行的核心业务是管理存款渠道，吸收 5 770 亿欧元的存款，并向客户发放 3 970 亿欧元的贷款，而这个摇摇欲坠、高耸入云的资产和负债之塔与此有什么关系呢？除了关键的一点，关系并不大，那就是这 5 770 亿欧元存款的存在，以及德国政府对它们的支持，使与德意志银行签约的人能够满怀信心地这样做。

当哈利法克斯决定进入更激进的固定利率证券交易世界时——随后是货币，该银行意识到它必须为"人才"（我实在不想用这个词，但这被广泛用于描述经验丰富的交易员）在工资和奖金水平上展开竞争。不仅对阵其他银行，还要迎战独立的对冲基金。这意味着高薪和奖金文化。事实证明，这些创新是一种癌症，在不到十年的时间里，它在这个曾经健康的机构中蔓延开来，并摧毁了它。

造成全球金融危机的主要原因，是在存款渠道之上建立了一个复杂的、基本上难以破解的 FICC 交易活动上层建筑——甚至连机构高管自己都无法破解。2008 年，当人们突然意识到交易对手风险的规模时，这一上层建筑崩溃了，这种崩溃威胁到摧毁存款渠道——便利支付并将短期储蓄导向购房者和企业的机制。

出于必要，各国政府采取了将直接损害降至最低的唯一可能的干预方式——实际上为所有交易对手风险提供了有效担保。但这不是一个合适的长期对策。合适的长期对策会在银行的存款渠道和交易活动之间建立一道防火墙，或环形围栏（可以有多种比喻）。这是英国维克斯委员会[12]和欧盟利卡宁委员会[13]提出的建议，也是沃尔克法则的根本意图[14]，这位可敬的央行行长成功地向奥巴马总统兜售了这项法则。当然，这一反应遭到了银行自身的强烈抵制。第 10 章对存款渠道的防火墙做了进一步讨论。

-7-
投资渠道

管理

>你从未真正拥有过百达翡丽。你只是为下一代照看它。
>
>——豪华手表制造商百达翡丽广告

企业和家庭利用存款渠道进行日常交易，如果能够高度确信自己的钱在需要时全额可用，他们也会将其用于短期储蓄。长期储蓄者选择投资渠道，他们希望通过承担一定的风险而获得更高的回报。长期视野和更强的风险承受能力相得益彰：时间跨度越长，投资策略真正实现更高收益的可能性就越大。

正如第5章介绍的，投资渠道的功能包括搜索和管理。通过搜索功能，资金经由投资渠道被分配到商业、投资、房地产和基础设施等各种长期用途上。即使没有投资，没有贬值，没有资本存量的替换，也需要一种管理职能来培育和维持现有的资产存量。

虽然很多关于金融的文章会给人一种不同的印象，但你并不是通过直接或间接持有一家公司的股份来为商业投资提供资金的。正如我所解释的，那些在股票交易所上市的大公司，绝大多数都是自筹资金的。长期投资者与埃克森美孚之间的关系是一种管理关系。

埃克森美孚是约翰·D.洛克菲勒在一个半世纪前建立的标准石

油公司的主要继承者[1]，并且很可能会在未来很多年继续存在。控制它的经理和持有它股份的储蓄者，就像百达翡丽手表的佩戴者，"为下一代照看它"。埃克森美孚是一家长寿的公司，然而还有很多其他公司也很长寿。斯堪的纳维亚资源公司斯道拉·恩索声称，它起源于瑞典国王马格纳斯在1347年批准的一份特许状。由托马斯·爱迪生创立的通用电气和由沃纳·冯·西门子在柏林创立的西门子，一个多世纪以来一直是主要的工业集团。也许当今公司的寿命更短了——谷歌或脸书在一个世纪后是还会吸引人们的注意，还是会步铂尔曼和东印度公司的后尘？企业部门可以通过老牌公司发展新的业务活动（如通用电气和西门子），或通过成立新公司来发展，但无论业务发展的形式如何，都需要持有企业部门的资产以用于下一代。

公司是长寿的，但大多数产品不是。我们吃的面包是今天出炉的面包。我们不能储存电力、理发或在公园里散步。我们现在使用的电子设备和软件在短短几年，甚至几个月内就会过时。然而，我们需要在时间和世代之间改变收入和消费。无论年轻还是年老，我们的消费都超过了我们的收入。我们需要一种随时间推移进行财富转移的机制，而证券交易就是这样的机制之一，我将在第9章介绍所有种类的机制。我们现在可以购买埃克森美孚公司股票和石油储备中的一部分，等我们老了再卖掉，我们可以在不影响埃克森美孚投资计划的情况下做到这一点。我们可以根据未来的收益，创建苹果股票等金融资产，并以类似的方式交易它们，产生类似的效果。通过这种方式，我们可以感谢史蒂夫·乔布斯的努力，给他一部分苹果未来和当前的利润。

传统上主导投资渠道的机构是投资银行、财务顾问和投资机构。投资银行负责寻找需要资金的人；财务顾问，如股票经纪人、银行经理、保险代理人，代表个人储户提供搜寻（新机会）和管理（持续指导）；投资机构，主要是保险公司、养老基金和其他一些集合投资基金，在通过投资渠道筹集和投资大量资金时发挥管理作用。这种体系的要素仍然存在，但金融化带来了重大变化。

投资银行曾经在搜索中扮演着主要角色：投资选择。投资银行会把自己的部分资金投入这些活动，分担风险，并利用自己的声誉吸引其他人的资金。但只有在与公司和投资者建立长期关系成为常态的时代，这样的声誉才有价值。现代投资银行是围绕交易和买卖组织起来的机构。它们现在的主要目标是获得交易的"授权"，然后"摆脱它"。

杰夫·斯基林和罗伯特·麦克斯韦尔等骗子受到了所有主要投行的积极追捧。摩根大通支付了1.6亿美元终止了美国证券交易委员会对其在安然欺诈案中所扮演角色的调查。其同名创始人曾将"品格"视为银行业的基础。与该行发行 World.Com 债券相关的诉讼则以20亿美元达成和解。

即使在金融化之前的日子里，投资银行也只与最富有的个人直接打交道。储户通常通过理财顾问进入投资渠道。过去和现在一样，许多人对自己管理财务的能力缺乏信心，这通常是合理的。他们寻求的是一种信任关系，可以是与一位个人财务顾问（他可能常常是当地银行的经理）的私人关系，也可以是与一家受人尊敬的组织，比如苏格兰寡妇基金的机构关系。当节俭的家庭留出少量资金时，人寿保险公司是主要的中介机构。更富裕的个人在股票经纪人的建议下购买股票，并可以使用集合投资基金——由投资公司提供的管理中介工具。

但是，出于第1章所述的原因，银行分支机构不再是谨慎储蓄者的天然避风港。那些留下来的银行机构现在看起来像商店——它们就是商店。令人生畏但值得信赖的银行经理的位置，已被更友好的销售人员取代，销售人员收取佣金，并受到销售目标的激励。由此给员工带来的压力导致了个人金融服务的严重滥用：特别是（在英国）向借款人大量出售基本上毫无价值的支付保护政策，以及（在美国）向几乎没有偿还能力的人推销低利率的抵押贷款。

和蔼可亲、（午餐后）散发着酒精味的个人股票经纪人或多或少已经消失了。自营经纪商的兴起意味着大多数股票经纪公司被并入了金融集团。一些独立股票经纪公司留下来，向私人客户提供一系列咨询服务，与零售银行为更富裕的客户设计的"财富管理"服务展开竞争。"仅限执行"的股票经纪人允许个人在没有咨询意见（如果咨询意见是有益的）的情况下交易股票。

在整个投资渠道中，一直服务于储户或资金使用者的传统中介机构，已将重点从咨询转向销售。和其他领域一样，在投资渠道中，经纪人和交易员角色的这种融合，是金融化的一个关键特征。值得信赖的顾问和销售人员都有各自的角色，但客户需要知道哪个是哪个，如果供应商自己也对角色的性质感到困惑，那就变得尤其困难了。客户发现很难区分好的建议和自私自利的建议。如果客户分辨不出其中的区别，更有利可图的建议往往会取代普通的合理化建议。

但是，顾问即使动机纯洁如雪，也无法向大众市场提供兼具个性化和独立性的高质量财务建议。在其他零售行业，成本压力导致熟练的、知识渊博的顾问被讨喜的销售人员取代。除了非常富有的人，所有人都自己挑选杂货，自己从货架上选择衣服；除了最基本的法律建议，大部分法律服务的价格都超出了普通人的承受范围；个性化的医疗援助可以提供，但主要由公共费用支付，这些费用在国民收入中所占的份额越来越大。

技术也许可以拯救我们。今天，计算机比一个未经训练的"财务顾问"更能有效地确定客户的需求。由于计算机的逻辑是在程序中设定的，建议中的偏差可以被识别。与日用品和衣服这些更具个性化的购买行为相比，人们在财务需求上的差异更小。

正如我在第1章所述，投资渠道的第一批中介机构是投资公司和寿险公司，它们今天仍在发挥重要作用。在欧洲大陆，保险公司（以及银行，它们经常与保险公司合作）仍然是主要的中介工具。在英国和美国，投资公司发挥了更大的作用。在20世纪，养老基金成为投资渠道的主要组成部分。

养老基金和保险公司无论规模大小，都拥有自己的投资办公室。这些投资办公室的交易并不频繁，在很大程度上基于对股票经纪人提供的公司的研究，这些股票经纪人对投资官员很友好，对公司也很友好。但随着这些经纪人被投行吸收，代理与销售之间的冲突更加明显。分析师们所做的"研究"成了其他部门的产品广告。美林证券的分析师亨利·布罗吉特热情地推荐了一只他认为是"一坨屎"的股票，只是因为他把自己的真实想法写进了电子邮件，这种现象的后果将在第10章加以说明。

富达等专业资产管理公司发展了自己的研究能力。这些资产管理机构聘用的"买方"分析师开始取代为证券发行公司工作的"卖方"分析师，随着布罗吉特等分析师在新经济泡沫期间的活动被披露，这一发展加快了步伐，也变得更加紧迫。卖方分析师已经过时了。

保险公司和养老基金越来越多地将投资管理外包给专业资产管理公司。较大的金融机构设立了独立的资产管理部门，从其他中介机构或直接从储户那里寻求业务。投资公司将投资决策委托给资产管理公司（现在大多数投资公司都是由资产管理公司赞助的）。金融化导致了大型资产管理公司的出现。

20世纪80年代证券化热潮的先驱拉里·芬克在发生了一笔巨额亏损后，被第一波士顿解雇。芬克的紧跟策略失败了。他认识到这种现象，并从中吸取教训。"我们建造了这台巨大的机器，它赚了很多钱——直到它亏损。我们不知道为什么我们能赚这么多钱。我们没有风险工具来理解这种风险。"[2] 芬克后来的职业生涯走上了不同的道路。通过积极的收购策略，他创立的资产管理公司贝莱德成为如今拥有约 4 万亿美元资产的公司。

目前最大的 10 家资产管理公司的总资产约为 20 万亿美元。这些公司大多是美国公司（先锋领航、道富银行、富达和纽约梅隆银行，以及最大的一家摩根大通旗下资产管理部门贝莱德）。法国最大的保险公司和银行（安盛和法国巴黎银行）和德国最大的保险公司和银行（安联和德意志银行）的资产管理部门分别占据了剩下的四个名次。[3] 尽管所有全球资产管理公司在伦敦都有相当规模的业务，但总部位于英国的公司仍落后于其他公司（法通保险和保诚保险的资产管理部门是领头羊）。

芬克有时被描述为金融界最有影响力的人，但大多数人从未听说过他。贝莱德管理着所有机构中最大的资本池——超过任何一家银行。如果说资产管理公司今天看起来不像银行集团那样强大，那是因为它们几乎完全是代理，而不是委托人。至少在英国和美国，资产管理公司是不是法律上的代理人是一个复杂的问题：许多资产管理公司签订的合同寻求排除这种责任。但资产管理公司大多表现得像代理人，不管正式职位是什么。与金融集团的大多数部门相比，资产管理行业如今更清楚地意识到，它处理的是他人的资金。

人寿保险公司、养老基金和投资公司传统上扮演着托管中介机构的角色：与存款渠道一样，储户对中介机构拥有经济利益和索赔权，而不是对标的资产拥有直接利益。精算师将确定保险人支付的保费；基金受托人将确定养老金的水平；投资者将拥有投资公司的股份。储蓄者将会不时被告知中介所选择的资产的进展情况。

但管理中介总是容易出现欺诈和滥用行为。即使在 19 世纪，也不是所有投资渠道的中介机构都能与苏格兰寡妇基金相提并论。狄更斯在他的著作《马丁·翟述伟》（1843—1844）中讽刺了盎格鲁-孟加拉无息贷款和人寿保险公司，以及蒙塔古·蒂格和舍维·斯莱姆的庞氏骗局。在美国，欺诈者诱使小说的同名主人公投资以伊甸园为名的沼泽。在 20 世纪 20 年代的佛罗里达土地繁荣中，事实会紧随小说的脚步而来。

投资公司主要是为了发起人的利益而成立的，它们在 1929 年华尔街崩盘之前的美国股市泡沫中发挥了重要作用。J.K. 加尔布雷斯介绍欺诈概念的文章，有一章颇具讽刺意味地题为"我们信任高盛"，强调了高盛在推动那些注定要失败的投资公司方面所扮演的角色。[4] 其结果是，美国的投资信托（封闭式基金）实际上消失了。1974 年，美国养老基金的欺诈和失败导致了更严格的监管、限制，以及相互保险。1991 年，当罗伯特·麦克斯韦尔的去世暴露出他盗窃养老金资产的行为时，英国也出台了类似的规定。

因此，管理中介在很大程度上已经让位于透明中介。储蓄者对标的证券有直接的权益，也许是合法的所有权，并且可以定期（如每天）确定该权益的价值。透明中介机构不承担任何投资风险，因此不需要资本来支持这种风险。从托管中介向透明中介的转变，是监管压力、偏向于交易的意识形态立场以及储户失去信任的结果。

如今，资产管理公司的透明中介受到监管的鼓励，被赋予了很高的预期。现在，汇集式零售投资基金的主要工具是共同基金（美国术语）、单位信托（英国术语）或开放式投资公司（欧洲术语）。共同基金、单位信托基金和开放式投资公司在投资组合构成和披露方面受到诸多限制。

保险公司监管（尤其是欧盟的偿付能力 II 指令）越来越具有类似的效果。以前，保费是由精算师的专业判断决定的，但如今的惯例是，保单持有人会获得经过适当计算的基础资产份额。养老金的供给越来越多地基于"固定缴款"计划，在这种计划中，养老金领取者根据他或她选择的投资获得回报。养老基金的投资自由已逐渐受到侵蚀。随之而来的是一种越来越强调信息披露和定期问责的文化。

这些变化在英国和美国走得最远：在法国和德国，传统的长期保险合同仍然很常见，尽管透明的投资基金（开放式投资公司）正在显著增加，养老金供应基本上是非基金式的。但如果储户想要每天都知道自己基金的价值，至少需要有一个能够每天对资产进行估值的市场。这一要求基本上将投资限制在市场价值可以很容易计算并且收益可以快速变现的证券上。

因此，通过中介机构进行的投资大多投向跨国公司的上市股票。图 7.1 显示了长期投资者可投资资产的"宇宙"，总额约为 1 250 亿英镑，因此全球所有资产的大约一半可以通过这种方式进行中介。这些数字不包括金融机构发行的证券——这些证券主要是金融部门内部旋转木马交易的一部分，但包括金融机构持有的政府债务，这在政府债务总额中占很大比例。透明、具有流动性的投资渠道中介严重偏向大型全球公司的股票。这种偏见是否对储户有益，是下面要考虑的问题。

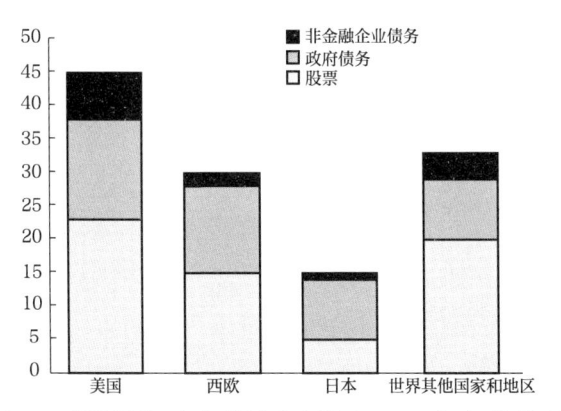

图 7.1 投资渠道：全球可投资资产总额，2013 年（万亿美元）

资料来源：麦肯锡全球研究院。

行动偏见

> 我们获得报酬不是因为我们有所行动,而是因为我们是正确的。
>
> ——沃伦·巴菲特,《巴菲特致股东的信》,1998年

投资渠道的经济功能是:为新的储蓄寻找好的投资;确保资产的有效管理;在做这些事情的同时,帮助家庭进行财务管理并实现代际的财富转移。然而,这些事情并不是大多数在投资渠道工作的人所做的。他们重新安排与现有资产相关的金融债权。最重要的是,他们进行交易,彼此用别人的钱进行交易。

投资银行和其他发起人的金融工程目标,是使与特定实物资产相关的金融债权价值最大化。无论交易活动是否增加了基础实物资产(企业、房地产或基础设施)的价值,还是交易仅仅代表着金融债权的重新安排,都是有回报的。后者通常更容易,因为有很多机会通过以高于实际价值的价格出售这些债权来触发"赢家的诅咒"。同样的实物资产可以以任何能吸引最高价格的金融形式进行出售。

收费结构造成了不一致的激励。向公司提供财务建议的报酬主要来自交易费用和佣金。在银行与企业之间的长期关系成为常态的时代,这种安排相当有效;银行家会耐心地等待偶尔的(大笔)交易费用,不愿为了短期利润而牺牲商业关系。但在"我会离开,你也会离开"的文化中,银行和企业之间接触的目标不是保持知情的对话,而是敦促客户完成交易。企业高管头脑中已经存在的这种行动偏见得到了强化。

罗伯特·康波荒唐可笑的联合百货公司背后的投资银行家是布鲁

斯·沃瑟斯坦。2009年沃瑟斯坦去世时（他留下的遗产据报道价值22亿美元），《福布斯》称他"或许是华尔街近年来最具天赋的交易者"。[5] 沃瑟斯坦20年前就被同一本杂志描述为"竞标者布鲁斯"，据说他曾利用"心理欺凌"来说服他的公司客户支付进行交易所需的所有费用。《门口的野蛮人》对他在雷诺兹－纳贝斯克收购中所扮演角色的描述证实了这一方式。[6]

如果企业向那些没有强大动机促成交易的来源寻求战略建议（在它们确实需要外部战略建议时），企业和整个非金融经济将会得到更好的服务。传统上，这一角色是由拉扎德等高级投行扮演的，借助安德烈·米耶和菲利克斯·罗哈廷等企业高管的传奇密友。但金融化时代对贸易施加了越来越大的压力。在克林顿总统任命罗哈廷为驻法国大使之后，拉扎德在寻找继任者的过程中发现了一个人，那就是"竞标者布鲁斯"。

投资银行以及通过裙带关系跟风的律师和会计师在"做交易"中获得的经济利益只是基于交易费用的报酬，这种制度是造成偏见的一种方式，也许是最恶名昭彰的方式。沃伦·巴菲特对投资活动本身发出的警告是很难遵循的，尤其是在面对持续变化的屏幕不断显示"新闻"的时候。

金融行业的每个人都觉得有必要成为"新闻"的持续接收者，他们永远盯着屏幕，离不开自己的手机。金融界的每个人都承受着来自那些付钱行事的人的持续压力，企业高管也是如此。企业公布的季度收益公告与其说是财务报表，不如说是管理市场预期的结果，而资产管理公司月度业绩的信噪比接近零。如今，投资渠道参与者短视的特点，并不是由储户或投资对象的需求强加的——恰恰相反，它们是由中介过程中对行动的偏见造成的。透明度和流动性方面的监管要求也起到了推波助澜的作用。而投资顾问的使用和对基准的追求又加剧了这种情况。

资产管理公司的状况与其他中介机构的不同之处在于，资产管理公司不是根据交易获得报酬，而是根据管理的基金价值按比例获得报酬。在投资渠道上，它们的动机与其他参与者不同，但不一定是更符合客户利益的，也不一定是没有偏见的。你可以通过出色的长期表现增加现有基金的价值。但凭借出色的短期业绩，吸引其他基金管理公司的资金可能更容易、更迅速。这都归结于 α。

资本资产定价模型的关键参数有 α 和 β（只有专用模型需要进一步探索希腊字母表上更多的字母）。β 与"市场"上的回报有关，而 α 是经风险调整后优于市场基准的表现。资产管理公司定期向投资者报告，因为它们力求超过一个由所有公司的平均表现定义的指数。远远偏离这一平均值意味着承担风险：实际上，风险管理者和监管机构通常会将风险定义为跟踪误差，即业绩与基准的偏差。

由于任何明显差异化的投资组合都必然会经历表现不佳的时期，避免这种可能性的需求导致了"隐蔽指数化"，即构建表面上管理积极但实际上构成接近市场平均水平的投资组合。资产管理公司的成交量有所上升，因为基金经理关注的是竞争对手不断变化的预期，而不是企业的根本命运。就像交易员陷入自说自话的选美比赛，更关心预测彼此，而不是理解他们所投资的证券的属性一样，资产管理公司也因一起追求共同的基准而相互绑在一起。

对 α 的追求总的来说必然是徒劳的。在绝大多数的个案中，它确实是没有结果的。平均而言，主动型基金经理的表现落后于基准基金，其表现差距反映了他们的费用：由于这些基金经理目前占资产持有量的很大一部分，这种结果几乎是不可避免的。收取较高费用的基金经理往往不如收取较低费用的基金经理，这不仅是因为他们收取的费用，还因为较高的费用往往与较高的营业额和交易成本相关。散户投资者自己买入和卖出的时机不佳，让他们的体验变得更加糟糕。共同基金投资者的回报低于他们所投资的基金的回报，因为他们倾向于购买时髦的、定价过高的基金，而出售不时髦的、定价过低的基金。

对储户来说，这一令人失望的结果代价不菲。中介链已经变得太长，而这一长度增加了成本。公司和储蓄者之间是登记人、托管人、注册人、资产经理、基金管理人、投资顾问、养老基金受托人、保险公司、平台、独立财务顾问。当交易发生时，高频交易员、交易所和投资银行都会从中提成。这些中介机构有自己的成本和业务模式。它们的商业目标与市场的最终用户——资金被投资的储户，以及被持有股份的公司不同。一个链条的强度和道德完整性取决于它最薄弱的一环。

被动投资管理的兴起是对这一投资链中成本过高和目标冲突的回应。先锋领航集团是仅次于贝莱德和安联的全球最大的资产管理公司，由被动投资的狂热推动者约翰·博格于 1975 年创立。[7] 博格的论点是，由于持续跑赢股市指数的可能性很小，复制该指数是一种简单而廉价的投资策略。被动型投资的规模稳步增长，贝莱德、先锋领航集团和道富银行的大部分业务都在管理指数化基金，这项活动现在可以委托给计算机。被动投资具有显著的规模经济效应，这些大型老牌企业从其规模中获得竞争优势。

中介的总成本包括管理费，行政、托管和监管费用，向中介机构支付报酬的费用，支付交易佣金和买卖价差。如果你直接投资一个指数化基金，你或许可以将这些年成本降低到 25~50 个基点（金融行业将 1% 的 1% 称为"基点"）。这个数字是使用投资渠道的最低成本。如果你更喜欢一种涉及某种"包装"的积极管理基金，通过一个提供财务建议的平台持有，你的成本可能是这个数字的 10 倍，如果你使用银行的"财富管理"服务，你会有类似或更糟的体验。由于所有股票的价值约为 50 万亿美元，一个基点就是 50 亿美元，因此，中介成本大幅减少了个人储蓄（一方面），并支付了豪华轿车和私人飞机的费用（另一方面）。

如今，低风险长期投资（如英国、德国或美国政府的指数化债券）的实际回报率徘徊在零附近。预期的风险溢价（股票回报率超过无风险利率的数额）不太可能超过 3%~4%。在收费之后，投资渠道的许多用户现在根本不可能从他们的储蓄中获得任何实际回报。这是为金融市场参与者而非金融用户的需求而设计的金融体系的缩影。

这不是一本关于个人投资策略的书。我写过那样一本书。[8] 但我在那本书里说过，一本建议读者自己给自己当医生或律师的书是不负责任的；然而，建议自己给自己当投资顾问（如有必要，还可以借助一本好书）是相对合理的。要获得更好的回报，最好的、当然也是风险最小的方法，是减少向金融部门支付的各种费用。

如今，无论是储蓄渠道还是投资渠道，都无法给储户带来可观的实际回报前景。这一结果无论在政治上还是在经济上都不太可能有持续性。

资产管理者的角色

投资应该像观察草木生长或油漆变干一样。

——据说出自保罗·萨缪尔森

现代投资银行已经放弃寻找、创造和发现新的投资机会，转而利用他人的资金进行交易，以造福其高级雇员。保险公司和养老基金已撤销投资管理的监管职能，成为行政服务的提供者。曾经由财务顾问担任的职位要么由销售人员担任，要么由计算机来完成。这样描述这些转变简直就是讽刺——但只是一点点。这些投资渠道中传统角色的各种退位，为资产管理公司的崛起留出了空间。

但为了有效填补这一空白，资产管理公司需要证实并展示搜索和管理两方面的技能。它们需要习得履行投资渠道职能所需的专业知识：主动型管理公司需要在商业、房地产和基础设施领域寻找新的投资机会；被动型管理公司必须是有效的管家，对它们将他人资金投向的那些企业、财产和基础设施来说，它们是管理的监督者。这两种类型的管理公司都需要帮助家庭（以及国家）管理财务并实现代际的财富转移。资产管理公司只有在恢复与储户和被投资者之间的信任关系的情况下，才能有效地履行搜索和管理职能。这种信任关系实际上已经从金融体系中消失了。要有效地实现这些目标还有很长的路要走。

正如第 5 章所述，股票市场的出现是为了从分散的普通投资者群体那里为特定行业的投资筹集资金。但投资渠道的大部分中介活动都是通过大型资产管理公司进行的；证券市场目前在为企业的新投资提供资金方面起的作用很小。现在是时候质疑一下，消耗如此多资源、受到如此多关注的股市，是否能继续发挥重要的经济功能。资产管理行业的集中意味着，资产管理公司与储蓄者（一方面）以及公司或投资基金的其他用户（另一方面）之间不仅有可能建立直接联系，而且应该提供更高质量的搜索和管理技能。

但对公开市场的重视意味着，如今资产管理公司的许多活动既不涉及搜索工作，也不涉及管理工作。许多基金经理对企业及业务知之甚少，也不了解企业领域的潜在投资机会。这些基金经理也没有时间或能力来监督其客户资金所投资的企业的策略。这些中介机构的专长是通过预测彼此不断变化的预期来"追逐 α"，而不是理解标的资产的特征。

资产管理公司缺乏相关技能的问题在一定程度上可以通过将合同分包给细分的专业管理公司来解决。许多私募股权公司确实声称对特定领域（主要是信息技术领域）有所了解。新的专业贷款机构已经出现，如抵押贷款分销商和信用卡提供商，但这些机构发现，用从存款渠道转来的"蠢钱"为其活动融资，要比通过投资渠道寻求融资更便宜。

当私募股权基金表现良好时，它们可能非常非常好，但当它们表现糟糕时，那就太可怕了。私募股权投资者可以与企业打交道，接受大量投资所必需的、符合许多储户需求的长期视野。但这不是大多数私募股权公司的做法。一些读者会和我分享在"私募股权酒店"的经历，那里价格过高的早餐和磨损的油漆表明，管理层优先考虑的是当前的利润，而不是未来的回头客。这种令人失望的客户体验是一种交易的典型结果，在这种交易中，私募股权经理购买资产，让其背上债务，暂时推高收益，并在相对较短的时间内将资产重新投入公开市场。对透明度和流动性的要求，需要承诺快速退出，这加剧了这个问题，尽管私募股权二级市场的发展在一定程度上缓解了这一问题。

基础设施基金也有类似的双重人格。有一些已经开始在搜索和管理基础设施项目方面发展出真正的专业技能。其他此类基金是金融工程的工具，为政府的表外融资提供便利，或者用医院和道路的光鲜图片展示复杂交易，进而迷惑投资者。

在上市公司领域，搜索功能的价值较小：企业的投资选择是由职业经理人做出的，这些投资的资金来自公司的经营现金流。在上市公司中，投资经理的主要职能是管理。在对上市公司的"积极"投资中，你可以看到非常好的和非常坏的二分法。在最好的情况下，积极是在战略飘忽不定或管理层不足以应对业务面临的挑战时，大股东进行干预，这种积极干预在迫使经营不善的荷兰银行将自己出售时是及时而有效的，但在允许苏格兰皇家银行购买它的过程中却缺失或失效了。

但有时，"主动"只是指交易活动量大，而"积极"则是指对金融工程的需求。有人声称，企业的价值高于或低于各部分的总和；引入更高水平的杠杆可以提高股东价值。从整个经济的角度来看，后者的大部分活动充其量是无用的，甚至对那些用金钱促成交易的人来说也是如此。然而，偏见仍然是行为的强大驱动力。

然而，建设性的积极主义是管理工作的核心。即使是最大的资产管理公司也不可能成为成千上万家公司的知识渊博的股东。管家的职责包含确保有效管理的责任，但不涉及（更不要求）监视那些在各家大公司中每天做出运营决策的经理。管理确实需要确保称职的管理人员继任高管职位，确保商业战略得到适当制定并接受严格审查，并且防止高管以牺牲其他股东的利益为代价来为自己敛财，这是金融化影响所必需的角色。

代理服务的方框打钩式方法已成为公司治理不可或缺的组成部分，而管理工作所涉及的不仅限于此。不过，规模较小、持股数量超过自身有效监控能力（这本身就指明一个问题）的投资中介，可能需要使用这些代理机构。有效的管理与投资管理是结合在一起的：糟糕的企业不存在所谓的良好治理。

为了履行中介机构在投资渠道中的职责，资产管理公司应持有更多集中、聚焦的投资组合，减少股票数量。它们的活动和业务组合应根据风格或专业领域更细致地区分开来。这种积极的管理方式通常（但并非总是）会支持当前的管理层——否则投资经理为什么会选择这只股票呢？目前，这种接触受到监管规则和法律禁令的限制，这是当前专注于流动性和透明度的产物。我将在下一章讨论监管的这种有害影响。

被动管理或许应该被简单地定义为以大量交易活动为代表的"积极主义"的反面，而不是机械地复制一个指数。被动管理有说服力的理念是，大多数主动管理不值得它的成本；储蓄者寻求被动型基金的动机，是为了获得更好的资金价值，而不是尽量减小跟踪误差，而跟踪误差是基金经理（而非投资者）用来衡量风险的指标。购买并持有经过深思熟虑的股票组合的被动型基金可以实现与指数基金相同的目标，而且可能更有效，同时避免了像伦敦证券交易所出现的那种明显问题，即声誉可疑的公司寻求上市，以迫使被动基金持有人购买其股票。

应该有更多的管理中介。透明度和流动性乍一看似乎是好事，防止欺诈也是一件好事，当然，制定监管规定的初衷也是好的。但正如我强调的那样，对透明度的要求是低信任环境的产物。区分苏格兰寡妇基金和盎格鲁－孟加拉无息贷款和人寿保险公司的最有效，实际上也是唯一有效的方法是参考该公司及其经营者的声誉；让储户详细了解这些公司的业务是一个非常不完美的替代办法，这些业务他们既没有时间也没有专业知识去消化。

透明度和流动性的要求代价高昂。不仅仅是（或主要是）管理成本，还包括它们对与公司的接触和投资组合构成施加的限制。将目标和经理相同的封闭式（托管）和开放式（透明）投资基金的收益进行比较，可以有力地说明透明度和流动性的成本，这种比较压倒性地倾向于封闭式基金。[9] 历史上最成功的投资基金是伯克希尔－哈撒韦公司，这是沃伦·巴菲特的封闭式投资工具，巴菲特是管理中介的典型管家。

但管理中介需要信任。能否通过提升资产管理公司的声誉来恢复对投资渠道的信任？它们能让投资者对银行的信心达到储户曾经对银行的信心水平吗（必须再次说服他们这么做）？目前，贝莱德等大型资产管理公司主要与养老基金和保险公司等机构进行交易。但它们的业务中有很大一部分直接面向公众，而且越来越多。

不同的商业体系可以促进信任。互助机构的传统吸引力在于消除了利益冲突，这也是它曾经在金融领域发挥重要作用的原因之一。如果企业没有自己的盈利目标，它们会更愿意承认自己对他人资金的义务。但在银行或保险业恢复一个可观的互助部门希望不大，因为目前没有切实可行的方法为这些部门的互助机构筹集足够的资金，让它们能够大规模地安全运营。但非资本密集型的资产管理就不同了。从事养老金业务的新机构，例如加拿大、丹麦和荷兰的大型既定计划，以及英国的国民就业储蓄信托（NEST），可能会发挥更广泛的作用。美国最成功的几家资产管理公司——资本、富达和先锋领航集团都不是上市公司，这些公司的高管似乎特别致力于维持其业务的长期声誉。

与存款渠道一样，投资渠道目前也无法满足企业和家庭的需求。存款渠道已因金融业内部交易过多而变得堵塞。投资渠道已经变得太长，漏洞太大。在这两种情况下，我们都需要简化，以建立短而简单的中介链。在存款渠道中，这意味着将交易赌场与吸收存款、发放贷款的功能分离开来。在投资渠道中，它需要提拔具备搜索和管理实体经济有形和无形资产（而非金融资产）技能的资产管理者。由狭义上吸收存款的银行和资产管理公司主导的金融行业，有望重建人们对金融行业的信任，降低成本，增强金融稳定性。

第三部分
政策

很少有行业像金融业那样受到政府和公众如此多的关注。金融监管未能满足公众的需求和期望,也受到业界的强烈不满和抵制。第8章解释了为什么金融监管既过于广泛又具有侵入性,却在很大程度上为行业利益所控制,在实现公共政策目标方面效率低下。经济政策和金融之间的多重互动是第9章的主题。金融既是经济政策的工具,也是经济政策的主要影响因素,其社会和经济后果在很大程度上是有害的。这两章传达的信息是,政府对金融部门的干预太多了,而不是太少了。金融化的弊病在很大程度上是失误的公共政策造成的。第10章阐述了一项旨在限制国家干预,并使必要干预产生成效的改革方案的要素。改革的目标应该是解决体系和激励的问题,而不是加强监督和控制。

—8—
监管

金融监管的起源

> 从文化上讲,金融服务机构是由那些以金钱为目标、以数字为答案、以技术为中介的人领导的。用技术取代人,用金钱取代判断,用只会赚钱的人取代领导,这些情况的影响被忽视了。
>
> ——《扎尔茨评论:巴克莱商业实践的独立审查》,2013年4月3日,第184页

金融监管曾经依赖于建立在相互尊重基础上的非正式的、通常是不成文的体系。掌管伦敦金融城业务的人组成了一个同质的社会群体,他们都接受同样的公立学校教育,之后往往在牛津、剑桥或军队待过一段时间。华尔街的高层大多是有常春藤盟校背景的白人盎格鲁-撒克逊新教徒(WASP)。在伦敦和纽约,这些"贵族"或"白鞋"公司与罗斯柴尔德和拉扎德等著名犹太家族企业展开竞争。

这些公司通过代理关系开展业务,希望与客户保持长期联系,并进行大量交易活动。这些共同的期望带来了诚实交流。在公司和投资银行之间,以及个人和零售银行或股票经纪人之间存在一种表面上的利益共同体关系,这种关系是真实的。孕育这些关系的是一个以职能分离为特征的行业体系:银行、经纪人和专家发挥着不同的作用,但

对这种关系的性质有着共同的清晰认识。

这种合作并不能杜绝滥用客户或系统不稳定的情况。如今被认为是内幕交易和市场操纵的活动很普遍：连环欺诈和频繁剥削企业和零售客户的事件时有发生。不时有重要机构倒闭或濒临倒闭。但互惠的做法、稳健的结构和普遍认可的共同价值观限制了不当行为，控制了风险，并在管理危机方面推动了全行业的合作。虽然没有明确的规则，但对于从业者应该如何表现，有一个详尽的预期框架。

在美国，对金融部门的信任度一直较低，1933年是该行业的分水岭。佩科拉听证会证明了金融部门的滥用职权和无能是大萧条的主要原因。银行倒闭了，金融中介机构向客户兜售一大堆毫无价值的证券。新制度的主要目标是保证银行存款的安全，确保未来个别机构的倒闭不会导致整个金融体系的崩溃，并防止对投资者欺诈或类欺诈行为的发生。

相对非正式的体系在英国又延续了50年。但随着金融化，企业内部和企业之间的信任执行机制被价值观的侵蚀和由交易文化主导的金融集团的出现打破。这些强大的大型企业集团的增长将会给监管机构带来它们无法承担的负担。

英格兰[1]和美国的普通法司法管辖区赋予当事人以他们选择的任何形式订立合同的极大自由，这不同于欧洲大陆，那里的民法典更为规范。因此，英国和美国是新金融工具和复杂或特殊商业安排的首选地点。英美两国金融业在全球的主导地位是法律和语言优势相辅相成的结果，伦敦的帝国主义历史和美国的工业霸权有力地支撑了这些优势。

共同的商业法典孕育了共同的商业惯例。现代德国实行社会市场经济以反抗纳粹暴政，但对欧洲大陆的许多商人来说，合作和勾结仍然比竞争更自然。在这些国家，银行业与大多数其他金融活动一样，一直或明或暗地进行着卡特尔化。各家的价格差异不大,非价格竞争也有限。

这种背景和理念上的差异的一个重要后果是,欧洲大陆的监管机构和政府比盎格鲁-撒克逊的同行更愿意纵容掩盖全球金融危机对银行体系造成的灾难规模的行为。如今,欧洲有许多"僵尸银行"——这些机构本质上已经资不抵债,但它们依靠央行的支持,多年来一直希望通过交易摆脱困境。法国和德国的政治言论尤其反对金融化,实际上也普遍反对市场经济。但这些国家的社团主义政策意味着,金融部门的改革(在任何地方都没有得到大力推行)一直被忽视。这也造就了德意志银行的悖论:既脆弱得可怕,又稳定得令人放心。

源自文化和历史的这种传统的、民族的、往往是内化的约定,为全球化、精英统治,以及更个人主义和更法治化的文化的兴起所侵蚀和同质化。随着20世纪80年代金融集团的出现,该行业的结构后来稍有改变。所有这些从根本上改变了行业监管的性质。这一变化的一个奇怪特征是被称为放松管制的过程,这个过程在英国最引人注目,但在世界各地也很明显,实际上导致了金融部门监管的范围和负担大幅增加。

一直以来,金融监管主要有两部分:对银行的监管和对证券市场的监管。我们将依次讨论这两部分内容。

《巴塞尔协议》

我脚下流淌着莱茵河,它像时间之流一样,在过去的废墟中流淌。

——H. W. 朗费罗,《许珀里翁》,1839 年

银行监管是国家事务,反映了不同司法管辖区不同的历史发展。由于对州际银行业务的限制,美国的银行体系是分块化的。英国有一个集中的零售银行系统,商业银行和投资银行业务之间有明确的区分。全能银行在法国和德国很盛行。然而,自 20 世纪 80 年代以来,通过《巴塞尔协议》达成国际协调体系的尝试对银行监管产生了重大影响。

人们常说,全球金融危机是由国际金融架构的缺陷引起或加剧的。这种观点有一定道理。资本市场的全球化限制了任何单一国家监管机构的行动能力。为了促进各国监管机构之间的合作,人们做了许多尝试。欧盟一直是焦点之一,其他全球机制包括八国集团经济峰会、二十国集团经济峰会,以及国际货币基金组织和世界银行年会。飞机的商务舱经常挤满了从事金融监管的官员,他们前往环境宜人的地区参加国际会议。

但这种合作在口头上花的时间比在实质内容上花的时间要长,而且很多时间都浪费在固定套路的演讲和平淡无奇的公报细节上。许多监管机构和政界人士把这些国际合作活动当作促进本国金融服务业利益的机会,而周围的酒店也被游说人士占据,鼓励他们这样做。在全球协作最为广泛的银行业,这种协作的影响是有害的;国际协议强加了一种监管模式,这种模式不仅未能阻止全球金融危机,还积极促成了危机。

这种监管的国际化源于 20 世纪 80 年代美国和英国银行对日本银行竞争的不满。日本金融机构一直是激进的放贷者,其宽松的政策刺激了国内股票和土地价格的飙升。从资产负债表的规模来看,1988

年全球排名前十的银行中有 7 家是日本银行。[2] 这一事实被解读为日本金融体系实力的标志,事后看来,这其实是疲软的表现。第 6 章解释了为什么大型资产负债表代表的是脆弱性而不是韧性。如今,在资产规模最大的 11 家银行中,有 4 家位于中国,对这一现状的解释又是模棱两可的。[3]

国际清算银行(BIS)被选中来应对想象中的来自日本的竞争威胁,它的总部设在瑞士莱茵河畔的历史小城巴塞尔。国际清算银行的成立是为了管理第一次世界大战后的德国赔款。到 1933 年,这个角色显然已经终止。随后在二战期间,这家银行为转移被纳粹窃取的黄金提供便利,这导致 1944 年布雷顿森林峰会决定停用它。但已被停用的公共机构依然顽强,国际清算银行继续脆弱地存在着。20 世纪 80 年代,它成为银行监管国际协调机制的首选工具。第一份《巴塞尔协议》签署于 1988 年。

日本银行业"不公平"竞争的问题以可预见的方式自行得到解决,即承认现实,而不是实施监管。20 世纪 90 年代初,日本房地产和证券价格泡沫破裂,许多日本银行资不抵债,但在日本央行的纵容下挣扎多年(这种方式后来被欧洲效仿)。《巴塞尔协议》仍然成为各国和全球银行监管的主要决定因素,并继续发挥着这一作用。在其诞生后的 20 年内,世界将经历自大萧条以来最严重的银行倒闭浪潮——或许也是历史上最严重的银行倒闭浪潮。

最初的《巴塞尔协议》随后被细化为《新巴塞尔协议》,在 2007—2008 年的危机压垮这一进程前,该协议已部分生效。巴塞尔制度有三大"支柱":资本要求、监管和披露。披露反映了一种信念,即如果提供足够的相关信息,公众和市场将对管理不善的银行施加适当的制裁。事实上,银行的财务报表是不透明的,而且这种不透明在《巴塞尔协议》的有效期内一直在稳步增加。政府支持的可获得性进一步削弱了信息披露的约束作用。

因此,资本要求和监管是巴塞尔进程有效性的关键。监管是银行和监管机构私下讨论的过程。由于我们对这一过程知之甚少,只能通过结果来评估其质量,这并不令人鼓舞。

资本要求的基本规则是,一家银行的股本(在企业被迫破产前可能损失的资金)必须达到其资产的8%。以适用于任何其他公司的标准衡量,这一数字都很低。如果一家非金融企业的股权仅占其资产的8%,银行会非常犹豫是否向其提供贷款。

但事实上,实际数据要低得多,而且最近一直如此:第6章对德意志银行资产负债表的描述为基本现实提供了一些暗示。银行被允许将其部分债务视为资本。此外,资产的计算采用风险加权法则。发放给非金融企业的贷款的风险权重一般为100%,而被认为更安全的抵押贷款的风险权重为50%。政府债券和发放给其他银行的贷款被认为完全没有风险。因此,资本与资产的实际比率可能一直都远低于8%。

风险权重的粗糙性鼓励银行在每个风险类别中接受风险更高、收益更高的贷款。一名当地医生的贷款价值比为60%的抵押贷款,其风险权重与在美国各城市向三无人员(无收入、无工作、无资产)推销的无存款贷款相同。

风险加权机制也刺激了监管套利。一揽子抵押贷款可能被转移到另一家银行,在这种情况下,出于监管目的,这些抵押贷款可能被归类为银行贷款。在《巴塞尔协议》出台之后,证券化,即金融机构相互出售自己发放的贷款的过程加速演进。银行还可以通过创建监管范围之外的表外工具或结构性投资工具(SIV)来降低所需资本。

以监管套利为目的而创建的工具一开始是回购和抵押贷款支持证券,后来又扩展到信用违约掉期、结构性投资工具和其他不胜枚举的首字母缩略词，这些工具是金融化的核心。错误的监管造成了它本应解决的问题，然后促生了更多的监管，以应对出现的新问题。

金融化过程中形成的套利机制并不局限于金融监管领域。第4章提到了四种主要类型：由巴塞尔规则（以及之前和之后的金融监管机制）引发的监管套利；旨在美化企业（或政府）账目的会计套利；旨在获得更优惠的税收待遇的财政套利；旨在利用世界各地不同国家采用的不同监管、会计或财政规则的司法套利。

这些花招儿都有一个基本目的：通过设计商业效果相似，但监管、会计或财政形式不同的交易来获得财务优势。这些套利活动通常具有负面的经济价值：发起企业（以及为交易提供便利的代理人）的收益被其他一些通常是匿名的参与者（最常见的是纳税公众）的损失冲抵或超过。

反套利最有效的方法是，确保具有同样经济影响的交易得到一样的处理，这是一个被广泛接受的监管目标（也是会计准则和财政政策的目标）。但现代金融世界的复杂性使得这一理想难以实现。许多监管机构似乎坚持认为，可以通过更复杂的规则消除或很好地解决套利，这是一种幻想。在税收政策方面，两个世纪以来旨在打击财政套利的所得税立法并未阻止避税，只是带来了极其复杂的税法。

有两种主要的应对方式。一是给予监管机构更多的自由裁量权，这样它们就能贯彻相关规则的精神实质，而不是字面上的条文。钟摆经常在"基于原则"和"基于规则"的监管之间摇摆不定：通常（尤其是在诉讼较少的欧洲），人们希望避免详细规定的复杂性，但在实践中，公司要求对其被允许做的事情有更明确的指导（通常是为了将其被允许做的事情做到极致），因而规则手册又增加了更多页。这种自由裁量权在税收政策中是最不可接受的——根据检查人员认为纳税人应该支付的金额而不是某些客观规则进行评估显然是不可取的，但即使在这一领域，许多政府也基于对极其复杂的计划的艰难经验，出台了一般性的反避税条款，使没有真正商业目的的交易变得无效。

另一种应对套利的办法是，以限制此类套利范围的方式构建原则和规则。虽然很少有概念完全明确的定义，但销售额是一个比收入更容易衡量的概念，杠杆是一个比风险加权资本更简单的衡量标准。为了实现有效管理，基本目标必须始终做出妥协。

金融体系中最严重且历史非常悠久的套利来源，是债务与股权之间的界限：事实上，用债务代替股权获得税收优势的原则对金融界每个人来说都如此熟悉，以至它被视为商业生活的一个事实，而不是金融套利的一个实例。对财政系统成本和复杂性、对政府征税能力和金融稳定的各种各样的不利影响不胜枚举，并被广泛讨论，人们提出了消除或减少这种扭曲的各种建议。[4] 然而，债务和股权之间税收歧视的负面影响，如今已被纳入跨国公司大范围避税这一更广泛的问题，这既是金融化的原因，也是金融化的结果，如今一发不可收。政客们以一种熟悉得令人沮丧的虚伪风格，一边谴责这些避税活动，一边出台措施，从其他国家吸引收入，并偏袒他们支持的公司。

税收政策的这些低效造成的扭曲不仅与金融部门有关，而且与非金融公司的金融活动有关，这个问题已在其他地方得到广泛讨论。[5] 本章的重点是银行监管，但银行监管机构几乎没有从其他领域的套利经验中学到什么。或者，正如我们下面将看到的，也没有从其他部门的监管中学到什么。巴塞尔进程试图通过规范性规则手册来控制银行活动和风险敞口，并通过增加更复杂的规则来应对每一次监管套利——以及全球金融危机之前和发生期间监管的全面失败。

对于这种方法注定失败的原因，中央计划的早期批评者，如冯·米塞斯和哈耶克给出了最好的解释。[6] 中心（计划者或监管者）永远不可能有足够的本地信息来预测从属实体的需求或机会。无奈之下，又增加了更多的规则和目标。结果总是更复杂，很少更有效。巴塞尔进程也不例外。

证券监管

> 1984年是美国证券交易委员会成立50周年。50年前，在经济大萧条的深渊中，美国证券市场士气低落。如今，它们是迄今为止世界上最好的资本市场——最广泛、最活跃、最有效、最公平。
>
> ——约翰·S.R.沙德（主席），美国证券交易委员会年度报告，1984年

证券监管的现代框架可以追溯到20世纪30年代的新政，当时出台了一个全面的框架，以应对大萧条之前的金融滥用行为。当时在美国发展并在随后几十年得到详尽阐述的制度框架和基本理念影响了世界各地证券监管机构的思想。根据1933年美国立法设立的证券交易委员会，其主要目标是提高公众可获得信息的质量和数量。交易应该仅根据这些信息进行。

这个想法表面上有吸引力，但有根本性的缺陷。这一思想框架经常通过体育领域的"公平"，即所有运动员在平等的条件下竞争的"公平竞争环境"的比喻来描述。为了实现公平，应该向每个人提供一个标准的信息模板，无论是公司董事、投资银行家还是拥有家用计算机的日间交易员。市场参与者可以根据这些信息进行交易，也只能根据这些信息进行交易。没有任何交易者拥有信息优势，而成功只取

决于解读信息的技巧，或者预测他人解读信息的技巧。

当然，这种"公平竞争环境"是不可能实现的，也没有实现，而且即使实现了也不可取。然而，就像赌场的监管者一样，美国和欧洲的证券市场监管机构经常将"市场诚信"描述为自己的目标；它们关注的是市场的有效运作，从狭义的技术意义上讲，更注重过程而非结果。强调市场参与者的关注点而不是市场用户的利益深深根植于当前的思维。在欧盟内部，证券市场的关键规则是《市场滥用指令》（MAD，合乎常理）和《金融工具市场指令》（MIFID）。这意味着，问题不是滥用用户（这可能需要一个《用户滥用指令》），而是滥用"市场"。

大西洋两岸监管对话的口号是流动性、价格发现和透明度。对"流动性"的追求通常似乎仅仅意味着将促进交易活动本身作为目的：交易应该受到欢迎，因为它促进了交易。"价格发现"这个术语根本没有明确的含义。它源自自说自话的世界——凯恩斯的"选美比赛"就是例证。实体经济需要从证券市场获得的服务是"价值发现"，即根据证券交易企业的基本收益和现金流来对证券的基本价值进行估计。

证券市场的经济目的是满足公司和储户的需求。金融中介在促进资本配置方面的有效性取决于市场参与者可获得信息的质量。监管的主要目的是通过确保没有交易者拥有信息优势来鼓励交易，但实际上，在原则和实践中却阻碍了有效的资本配置。有效的信息和监控也许只有在信任关系下才能完美实现。为了保证信息传递诚实且与用户需求直接相关，这种关系即使不是充分的，至少也是必要的。[7]

在抵押贷款市场，分支机构经理与借款人之间、分支机构经理与总行之间、抵押贷款公司与投资者之间的信任关系，都被交易和销售活动取代，结果导致通过这些关系传递的信息质量下降。确保投资决策是基于最佳信息做出的，而不应将最佳信息与大量数据混淆，这对普通散户投资者的长期利益是最有利的。这种取代带来对"透明度"的强调。虽然追求透明度没有错,但这导致对用户几乎没有价值或根本没有价值的材料越来越多。

解决信息不对称的办法并不是一味提供更多信息,尤其是当大多数"信息"只是噪声或模板(每一份报告附加的标准化文档)时。企业有理由抱怨,它们被要求提供的数据量越来越大,而用户会发现这些数据的相关性越来越低。认为所有投资者都拥有或可能拥有相同的企业数据访问权限,这种想法是不现实的,但试图将其变为现实的做法会产生大量监管,限制公司与投资者之间的接触,并阻碍有助于评估证券基本价值的实质性信息的搜集。用美国计算机科学家克利福德·斯托尔普及的术语来说,"数据不是信息,信息不是知识,知识不是理解,理解不是智慧"[8]。

20世纪70年代,雷·德克斯曝光了一家腐败的保险公司Equity Funding的欺诈行为,这是迄今为止最离奇的金融不法行为案例之一。公司的高级管理人员都进了监狱。美国证券交易委员会未能发现或调查这一欺诈行为,随后指控德克斯进行内幕交易,并将案件上诉至最高司法级别,直至最高法院确认了一个明显的观点,即揭露公司犯罪的公众利益大于维护公司股票的有序市场的公众利益。根据遵循欧盟指令的英国法律,德克斯很可能被判有罪。[9]监管的重点已经从保护投资者转向保护市场。[10]

这种监管方法的效果是破坏乃至最终根除通过私人活动产生信息的企图,并将信息限制在监管指令规定的范围内。但普通散户投资者,尤其是绝大多数使用资产管理公司服务的投资者的长期利益,不是通过在他们和专业人士之间建立一个信息公平竞争的环境,而是确保基于最佳信息做出投资决策来实现的。

人们买车或看病时,并不希望自己淹没在技术信息中。他们来这里是为了获得产品或建议,他们依靠供应商的声誉来保证他们的要求尽可能得到满足。金融服务的不同之处在于,供应商的声誉已经恶化到用户不再有信心的地步。服务于用户需求的监管将注重金融提供者的诚信,而不是市场的诚信。

金融市场的自我关注,很少像在本节开篇沙德先生沾沾自喜的言论中那样得到如此清晰的表达。在他看来,监管成功的衡量标准是市场参与者的士气,以及达到"活动"和"公平"这一结果的手段。他可能是对着足球观众讲话的啦啦队队长,而不是监督市场参与者的监管者。但那是1984年,没错!金融化才刚刚开始。

监管行业

> 如果这个国家的任何一家大公司要雇用以这种方式为自己做市的冒险家,以敦促通过一项一般法律,进而促进自身的私人利益,那么每一个有正义感的人都会本能地谴责雇主和受雇者的腐败透顶,谴责他们的雇用行为是无耻的。如果这样的例子很多,堂而皇之又能被容忍,那么它们将被认为是公共道德的堕落和社会风气的败坏。不需要先知就可以预言即将发生的后果。
>
> ——美国最高法院,第88卷特里斯特诉蔡尔德案,1874年

监管的复杂性鼓励了合规和风险管理专业的发展。虽然从表面上看,这种控制权的下放伴随着职能的专业化,但在实践中,风险经理

通常得不到很大的尊重。风险管理人员不是赚钱的人；大多数交易员认为他们是阻碍盈利的人。坚决要求公司的行政程序符合相关规章要求的合规官员的地位则更低。

因此，风险管理和合规从行政管理和交易中分离出来，金融监管也因此成为一项独立的业务。监管行业包括金融服务公司的合规和风险管理人员、监管机构的工作人员以及在各组织之间进行调解的顾问和律师。他们雇用游说者试图影响立法和监管规定。这些人有自己的语言，充斥着首字母缩略词，其中很多甚至连其他金融专业人士都听不懂。

监管行业及其制度的规模和复杂性，意味着监管职能只能由在该行业具有丰富经验的人士行使。这种经历必然会决定他们的观点。美国联邦储备银行主席兼财政部长蒂莫西·盖特纳，对他所面临的问题以及他所工作的大环境了解甚少。但他确实对金融业相当了解，包括金融业的监管和相关人士。这是可以理解的，可能也是不可避免的，政客们应该依赖他和像他一样的人。指望银行家来收拾银行家制造的烂摊子似乎是荒谬的。但我们还能做什么呢？

金融部门花在游说上的钱比任何其他行业都多。美国在2012—2014年的选举周期中，支出总额为8亿美元，另有4亿美元用于竞选捐款。在华盛顿，大约有2 000名注册的金融业游说者，相当于每名国会议员约对应4名游说者。[11]这个数字还不包括未注册的游说者：前参议院多数党领袖汤姆·达施勒和众议院多数党领袖纽特·金里奇（他们现在分别是一家大型律师事务所和房利美的"政策顾问"）就没有注册。[12]招募曾经杰出的政治家担任这些职务，本身就是最近的一项非同寻常的发展。难以想象艾德礼伯爵或哈里·S.杜鲁门在离任后还会进行有偿游说（或为使用他们的联络簿收取高额费用）。[13]

在布鲁塞尔，有1 250名注册的金融行业游说者，据报道，每年的总开支约为1亿欧元。[14]（未注册的游说者估计会使这两个数字分别增长约25%。) 2011年，英国金融业在游说上花费了9 200万英镑（因为英国金融业是欧洲最大的，这里可能有一些重复计算）。[15] 相比之下，美国证券交易委员会的总预算约为13亿美元，英国金融市场行为监管局的总预算约为4.5亿英镑。

监管机构受到这种游说活动以及由此产生的政治压力的冲击。尽管如此，监管机构——尤其是中央银行——的高层职位仍享有声望和公众的尊重。优秀的候选人经常被招募来填补这些职位，尽管按照金融业的标准来看，经济报酬几乎微不足道。美联储主席珍妮特·耶伦的薪酬仅为摩根大通银行董事长杰米·戴蒙的1%，但《福布斯》杂志称，这份工作使她成为世界上第二最有权势的女性。（排名第一的安格拉·默克尔的收入与耶伦女士相当。）

但监管机构的低级别职位吸引力较小。他们的薪水虽然不像主席那样低得不成比例，但以金融业的标准来看，也并不算高（即使相对于其他公共部门雇员来说是很高的）。这些职位地位低，工作本身也不是特别有趣。他们被要求做的工作是循规蹈矩，他们也可以胜任这份工作，但把一个人贬低为"循规蹈矩者"是不公平的。在所有受监管的行业中，在监管工作中表现出天赋的人很有可能收到诱人的工作邀请。监管机构很难雇用和留住高素质的员工，而且基本上也没有成功地做到这一点。

难以吸引有能力的员工意味着，金融监管机构负责人（或任命他们的政界人士）的愿望无法转化为实际执行日常工作的个人的行为。

监管机构不可能轻易挑战雷曼兄弟或皇家银行等经营不善的金融服务企业的基本战略。企业内部没有人愿意挑战迪克·富尔德或弗雷德·古德温，包括皇家银行董事会中那些真正杰出的人物（雷曼兄弟董事会是由富尔德的朋友们支撑的）。即使是一个机构的负责人，与大公司的高管相比，接触权力的机会也可能更少。如果没有别的原因，那就是后者有更多慷慨解囊的机会。回想一下戈登·布朗对富尔德和雷曼兄弟的溢美之词（参见第 1 章），且值得注意的是，古德温和他（当时）的妻子周末在英国首相的乡间别墅契克斯享受了盛情款待，尽管当时这家银行正濒临破产。雷曼兄弟和皇家银行的掌舵人都是不太友善、专横、拥有良好政治关系的人，这并非偶然，这些特征都是个人获得成功但令企业走向失败的常见标志。

现在，假设你是一个监管机构的初级官员，并对这些组织的风险控制持保留态度。即使你觉得自己有能力提出批评，并有足够的勇气表达自己的怀疑，你的行为也可能不会得到机构更高层的认可，他们更希望过一种安静的或未来回报更高的生活。

为工作要求而苦苦挣扎的打工人倾向于专注于他们可以做的事情，这可能与真正需要做的事情相去甚远。在一个总体运行良好的金融服务企业，人们很容易把注意力集中在管理程序的微小缺陷上：监管部门的检查总会发现一些客户的文件不完整或记录保存有误。这种对行政过失的认定通常会以和解结束——有关公司感到尴尬，并提出补救建议。受监管企业的高管即使没有受到任何威胁，也可以放心地将问题归咎于下属的操作失误。在监管机构里，上级会称赞员工的警觉。

卡门·塞加拉起诉纽约联邦储备银行不公平地解雇了她（盖特纳担任财政部长之前一直领导着这家银行）。在发生了一系列事件之后，她被要求对高盛在利益冲突方面的政策做出判断，这些事件包括"伟大的法布"的 Abacus 交易（见第 2 章）以及埃尔帕索和金德尔摩根之间的交易（见第 4 章）。她已经公布了记录了美联储不愿惹恼高盛，并指示她淡化批评的录音带。"有时候，"她说，她被告知，"最受重视的银行审查员也是最安静的。"[16]

这些问题解释了（尽管不能为其开脱）一些机构的表现，这些机构似乎对合法业务施加了无尽的琐碎的限制，但就像过去的美国证券交易委员会一样，尽管哈里·马尔科波洛斯向它提供了详细的档案，它也无法识别，更无法逮捕欺诈者伯纳德·麦道夫。[17]面对类似的惰性，热心的纽约州总检察长艾略特·斯皮策不得不试图揭露新经济泡沫期间的不端行为。惩罚华尔街不法行为的主要法庭是纽约法院，地方检察官罗伯特·摩根索和法官杰德·雷科夫一直是银行渎职行为的坚定反对者。

认为监管者能够（或应该）对高盛的风险管理策略进行事后预测的想法简直荒唐可笑。高盛被普遍认为拥有金融领域最好的风险管理体系，也是该领域薪酬最高的公司之一，但即便是在市场混乱的早期阶段，高盛也没有足够的模型或管理体系（正如戴维·维尼亚对"25个标准差事件"的胡乱引用所证明的那样）。监管机构在信息和资源都少得多的情况下，怎么可能更有效地开展工作？在制定监管框架时，我们必须实事求是地看待监管能够实现的目标。

哪里出错了？

（州际商务委员会）对铁路大有裨益。它满足了民众要求政府监管铁路的呼声，同时监管几乎完全是名义上的。而且，这样一个委员会越往后就越倾向于从商业和铁路的角度看待事物。

——格罗弗·克利夫兰政府司法部长理查德·奥尔尼在1892年致伯灵顿铁路总裁查尔斯·珀金斯的一封信中写道。引自J. M. 史密斯和P. L. 墨菲，《自由与正义》，纽约克诺夫普夫出版社，1958年

> 假如我偏离了航线，迟到了两天，他们问我："船长，这段时间你都到哪儿去了？"我该怎么说呢？我会说是为了躲避坏天气。他们会说天气一定很糟糕。我说，我不知道，我躲开了它。
>
> ——约瑟夫·康拉德小说《台风》中的麦克沃特船长，1902年

自2007—2008年危机以来，金融服务监管和监管机构不可避免地受到了严厉批评。监管机构"在方向盘上睡着了"。对2007—2008年事件的修正主义解释称，该行业的失败和欺诈并不像公众被误导以为的那样，是管理无能和个人欺诈的结果。企业倒闭是政府轻率地推行自有住房，推行宽松的货币政策和监管薄弱等一系列错误行为的后果。

尽管这种描述本质上是荒谬的，但它也有一定的道理，政府的确存在严重的政策错误。1999年，衍生品被排除在美国监管范围之外，如今几乎被普遍认为是一个错误。此外，金融业的企业结构从合伙制转变为有限责任制，实际上将一定程度的风险管理责任从企业转移到监管机构。

《巴塞尔协议》对资本充足率的计算取代了银行自身对风险的审慎管理。事实上，在对危机的修正主义解释中，银行指责监管机构未能对它们施加更苛刻的要求。（银行的观点是：）来自交易员和股东的压力迫使银行高管将资产负债表扩大到监管规定允许的最大限度。监管对资本和行为规定的最低标准被理解为最高标准，尽管这么说也许有点儿夸张。

但是，把政策错误视为问题的根源，既不了解经济，也不了解政治。回避对信用违约掉期的监管或许是个错误——但即使有了这样的监管，监管机构又能怎么做呢？毕竟，被这些工具拖垮的银行本身就

是受监管的机构。

几乎在所有发达国家都能看到这种监管失灵。这么多监管者同时且各自"在方向盘上睡着了"是难以置信的：这种"昏厥"有更系统的根本原因。英国和美国的政策制定者对限制金融服务业的兴趣不大，而且往往非常反对。监管机构即使倾向于采取先发制人的行动，并且知道要实施哪些措施，也不会得到政治上的支持。因此，它们很少或根本没有行动的动机或意愿。如果船主不允许船长过多地转动方向盘，那么他是在方向盘上睡着了，还是在舰桥上醒着，都无所谓，他还不如回到他的船舱里去。

任何监管机构先发制人的行动都面临着麦克沃特船长的两难境地。这位缺乏想象力的苏格兰船长并没有在方向盘上睡着，他经过深思熟虑，做出了一个决定：不管前方有什么危险，最好的办法就是全速前进。预防性行动的代价和后果是真实且可衡量的。但是，如果预防性行动取得成功，所避免的破坏性事件的代价，以及这些事件本身的性质，就仍然是假设性的。公众赞扬的不是谨慎的船长逃脱了风暴，而是像麦克沃特一样英勇的海员成功地渡过了难关。

一些监管机构本质上是傀儡，由金融业及其政治亲信派来代表他们名义上监管着的企业的利益。但其他人是诚实而忠诚的公务员，只是他们始终理解金融行业的政治影响力。"轻监管"不是无所事事的监管者的产物，而是通过政治传递的行业要求的产物。将戈登·布朗（第1章和第9章）的言论和西奥多·罗斯福（第1章）以及富兰克林·罗斯福（卷首）的话比较一下吧。

在北欧和北美，几乎没有证据表明，监管机构或政治、金融和商业领域的高层存在公然的腐败。其机制更为微妙，监管机构采用监管对象的思维方式。监管机构依赖于受监管的行业，不仅在于所使用的大部分信息，还在于理解这些信息的框架。此外，行业信息来自资源充足的游说团体：公共利益通常缺乏资金支持。如果你的工作是监管交易员，你必然会听到同行的担忧。因此，监管机构的目标是杜绝滥用金融工具的有效市场。如果一个人与有钱有势的人结盟，生活就会更舒适，而被监管的人总是比监管者更富有，实际上也更有权力。

对退休的政客和前监管者来说，金融业是一个有回报的就业来源。对那些在公共生活中身居高位的人来说，光是巡回演讲就足以使他们过上舒适的退休生活。对那些贡献不那么引人注目但有影响力的人来说，高薪的非执行和顾问职位很有吸引力：他们的人脉和内部知识确实很有价值。虽然少数政客通过打击既得利益集团建立了成功的事业，但更多人通过屈服于资金雄厚的集团的诱惑，过上了舒适的生活。

查尔斯·弗格森在电影《监守自盗》中采访了许多人物，包括一些在全球金融危机之前的事件中扮演重要角色的经济学家。[18] 弗格森展示出一种腐败的状态——为了拿高薪，人们说应该说的话。然而，这种印象太过粗糙。在北美和北欧，很少有公众人物会因为金钱的诱惑而改变主意，那些可以如此动摇的人通常也不会成为可靠的盟友或强有力的游说者。

高效的游说者会接近那些倾向于自身立场的人，游说团体提供的帮助会强化这种立场。从竞选支持中获益的政客更有可能获胜，而当真的获胜后，他们也不太会对支持者的利益持怀疑态度。在学术界，经济利益集团向个人和机构提供的援助有助于建立一种专业共识，这种共识主导着期刊的编辑政策、研究委员会的拨款程序、终身教职委员会的决定和未来学生的教育。

这个过程可以被描述为"思维俘获"，监管者、政治家和学者即使是谨慎诚实的人，也很容易受到影响。在监管重点从强调机构法律义务的模式向促进市场抽象完整性的模式转变的过程中，思维俘获是显而易见的。因此，金融经济学的专业研究逐渐被一系列模型主导，这些模型对实际发生的事情提供了误导性的解释。正如杰克逊霍尔研讨会揭示的那样，那些为政策制定者提供建议的人被这种理论蒙蔽了双眼，看不到现实的破坏性。

现在迫切需要把监管的重点更多地放在消费者的利益上，而不是市场过程的完整性上。2008 年后在美国实施的《多德 – 弗兰克法案》的一个要素是，建立一个以保护消费者为目标的新机构。这个新机构的设计师是活跃的伊丽莎白·沃伦，她希望成为该机构的第一任负责人。但她的任命被金融业和来自金融业的国会代表否决了。在英国，新成立的金融行为监管局被赋予了保护消费者的职责，但与维护金融业信心的法定目标相比，这是次要的。公众对金融业的信心是有效监管的结果，而不是目的。"监管俘获"一词通常与芝加哥诺贝尔经济学奖得主乔治·斯蒂格勒联系在一起 [19]，但这一现象的历史要古老得多。美国铁路监管政策的出台，是由于民众反对铁路过高收费的激愤，特别是来自农业利益集团的激愤。铁路公司很自然地反对限制它们自己定价的自由，当格罗弗·克利夫兰任命与铁路行业关系密切的理查德·奥尔尼担任司法部长时，铁路公司希望废除或削弱新成立的州际商务委员会的权力。但奥尔尼建议不这样做。他告诉铁路公司，让委员会为铁路公司的利益服务。这是个好建议。到 1995 年该委员会最终被解散时，人们普遍认为它代表的不是公众，而是受其监管的公司。

或许，被研究得最广泛的监管俘获案例是航空业。航空安全监管显然是必要的：很少有自由论者希望看到不安全的飞机飞过大城市，或者有时间或能力在登机前检查飞机的飞行记录。但安全监管延伸到对航空公司运营方面越来越多的控制——毕竟，一家公司在财务压力下可能会节省维护费用。到了 20 世纪 70 年代，航空监管机构实际上代表现有航空公司经营了一个卡特尔。众所周知,该行业在三明治的定义上建立了共识,以防止成员在受监管的价格之下进行食品质量上的竞争。

20世纪70年代,美国的左翼和右翼联盟实现了这一结构的瓦解。一方声称,监管是为大公司利益而运行的骗局;另一方则认为,自由市场将更好地服务于客户。这两种说法都很有道理。监管历史学家阿尔弗雷德·卡恩被任命为美国民用航空委员会主席,在那里他完成了一项不同寻常的壮举,他结束了自己领导的这个机构。

随后,低成本航空公司迅速增长,首先在美国,然后在世界其他地区。许多老牌公司,如泛美航空公司和环球航空公司都失败了,但有一些成功地适应了竞争环境,新进入者来来去去。如今的航空监管只局限于安全相关的问题,航空业已经形成了一种所谓的"公正文化",它鼓励对失败开诚布公,并将对诚信的集体责任和对服务的竞争责任结合起来。[20]"公正文化"的概念现在正在公众关心的其他商业活动领域,如医药领域,获得越来越多的关注。在这方面,其他行业,尤其是金融业可以吸取许多经验教训,但人们对金融业特殊性的认识根深蒂固,监管俘获也无处不在。

当然,监管机构可以也应该做得更好。但资金充足的行业将不可避免地利用其经济实力施加政治影响力。没有哪个行业比金融业资源更丰富。虽然金融监管全面服务于行业内大公司的利益,但这些公司仍然认为监管是一种昂贵的负担和阻碍。两种批评都是有道理的。金融监管既广泛又具有侵入性,但它仍受制于其所监管的行业,无法有效实现其基本目标。

监管提案必须基于对此类监管的制约因素的认识,以及对监管能够实现的目标的现实评估。2008年,监管的薄弱之处已清楚地展现出来,但这些政策的强化并不能弥补这些弱点,它们不仅未能预防危机,而且积极促成了危机。

应对全球金融危机最初正确的反应是稳定该行业的现有体系。但这恰恰与所需的长期应对措施背道而驰。长期应对措施是有序地关闭破产企业,停止破坏稳定的活动,这些企业的立即倒闭可能会对实体经济造成严重损害。然而,在实践中,目标似乎是不惜任何代价地防止银行系统中的机构在商业上失败。盖特纳的回忆录毫无疑问地表明,这是他的首要目标,而欧洲各国政府通常更不愿意承认银行业的损失规模。

这一结果表明,几乎所有方面的政策都失败了。行业体系和行为几乎没有变化,因此连续的危机或多或少是不可避免的。注入金融系统的巨额公共资金对促进经济复苏作用甚微,因为资金主要留在了金融部门内部,或者以超额报酬的形式被支付给了高级雇员。

或许,全球金融危机旷日持久的影响对实体经济造成的损害,比2007—2008年任由主要机构崩溃、随后由国家支持开展金融部门重组所产生的损害更大。就像麦克沃特船长一样,我们永远不会知道我们没有经历过的。

—9—
经济政策

统帅们

> 历史将评判格林斯潘是让数百万美国人致富的人,还是不忍告诉他们,他只是他们想象的人。
>
> ——约翰·凯,《市场的真相》,2003 年,第 5-6 页

历史在 2008 年做出裁决,结果对艾伦·格林斯潘不利。格林斯潘担任美国联邦储备委员会主席长达 20 年。他在那段时期获得的地位在一本圣徒式传记《统帅们》的标题中得到了体现。这本传记的作者是鲍勃·伍德沃德(调查记者,揭露了水门事件,推翻了一位总统)。[1] 很少有公众声誉能如此迅速地逆转。2008 年,格林斯潘曾不无歉意地对国会说,我发现我所认为的定义世界运行方式的关键功能体系的模型存在缺陷。[2]

格林斯潘在公开讲话中以晦涩,甚至神秘著称。他憨厚的外表被认为隐藏着深刻的智慧。年轻时,他曾是俄罗斯流亡者安·兰德的追随者。兰德的哲学所代表的对政府行动的敌意,与格林斯潘作为全球首席金融监管者的角色极不相符,但这种怀疑态度一直吸引着共和党人里根,后者在 1986 年任命他为美联储主席。

格林斯潘的任命恰逢政策制定者对将货币主义作为经济教义的兴

趣达到顶峰。在20世纪70年代经济陷入困境的10年中，人们对凯恩斯主义财政政策的信心已经消退。英国和美国政治重心的右移也起到了一定的作用。

金钱有一种无穷无尽的魅力。货币理论有很多流派：任何公开评论经济事务的人都会定期收到他们的通信。对黄金的迷恋深深根植于人类的心灵。但很少有货币经济学家或央行行长对这种金属抱有同样的执念（正因如此，他们经常会激起怪癖者的愤怒）。

金融化时代青睐的货币模式与金本位的原则截然不同，它包括严格遵守预先宣布的目标。选择的目标会随着时代潮流的变化而变化。20世纪80年代，货币供应量增长是首选指标，随后通胀目标制开始流行。全球金融危机中出现的债务规模，让许多人倾向于努力削减债务。在本书写作之际，前瞻性指导（一份据称具有约束力的有条件的未来意向声明）即将结束其短暂的光辉时刻。

这些承诺实现既定目标的策略在思维和意识形态上都具有吸引力。政治右翼人士为放弃自由裁量权而喝彩，或者至少是表面上的放弃，这被认为是以最小的政治干预确保了经济稳定。对这一理论的学术辩护宣称"政策无关紧要"：政府或央行采取的措施总是弄巧成拙，因为它们会被私营部门的行动抵消。有些人真的相信这一点。

金融化带来的对货币政策的全新强调，最初导致利率大幅上升以抑制通货膨胀。1980年，英国的短期利率为17%，美国为19%。这些利率挤压了购房者的预算，使杠杆企业和房地产开发商破产，并压低了资产价格和商业信心。20世纪五六十年代特有的充分就业假设已经不复存在：20世纪80年代初的措施打破了通胀持续并加速的预期。在随后的20年里，利率和通货膨胀率稳步下降，企业利润和资产价格迅速上升。这就是格林斯潘登上舞台中心的宏观经济背景。

两个月中，他的意图受到考验。在 1987 年 10 月 19 日的"黑色星期一"，美国主要股指单日下跌了约 20%。在第二天早上恢复交易之前，美联储发表了一份声明，称"美联储履行其作为国家中央银行的职责，已准备好充当流动性来源，以支持经济和金融体系"[3]。据格林斯潘说："纽约联邦储备银行的官员给纽约市主要银行的高级管理层打电话，帮助确保向票据交换所成员提供持续的信贷，使这些成员能够支付必要的保证金。"[4] 花旗集团的约翰·里德解释了这一做法的实际意义："10 月 20 日，花旗银行向证券公司提供的贷款从正常水平的 2 亿~4 亿美元飙升至 14 亿美元，此前银行接到了纽约联邦储备银行行长科里根的电话。"[5]（1994 年，科里根加入高盛，并于 2007 年成为董事长。）简言之，美联储向银行提供资金，让它们发放贷款，以支撑股价。

这些措施取得了预期效果，美国股市在一年内恢复到了崩盘前的水平。美联储支持美国股市的意愿被称为"格林斯潘对策"，在 2000 年新经济泡沫破裂后，这种做法得到了大力推行（尽管效果不如之前）。格林斯潘于 2006 年从美联储退休，时年 79 岁。他的退休时机很巧。次年，全球金融危机爆发。

美联储的声明谈到了"国家中央银行的责任"。但这些责任是什么呢？世界各地的央行都是令人印象深刻的机构：它们的行长或其他领导人都是受人尊敬的人物；它们的职员都是受雇于公共部门的最能干的人；在许多国家，它们是腐败之海中的廉洁之岛。中央银行的职能包括，为其所在国家的金融部门充当啦啦队队长和协调人、监督（这是一个传统的、至今仍被广泛使用的措辞）银行的活动、在经济政策中发挥控制通胀等作用，以及其他可能承担的责任。

然而，有许多不同种类的央行。美国联邦储备系统从 20 世纪初开始被认为是一个银行的集体组织，而不是一个公共机构。尽管美国联邦储备委员会是由总统任命的,但包括强大的纽约联邦储备银行在内的 12 家地区银行都是银行利益的代表。英国央行在 1946 年被收归国有,这是精神失常的蒙塔古·诺曼担任英国央行行长的 20 年之后。在此之前,英国央行原则上一直是一家私人机构。另一方面,法国央行实际上一直是法国国家机关。战后的德国央行在宪法上扮演了一个不同的角色:在经历了恶性通胀之后,充当德国货币完整性的自主捍卫者。法国和德国对中央银行角色的看法的冲突,导致了人们对欧洲中央银行角色的不同看法。法国和大多数欧元区成员国希望将欧洲央行作为欧洲经济政策的工具。德国则决心维持欧洲央行的独立性——在德国的坚持下,这一条款被写入建立欧洲央行的《马斯特里赫特条约》。

一些央行,比如澳大利亚央行,以及 1998 年至 2012 年的英国央行,负责货币政策,但不负责银行监管;对意大利央行来说,情况正好相反。英国将银行体系的监管和监督从央行的权力中剥离出来的尝试已经失败了,这不仅是因为在此期间发生了灾难性事件,还因为金融服务管理局从未获得与英格兰银行同等的尊重(尽管实际上,英国金融服务管理局负责日常监管的人,与之前以及后来在英国央行的主持下负责监管的人大致是同一批人)。大多数中央银行都在运营支付系统方面发挥作用,尽管这种作用的细节因国家而异。

中央银行的传统职能是充当"最后贷款人"。这是一个 19 世纪的概念,由沃尔特·白芝浩提出:"最后贷款人"以无可挑剔的担保,以惩罚性利率向确定具有偿付能力的机构发放短期贷款。[6] 现代的解释有所不同:如今的"最后贷款人"以低利率向偿付能力极为可疑的机构提供担保不良的中长期贷款。这种支持始于 2007 年,当时欧洲各银行在购买基于美国次级抵押贷款的债务抵押债券时普遍亏损,随后欧洲央行向欧洲银行系统注入资金;到 2009 年,各国政府在众多金融机构中拥有大量股权,并向几乎所有机构提供贷款。

在全球金融危机之前,各国央行设定的官方利率与银行同业拆借利率(银行间借贷利率)之间很少出现实质性差异。但2008年的事件摧毁了人们对银行间贷款安全性的信心。根据人们对银行信贷价值的看法,银行能够提高的外部融资利率存在很大的差异。在这种环境下,央行愿意向银行放贷,而且只向银行放贷,且对信贷质量不加区分,这种意愿变成了对受青睐机构的一种公共补贴,今天仍是如此。各国央行以名义利率向商业银行自由发放担保不良的贷款。欧洲央行被欠下了12万亿欧元,其中大部分担保品是由欧元区银行提供的质量可疑的抵押品。TARGET2系统内的未偿余额,如第6章所述,代表欧元区中央银行之间的无担保债务。不良银行的一个基本原则是,每个人,借款人、贷款人、监管者,都可以尽可能长时间地假装不良贷款有一天会得到偿还。没有人会感谢揭露真相的人。

传统的货币政策包括设定利率和通过"公开市场操作"(交易政府自身的债务)在银行系统中增加或减少流动性。最近的政策被称为"量化宽松",涉及央行从金融部门购买资产——不仅仅是银行,也不一定只是政府证券。尽管量化宽松政策在20世纪90年代首次尝试刺激日本经济时效甚微,但自2009年以来,美联储和英国央行已广泛采用量化宽松政策。2007年,美联储的资产负债表总额略低于9 000亿美元;到2014年,这一数字增长了5倍,达到近4.5万亿美元。[7]英格兰银行的资产负债表增加了10倍,从390亿英镑增加到3 990亿英镑。[8]虽然英国政府的债务高达1.4万亿英镑,是有史以来最高的,但到目前为止,英格兰银行是这些债务的最大持有者。

作为通过更宽松的信贷刺激企业投资和家庭支出的一种手段,这种由国家资助的资产购买政策就像是将公共资金注入一个漏水的管道，希望有一部分能流淌到最后。其主要后果是使资产价格保持在高位：实际上，这是格林斯潘在 1987 年制定的政策的延续。央行行动造成的这些未偿债务将如何解决？如果我们谈论任何其他类型的机构，这些将是紧迫的问题；但央行系统的优点之一（或许）是，似乎很少有必要问这些不方便的问题。这些数字的规模难以把握，但央行有权发行货币，并且（也许）可以通过印刷解决任何问题。

质疑中央银行具有什么现代功能是合理的。甚至可以问一问，是否有必要建立一个中央银行和货币政策。

政府及其机构（已明智地从控制多数价格的业务中退出）是否应该操纵利率，以便不仅管理银行体系，而且管理整个经济？电力是每个家庭和企业都使用的国家基础设施的重要组成部分。可以想象，一个政府试图通过控制电力供应和价格来管理经济——通过限制新发电站和新线路，或通过提高电价来抑制繁荣，以低电价和充足的电力应对衰退。

我相信大多数人会和我一样本能地认为，这种做法将是一个极其糟糕的主意，其结果将是电力供应和使用的低效率，以及经济增长的不稳定。对电力行业的这种直觉是否也适用于金融部门呢？

我觉得是的。中央银行提高或降低利率或影响信贷和流动资产供应的活动可以产生重大的经济影响。这些影响往往集中于特定行业，例如建筑业，以及财务结构基于短期债务杠杆化的公司。加息打击了近期的购房者，降息则打击了依赖储蓄收入的养老金领取者。向银行体系提供低成本资金提高了银行的盈利能力，而流动性供应的增加往往会推高资产价格，对不同收入群体和代际的分配产生显著影响。这些影响很少是有意或可取的，认为货币政策是匿名和非个人的观点是有缺陷的。

这种假设电力就像金融一样的思想实验并不像看上去那么天马行

空。1996 年，加州开始放松对电力行业的管制，重点是建立电力批发市场。市场设计保留了价格上限和供应限制，但鼓励交易商进入，包括一些对加州居民的电力供应不感兴趣，或仅略感兴趣的交易商。在 2000 年和 2001 年的夏天，加州的商业和社会生活受到停电和电价上涨的影响。安然的交易员们走在了前面，实施了被描述为"死星"和"矮子当道"的策略。

随着加州最大的电力公司太平洋煤气电力公司的破产、联邦能源监管机构的干预，以及各种原因，安然公司和许多活跃的能源交易机构最终倒闭，这场危机于 2001 年结束。来自政治左翼的批评人士将加州的危机归咎于放松管制。来自政治右翼的批评人士则认为，放松管制力度不够。从某种意义上说，两者都是正确的：与复杂的市场、不必要的中介、繁复的监管和巧妙的交易策略的拙劣组合相比，旧的中央集权的体制或纯粹的自由市场体制都可能会更好。金融业或许可以从中吸取教训。

维持支付系统的诚信是一项紧迫的要求，而实现这一目的的主要手段是存款保护。公共资金的使用应该仅限于这一目的，而官方对一家金融机构倒闭的应对应该是清算，而不是复苏。如果一家金融集团吸收存款，那么吸收存款的职能在财务和运营上应该与其他活动分开。在潜在的无力偿还债务的情况下，特别管理人可以在短时间内接管这些职能，并像美国联邦存款保险公司那样管理资产，直到存款可以转移到一个有足够流动性的有偿付能力的机构。其余的工作应按照破产管理的一般程序进行，在正常情况下不应涉及公共资金。

金融领域的公共机构既促进国家金融服务部门的利益，又对该部门进行监管。这些角色显然经常相互冲突，它们之间的紧张关系在不同的时间以不同的方式得到解决。20 世纪 60 年代，英国央行积极并成功地支持伦敦发展成为全球金融服务部门。其间，英国金融服务管理局一直面临着政治压力，被要求通过实施比美国证券交易委员会更宽松的监管措施，将业务从纽约吸引到伦敦。

在格林斯潘担任主席期间，美联储的政策重点毫无疑问是"支持经济和金融系统"，防止股价下跌。美联储在 1987 年 10 月的声明中阐明了它作为不情愿的监管者的优先事项。经济政策的优先次序应根据金融市场的需要而定。25 年后依然如此。

金融市场和经济政策

> 我曾经想，如果有轮回，我希望以总统、教皇或棒球击球手的身份回来。但现在我想回到债券市场。你可以恐吓所有人。
>
> ——克林顿的政策顾问詹姆斯·卡维尔，《华尔街日报》，1993 年 2 月 25 日

卡维尔的担忧得到广泛认同，并被多次重申。20 年后，据说法国总统萨科齐曾告诉他的助手，他的连任取决于法国能否维持 AAA 信用评级。几周后，两大主要评级机构穆迪和标准普尔下调了法国的评级，萨科齐也不出所料被他的社会党对手击败。

金融市场和金融市场参与者的政治力量不仅来自游说者的努力、资金的影响以及监管俘获的程度，尽管这些都是现代政治生活的核心事实。金融市场参与者的政治影响远远超出了对金融市场的政策。为什么？

"聪明人"是答案的一部分。在一代人的时间里，投资银行吸引

了相当高比例的能力出众的毕业生——尤其是在英国和美国，政策制定者向这些机构寻求建议并不奇怪。现代金融的复杂性意味着，很少有外部人士有资格帮助解决复杂性给公共政策带来的问题。

但投资银行家的技能和知识局限在狭窄的领域。尽管金融家别出心裁地提出了其他建议，推动在公共账户中隐藏政府支出的计划，将外国援助证券化，发行与公共服务相关的债券，但解决政策问题的办法很少体现在复杂的融资安排中。

投资银行的一些经济学家——你经常在美国消费者新闻与商业频道（CNBC）上看到的那些评论员——拥有相当多的政策专业知识。他们是包括各国财政部、央行和国际组织官员在内的全球共同体的一部分。但是，任何认为交易员对经济政策的形成具有有趣见解的观点，只要与他们有一点儿接触就会迅速烟消云散。

然而，部长们和他们的经济顾问会例行公事地问："市场会怎么想？"当财政部长公布预算时，他会像关注民意调查一样关注市场的反应。政策本身取决于市场对政策的预期。央行行长或财政部长不想让"市场"失望，因此他自己也被卷入自说自话的证券交易世界。为什么？这种影响的来源是什么？它有什么合理的依据吗？不管萨科齐总统怎么想，把他赶下台的是法国选民，而不是纽约的评级机构或伦敦的债券交易员。

密切关注市场观点是格林斯潘学说的必然结果。但格林斯潘对策的重点放在了股市上，在那里，通过资产价格上涨来支撑用户信心成为（而且仍然是）一个目标。卡维尔和萨科齐对债券市场的关注是如何产生的？令法国总统感到恐惧的穆迪和标准普尔分析师们所知道的事情，并不比各国财政部和央行的员工知道的事情多，实际上还要少得多。与公务员相比，评级机构受政治影响较小：在法国评级被下调前后，曾有人讨论让评级机构承担一定的义务，与它们所报告的政府进行"磋商",或者成立一家更能"理解"欧洲的欧洲评级机构。但是,这些扩大政治宣传影响力的尝试都无果而终。

对评级机构的严厉批评,不是它们对欧洲政界人士的需求反应不够,而是它们对投资银行的需求过于关注。我们需要的是一种评级机构根据其信息价值向投资者出售服务的体系。这很难与证券发行人(而非投资者)为评级买单的市场相协调,更不可能与评级机构在监管过程中的官方地位进行调和。

在下调法国(随后是美国和英国)债券评级时,评级机构考察了现有财政债务的规模、预期的政府收入和支出,以及总体经济前景。它们表现得就好像法国、美国和英国政府是贸易组织一样。但它们不是企业。实际上,在可预见的未来,法国或英国政府债券违约的可能性为零。如果这些政府在某个遥远的时候违约,起因将是政治动荡,而不是金融危机。美国关于债务上限的滑稽辩论,为 2011 年和 2013 年美国联邦政府债务出现技术性违约创造了可能性。但这种违约将会是政治混乱的产物,而不是美国经济资源不足的结果。

尽管如此,借款和债务目标对经济政策的影响仍然很大,甚至越来越大,1992 年作为欧元区基础的《马斯特里赫特条约》纳入了这类目标,从而加强了这种影响。该条约鼓励各国政府参与监管套利,通过采取严格意义上不属于借贷的措施来实现其财务目标。随后,欧盟统计局、泛欧统计机构和各国政府之间上演了一场熟悉的会计套利猫捉老鼠游戏。如果没有这些举措,意大利就不可能履行欧元区成员国的义务。高盛与希腊政府之间协助歪曲该国经济统计数据的计划后来变得臭名昭著。

然而,并非只有地中海俱乐部国家采用了这些手段。事实上,受益于其创新的金融部门,英国是使用表外融资来美化政府账户的先驱。1984 年,英国电信进行了标志性的私有化,其动力是试图在一项大规模数字转换投资计划与遵守官方借贷目标之间取得协调。从那时起，隐瞒公共借款以偿还国家债务已成为英国公共账户的常规特征，英国金融机构在世界各地推广了这些技术。

莱因哈特和罗格夫的研究发现，高水平的政府债务与金融危机的发生之间存在很强的关联。[9] 由此形成了一种观点，即市场会给英国或法国这种违约数额难以想象的国家的债务水平设定上限。债务与国内生产总值（GDP）之比在90%或以上存在不连续这种说法，在欧洲的辩论中一度广为流传，但如今在很大程度上已不可信，莱因哈特和罗格夫的研究也从未得到多少支持。[10]

"不连续"的概念有一些潜在的合理性：到了某个时刻，人们对借款人（私人或公共部门）的信心会下降，新债务只能在苛刻的条件下筹集（如果有）；而无力为现有债务再融资将不可避免地导致违约。这可能发生在你、我、雷曼兄弟，甚至希腊身上。但英国、法国、德国和美国政府的利息成本不超过国民收入的2%~3%，说得委婉一点儿，它们距离政府债务利息负担在政治或经济上难以承受的临界点还有一定距离。

不过，在金融市场参与者的头脑中，不连续的存在可能会产生强大的影响，尽管它在现实中几乎没有实质内容。但这种信息不对称是一种好处，而不是问题：如果英国政府知道自己不会违约，而债券市场认为它会违约，那么一个可以发行尽可能多的短期债务（货币）的国家就可以利用这种误解以优惠条件为其债务再融资，回购自己的长期债务以供后续重新发行。

这一政策在量化宽松期间被采用，不过在错误的时间、因错误的理由造成了错误的后果。发达经济体的长期利率非但没有处于违约预期下异常高的水平，反而处于历史上前所未有的低点。如今，英国、法国、德国和美国政府可以提前几十年以较低甚至为负的实际利率借入资金。但英国和美国并没有发行此类债券,而是大量回购,以维持资产价格并帮助银行系统进行资本重组。

对安全的长期资产的需求为重建英美摇摇欲坠的基础设施提供了机会,也为以令人难以置信的优惠条件投资能源和其他领域的长期项目提供了机会。为了支持金融部门和迎合证券市场交易员对经济政策的看法,这一机会已被错过。是时候抵制卡维尔所说的恐吓了。

养老金和代际产权

> 记得曾有的风光如何,
> 不能补偿后来的寂寞。
> ——罗伯特·弗罗斯特,《预为之谋》,1934 年

> 我为什么要关心子孙后代?子孙后代为我做过什么?
> ——据说出自格劳乔·马克斯,但也被认为是出各种 18 世纪的英国人物

公共债务的水平和构成会影响个人和家庭一生以及代际的财富分配和转移。公共债务主要在国内持有,因此"我们欠自己的"。但更准确地说,未来纳税人欠现今纳税人的债务是现今纳税人单方面强加给未来纳税人的承诺。

鉴于债务在当前经济政策审议中发挥的核心作用,人们很容易认为,公共债务的管理是两代人之间财富转移的主要机制。但这不是唯一的途径,甚至不是最重要的途径。对公共债务规模的关注,给出

了一幅片面而扭曲的图景,尤其是在公共债务因难以管理的私人债务的社会化而大幅增加的今天。婴儿潮一代(我就是其中之一)相对于他们之前或之后的那几代人,已经为他们自己获得了实质性的优势。

这种转移之所以成为可能,是因为经济体在一生中和代际进行转移的机制很复杂,而且人们不完全理解这一机制。作为一个整体的社会,只有通过投资或消耗国家的有形资产,才能将消费从一个时间点转移到另一个时间点:通过建造房屋或其他财产,投资基础设施,创建和发展企业。小国也可以通过积累海外资产,将财富转移到未来。挪威、新加坡和卡塔尔等少数国家建立了主权财富基金,这些基金如今已成为投资渠道中的一支重要力量。不过,即便是其中规模最大的基金——挪威的7 000亿美元石油基金——也远小于贝莱德管理的4万亿美元基金。现在和未来之间这种转移的规模和分布是公共基础设施的集体选择和商业投资的私人选择的产物。

资源在两代人之间的进一步转移是政府支出的内在原因。在大多数国家,公共支出的最大项目是医疗保健和教育,这两个项目主要针对老年人和年轻人。随着家庭关系变得越来越弱,潜在的负担也越来越重,发达社会的人们越来越指望国家为老年人提供经济支持和实际照顾。随着时间的推移,财富的转移是商人和政治家的决策、个人选择以及集体行动的共同产物。但决策或评估过程缺乏一致性,更不用说在总体结果上达成共识了。

养老金的提供是终身财富转移的最重要的组成部分,如今在任何地方都是国家、雇主和家庭之间的合作行为。传统上,这种伙伴关系的每个成员都要对退休保障的三大支柱之一承担主要责任。老年人受益于基本的、国家资助的退休收入(第一支柱)、基于就业的收入(第二支柱)和他们自己的储蓄(第三支柱)。然而,最近这种简洁的分类变得模糊了。

国家养老金最早是在 19 世纪后期由德国引入的，现在每个发达国家都为其公民提供第一支柱。收入低于平均水平的人退休后有望获得取代他们工作净收入 60%~80% 的养老金，其资金来自当前的税收。因此，这个收入阶层的人可以依靠国家来支持他们的退休生活，而且大多数人都是这样做的。

一些国家设立了一些基金，如美国的社会保障信托基金或英国的国家保险基金，旨在给退休人员一些保证，确保他们的权利不会被用于其他公共目的。但这些基金只是名义上的簿记活动。

关于国家对第三支柱的贡献机制，即如何对待自愿的私人养老储蓄，国际社会也达成了广泛共识。财政优惠允许个人建立一个税收优惠的退休储蓄基金。通常情况下，有资格获得这些减免的储蓄金额是有限制的，而且在退休前获得累积储蓄也有限制。资产管理公司会争夺投资这些资金的机会。

然而，在第二支柱的设计上存在广泛的国际差异。在英国和美国，这一支柱的普遍做法是由个人雇主提供和资助。甚至在 19 世纪，国家、州、市级政府通常在雇员退休后向他们支付养老金。银行和铁路等大公司也是如此。养老金的提供与双方对终身就业的期望是一致的。第二次世界大战后，随着这些针对公司的养老金计划变得更加普遍，信托基金成立了，以保证向工人承诺的福利将得到保障，而不管用人公司的命运如何。一些公共部门计划得到资助——加州公务员退休计划是世界上最大的养老基金，资产达 3 000 亿美元，但仍有许多公共部门计划没有资金支持，还有一些资金不足。这种供给不足会给经济衰退的地方（如底特律）带来问题。

如今，人们再也不能有这样一种假设——一旦涉及政府、银行或铁路公司，这就是不言而喻的，即家长式的雇主将永远留在商界，或者忠诚的雇员将在其职业生涯中一直留在一个组织中。随着礼俗社会让位于法理社会,养老金计划的正式监管和披露负担稳步增加。新的会计准则要求养老金发起公司将养老金负债纳入其主要账户,这导致公司董事会对这些负债的规模和波动性更加关注。金融化迫使所有企业都以更短期的眼光看待问题。

还有更深层次的力量在起作用。在整个金融化时代,人们一直担心社会保障的"危机"——自从我第一次受邀参加讨论这个"危机"的会议以来,已经有 30 多年了。在参加了几次这样的会议之后,我才开始理解其基本议程。那些推动者的目的是减少国家在退休保障方面的作用,并增加金融部门的参与。这种压力在美国最为强烈。尽管乔治·W.布什政府将社会保障"私有化"的提议在公众的广泛反对下失败了,但评论家仍然经常计算出社会保障信托基金的无资金准备的负债高达数万亿美元,并宣称"危机"迫在眉睫。[11] 这场辩论的一个令人费解的特点是,在某种程度上,日益恶化的人口基本面确实会带来资金问题,但社会保障的私有化无助于解决问题,尽管它可能有助于政客们推卸责任。[12]

尽管如此,社会保障的第一个支柱经受住了攻击,第二支柱却没有。大多数私有企业现在已经停止提供定额给付养老金计划,在该计划中,雇主承诺提供与最终工资相关的养老金。第二个支柱现在更多是固定缴款计划,由雇主和雇员共同向资产管理公司管理的基金缴款。个人应得退休金取决于他或她的特定投资表现。英国正在强制那些没有第二支柱条款的人参与这样的计划。雇员必须要么参加由资产管理公司管理的经批准基金,要么参加国家发起的国家职业储蓄信托(NEST):类似的计划在澳大利亚和加拿大等国家已经存在。

固定缴款计划取代定额给付养老金计划,标志着从托管中介向透明中介的重大转变，也标志着风险从雇主转移到雇员。杰克逊霍尔研讨会的与会者对金融化期间风险管理取得的进展沾沾自喜。但是，正如我在第2章强调的那样，他们所讨论的风险并不是普通人所关心的风险。除了自然灾害（如卡特里娜飓风）的风险，日常生活中的财务风险还与就业、疾病、死亡和寿命有关。金融化的影响是，将部分由雇主承担的风险（因此是集体化的）转移到了各个家庭。有人支持这种转变（主要围绕道德风险），尽管也有许多人反对。无论如何，这种转变可能都是金融化对普通大众风险管理的最重要的影响，尽管华尔街或杰克逊霍尔的观点有所不同。

领取养老金的人现在必须管理自己的长寿风险——他们活得比平均寿命更长或更短的可能性。传统上，长寿风险是可以投保的：苏格兰寡妇基金自成立之初就使用死亡率表。但随着新技术延长了平均寿命，它们也增强了我们做出个人预测的能力。这种潜在的可预测性有好处，也带来了问题，因为风险共担一直是通过养老金和保险提供长期储蓄的核心，现在变得更难操作了。

投资风险已经从雇主转移到雇员身上。没有人知道50年后的经济状况会如何，因此，经济风险是不可承保的，也是不可分散的。养老金领取者应该期望参与这种风险——无论好坏，他们退休时都能获得经济生产能力的一部分。但投资回报的波动性远远大于潜在的经济状况。养老金与投资回报的联系使养老金领取者面临着额外的不确定性，这是不可预测的金融市场的产物。

有什么办法可以限制或投保这种风险吗？一种建议是发行债券，其利息和本金偿还随GDP的变化而变化，因此回报取决于整体经济表现。这种债券是适合政府借贷的工具——负债将与税收收入密切相关，也是一项适合退休储蓄的投资。[13] 这些工具将把经济风险分散到全部人口中，而不会让老年人暴露在金融市场产生的剧烈波动中。但在缺乏此类金融创新的情况下，个人在长期储蓄中尽可能降低风险的最佳选择是使用所有主要政府（包括英国、法国、德国和美国）发行的指数化证券。

与欧洲大陆的许多国家一样，在法国和德国，大多数风险继续由集体管理：显而易见，这是瑞士村庄似的社区制。退休保障的第二个支柱主要是由按行业组织的雇主团体提供的，并没有得到任何实质性的资助。养老金计划的全行业性质以及国家赔偿和监管，降低了缺乏资金给养老金领取者带来的潜在风险。

随着老年人口比例的增加，大多数发达国家在未来三四十年将面临人口结构方面的挑战。然而，伴随预期寿命增加的，是健康预期寿命的增加。之前习惯上的退休年龄是固定的，当时有许多工人从事体力劳动，健康状况普遍较差，只有少数人有望经历较长的退休时间。

相对适度地延迟退休年龄会将抚养比率降低到更容易控制的水平。个人不会独自选择延迟退休年龄，社会也不会集体选择延迟退休年龄，在法国，"退休"似乎是许多人的主要生活目标，这一建议会导致工人走上街头。在这种情况下，未来经济增长的很大一部分将用于为长期而广泛的退休提供资金。这将是也应该是这些私人和公共选择的反映。

随着健康寿命的延长，护理费用也会增加，因为更多的人可能会活到精神或身体能力受损的年龄，而对护理费用的大量需求是家庭无法预测的意外情况。这就引发了一个组织和资助此类护理的社会问题，以及管理不确定未来的个人问题。[14] 只有将私人保险和社会保险结合起来，才有可能解决这些问题。

在人的一生和几代人之间转移消费的过程，以及管理相关风险的过程，既需要私人金融市场活动，也需要国家的公共参与。对有效公私伙伴关系的这种需求是普遍的。既不是完全公共的也不是完全私人的志愿机构，曾经在英国的这一活动中发挥了重要作用，在一个规定的监管框架内，许多其他欧洲国家仍然如此。风险共担需要强制因素和团体组织来减少道德风险和逆向选择的问题。金融化模仿的是劳合社咖啡店而不是瑞士乡村的结构，它削弱而不是增强了社会分担风险以及管理个人和家庭不安全感的能力。

随着时间的推移，金融化时代的个人主义精神以其他方式影响了财富转移。美国经济学家劳伦斯·克特里考夫创造了"代际会计"的概念，用来描述政府随时间推移而产生的财富转移。[15] 记者汤姆·布洛考创造了"最伟大的一代"这个词来形容我的父母这代人，他们成长于大萧条时期，参加了第二次世界大战，而（在欧洲）战后又遭受了贫困。[16] 另一位作者可能会将我们这一代称为"婴儿潮一代"、"最幸运的一代"或"最自私的一代"。我们不仅成功地（也许这是我们的功劳）享受了一个没有重大武装冲突或严重经济萧条的时期，还有效地将过去和未来几代人的财富转移给我们自己。

通过快速通货膨胀，我们减少了欠前辈的债务。我们向自己承诺慷慨的国家和职业养老金，然后争辩说，为后代提供这些养老金的负担我们无法承受。我们出售了过去积累的资产，这些资产原本将产生预期收益，为了我们当前的利益，我们将国有行业私有化，并将高盛和哈利法克斯建房互助协会的商誉货币化。我们让实际的房价和股票价格上升到新的高度，迫使我们的孩子以比我们支付的价格高得多的价格从我们手中购买国家资产。雪上加霜的是，我们似乎对国家基础设施没有足够重视：可以肯定的是，我们喜欢购物中心，却很少建造房屋，并任由交通系统老化。

时光倒流 30 年，20 世纪 80 年代的约翰·凯会买不起我现在住的房子，会在高等教育上负债累累，会不得不为自己的退休做更多准备，而且为了应付日益不利的人口结构带来的成本，预期税收负担会不可避免地增加。当杰夫·斯基林开香槟为能源合同的"资本化"干杯时，他是在庆祝前辈们的审慎和自己对后辈们的轻率所带来的双重好处。我也可以和他一起举杯，我确实幸运地经历了金融化的时代。

客户保护

> 垃圾商人不是把他的产品卖给客户，而是把客户卖给他的产品。
>
> ——威廉·S. 巴勒斯，1956 年[17]

每个市场都需要一定程度的客户保护。监管不仅保护我们远离有毒的食物，而且试图限制我们食用不健康的食物。医生、律师和许多其他职业受到资格和行为的控制。药品和航班的安全受到密切监控。大多数情况下，这些监管运作得相当好，既给了客户所期望的信心，又不剥夺他们对产品的选择空间，也不给生产者施加过多的负担。但金融服务业的客户保护做得并没有这么好。金融监管对供应商来说是一种负担，但客户和评论人士依然认为做得并不够。

吸收存款的银行需要严格的监管。它们访问支付系统（并且应该是唯一能够直接访问支付系统的金融机构），它们持有普通人的日常储蓄。由于它们的债务大多由政府（或其机构）提供显性担保，而且在实践中可能会得到完全担保，因此还需要保护纳税人免受损失。储户储蓄的天然工具是政府借款和优质住房贷款（比如，贷款与价值之比限制在80%）。最简单的程序是，要求吸收存款的银行至少有90%的资产属于上述类别。

在许多国家，存款担保由国家资助的机构提供，资金来自对金融部门的征税。如果没有政府作为后盾，这些担保是不可信的。当冰岛的银行破产时，冰岛的补偿计划也崩溃了，账单又回到冰岛政府以及英国和荷兰（那里是大多数储户的所在地）。英国金融服务补偿计划得到了英国央行的救助。

金融领域的客户保护尤其困难。许多客户购买金融服务是出于需要，而非选择。他们不喜欢这种体验，并且对产品的技术细节感到困惑。本书反复强调的一个主题是，如果基于标准模板的规定信息可用，金融市场就会有效运作的想法是错误的，并且"透明度"是一个被高估的目标。在金融化时代，信息披露是保护客户的最佳手段这一主导英国和美国政策的观念是错误的。

金融是一个特别吸引欺诈者和讼棍的领域。一些客户既贪婪又容易轻信他人，他们天真地与那些打算偷他们钱的人合谋。虽然人们很容易认为，落入此类骗局的人活该遭受这种命运，但在政治上，维持这种立场是不可能的，或许也是不可取的。

监管从来都不是保护客户的主要机制。总的来说，我们相信超市会卖给我们健康的食品，相信航空公司会让我们坐安全的飞机，相信医生会给我们真诚的建议。我们信任他们，不仅仅是因为他们受到良好的监管，还因为我们认为他们值得我们信任。我们信赖超市、航空公司和医生的声誉，知道他们希望吸引回头客，不仅是我们，也包括其他客户。在现代经济中，信息不对称的问题远远超出了金融领域，通常是通过买卖双方之间的信任关系来解决的。就像在其他行业中一样，当供应商声誉和国家监管相互强化时，保护客户的监管才最有效。

良好的监管带来的结果是，良好的声誉是当之无愧的。

但是，在金融领域，最近各大企业集团把对不当销售和虚假陈述的赔偿视为正常的经营成本。丑闻层出不穷。英国的银行说服客户花费200亿英镑购买很少有人需要的贷款违约保险，这已经够糟糕的了：银行通过每一个法律程序来捍卫自己继续这样做的权利，即便在其中两家银行落入国家控股之后。如果每个人都被点名批评，那么"点名批评"的政策就是无效的。

失去的声誉是不容易恢复的——如果有可能恢复。2012年，巴克莱银行首席执行官鲍勃·戴蒙德被解职，这位新任董事长是伦敦金融城的一位人物，因其智慧和正直而受到普遍尊重。但几个好人不足以改变整个文化。将"维持对金融服务业的信心"作为英国新成立的金融行为监管局的主要目标，是一种非同寻常的误解。在不合理的情况下建立信心，即使有可能，也会损害而不是促进客户的利益。合适的目标是建立一个值得信赖的行业；信心是实现目标的结果，而不是目标本身。然而，英国在金融领域至少有一个意图良好的客户保护机构。在美国，金融业利益的巨大力量导致在全球金融危机之后创建这样一个机构的尝试已经停滞。

在制药等行业中，产品批准或产品设计参数的规范，是一种客户保护机制。随着监管机构开始更详细地规定贷款价值比率和收费等特征，政策已朝着这个方向发展。但有一种危险是，厌恶风险的监管机构只是利用这些权力来延缓和抑制产品创新——这种危险也明显存在于其他行业。老牌企业利用此类监管来遏制市场竞争者进入的可能性同样明显。监管捕获是一种持续存在的危险。

但是，保护客户最有效的手段是，解决产业结构和导致客户滥用的错位激励问题。这将是第10章的主题。

英国的困境

这是一个将被载入史册的时代，伦敦金融城将迎来一个新的黄金时代，我要感谢你们取得的成就。我相信，我们从伦敦金融城的成功中学到的经验，其影响远远超出了伦敦金融城本身——我们之所以处于领先地位，是因为我们率先将全球成功所需的一系列品质付诸实践。

——2007年6月20日，戈登·布朗在伦敦大厦晚宴上的演讲（这是他接替托尼·布莱尔担任英国首相的前一周，也是全球金融危机爆发的前六周）

至于威尼斯和它的人民，天生就是要绽放和凋零的。
他们在尘世间繁衍后代，欢笑和愚蠢是他们的果实。
我想知道，当亲吻不得不停止时，灵魂还剩下什么？

——罗伯特·勃朗宁，《加卢皮的托卡塔》，1855年

人们有充分的理由对金融业许多活动的经济价值表示怀疑。但受益于历史上的成功、英语和便利的时区，英国在金融方面具有竞争优势。没有公共利益的私人利润是金融领域普遍存在的一个政策问题，但在英国，这是一个特别尖锐的两难问题。

英国约有110万人从事金融和保险业。这相当于劳动力总数的3.7%，低于美国（4.7%），但高于法国（3.1%）和德国（2.8%）。这些数据来自经济合作与发展组织（OECD）的国际对比。[18] 国际劳工组织（ILO）提供的估计值略高，但国际格局是相同的。[19]

然而，大多数在金融服务业工作的人都在银行分支机构、呼叫中心和保险办公室从事平凡的文书工作。有40万人在伦敦金融城工作，

这里是英格兰银行和大多数英国金融机构总部的所在地。[20]其中，15万人在金融机构工作。金融机构的清洁工、保安和厨师可能包括在内，也可能不包括在内，这取决于他们工作的机构是否外包了这些职能（大多数是外包的）。

大约有20万人在金融城以外的伦敦金融部门工作，其中许多人在金丝雀码头或梅菲尔的对冲基金中心工作，还有25万人在东南部地区工作。爱丁堡是英国第二大金融中心，苏格兰有8.5万人从事金融工作。[21]

由于普通法基础的灵活性、英语语言以及人们所认为的英国法院的公正性，英国法被广泛应用于金融合同，甚至适用于与英国无关的交易。此外，还有三明治店的员工和伦敦交通公司的工作人员，他们让城市居民能够上班。一个合理的猜测可能是，在英国有10万到15万人是从事批发市场（通常被称为"金融城"）交易的金融专业人士，而支持他们的人数是这个数字的两到三倍。

国民收入核算原则是在二战前后由一群经济学家提出的，其中著名的有西蒙·库兹涅茨、詹姆斯·米德和理查德·斯通。这些原则是衡量一项商业活动的经济贡献的标准手段。我们通过汽车的附加值来评估汽车行业：汽车的售价与制造汽车所需的钢铁、橡胶和其他材料的成本之间的差价。这些附加值是制造汽车的人的收入和企业的营业利润（不包括融资成本）的总和。我们通过计算人们为门票支付的总费用来衡量一出戏的价值。这些程序可能是粗糙的，是唯利是图的，但它们给出了一个相对客观的答案，并且在不同活动和国家之间具有可比性。

但这些方法并不适用于金融业。很少有金融服务能像汽车和剧院门票那样直接付费。金融业务的利润主要来自各种交易。这些企业从购买证券（或借钱）和出售证券（或出借）的利率差中赚钱。利息成本是银行承担的主要成本，在国民经济核算中计算营业利润时并未扣除利息成本。保险公司通过在支付索赔前数月或数年收取保费来盈利，并且即便在承保方面可能亏损，但由于投资收益总体上仍是盈利的。金融部门的利润在一定程度上是对风险的回报，而且就像在财务报表中对风险进行更普遍的会计处理一样，反映真实和公平观点所必需的调整既复杂又不能令人满意。这些叠加的困难意味着，如果将标准国民核算程序简单应用于金融业，那就会给出毫无意义的答案。

从国民核算的早期开始，人们就已经认识到，金融服务提出了一个特殊的问题。不同的方法会给出截然不同的答案，几十年来，国民核算统计人员已经就适当的处理方法进行了广泛的讨论。目前，国际上已经就一种方法达成了共识，这种方法基于一组被称为 FISIM（间接衡量金融服务）的概念。不幸的巧合是，英国在 2008 年同意实施 FISIM 时，恰逢全球金融危机来袭，这场危机打破了 FISIM 的一些假设。在一项关于衡量金融服务产出问题的调查中，英国央行的安德鲁·霍尔丹及其同事指出，2008 年第四季度和 2009 年日历年，报告的金融服务占 GDP 的比例达到了有史以来的最高水平——约为 9%，当时银行业陷入崩溃，金融问题令英国经济陷入严重衰退。[22] 有关金融部门对国民收入贡献的报告数据，我们不应轻信。

要判断金融部门对国内经济的价值，最好的方法是从本书中考虑的定性问题开始：通过便利支付、管理个人财务、配置资本和控制风险，金融部门为家庭和企业做了什么？然而，很难将这种定性评估转化为比较金融产出与汽车行业产出所需的数字。

一个更难的数字是出口贡献——尽管这个数字在检验中已开始崩溃。2013 年，英国金融服务向世界其他地区的净销售额为 380 亿英镑，超过 GDP 的 2%，相当于英国制成品出口的 10% 以上。[23] 我们如果知道英国以外的人愿意为一项活动付费，或许就没有必要再追问它的价值了。但这几乎没有定论。许多人会犹豫是否要成为一家世界领先的蛇油制造商的股东,这既出于道德原因,或许也出于对企业长期生存能力的担忧。国际层面提出了一个罗伯特·赖克的著名问题:"我们是谁?"[24]

英国是一个全球金融中心,吸引着世界各地的顶尖公司和人才。在伦敦进行金融业务的大多数机构是由非英国居民的公司完成的,或者其母公司不是英国居民创立的。在国民核算中,这些公司的活动被视为英国进行的生产活动,并包括在 GVA(总增加值)和 GDP 中——其实如果这些生产活动得到了准确的测算,它们自然就会被包括在国民核算中,但由于前述原因,它们并没有得到准确的测算。

然而,外资企业的利润并不包括在 GNI(国民总收入)中,这可能是衡量生产活动所带来福利的一个更好的指标。GNI 报告的是英国居民累积的收入,而不是在英国产生的收入,后者决定了 GDP。因此,GNI 承认,高盛或德意志银行在伦敦赚取的利润汇回这些公司的母国(或者更有可能的是,汇回税收和监管制度良好的其他一些司法管辖区),对英国没有任何好处。

与英国企业一样,这些外国企业也要缴纳英国的公司税,但它们支付的并不多。2006—2007 年,英国所有银行(国内和国外)缴纳的企业所得税达到了 73 亿英镑的峰值,但由于利润下降和全球金融危机造成的累计损失,这一数字在 2013—2014 年下降到 16 亿英镑。公众对银行的愤怒,加上税收数字太小,促使政府采取了针对银行业的特定财政措施。2014 年,英国政府宣布了一些措施,限制银行利用过去的公司税亏损来减少未来利润的负债,并于 2011 年引入"银行税",目前占英国银行负债的 0.21%。"银行税"目前收益为 22 亿英镑。[25] 所有这些数字都应该放在英国税收总额超过 5 500 亿英镑的背景下来看。[26]

金融对英国经济的贡献是薪酬而非利润的结果——本书写到这里,这一观察不应令人感到惊讶。金融业的一些人薪水很高,还有一些人的薪水是天文数字。尽管金融业在英国就业人口中所占比例不到4%,但它在英国就业收入中所占比例超过7%。[27]2013年,巴克莱银行大约有530名"行政员工"(监管术语,指那些负有行政职责的人),他们的平均薪酬为130万英镑。[28]这些人中的许多人不太可能在其他活动中获得类似的收入,而高薪雇员获得的这种"经济租金"对衡量金融的经济意义至关重要。他们的报酬应缴纳的所得税和国民保险数额相当可观。2013—2014财年,仅银行业就产生了176亿英镑的所得税,几乎占到所得税总收入的12%。[29]对英国财政部来说,重要的是对金融部门员工薪酬征收的所得税,而不是对金融机构本身征收的税。

但是赖克的"我们是谁?"的问题也出现在这里。许多在伦敦金融城工作的人并非英国公民。他们的税务状况很复杂,并展示了居住、普通居住和住所所允许的所有可能的身份组合。一些人全额缴纳英国税,一些人没有。有些人回家到巴黎或纽约度周末,其他人在公园野餐或去音乐会和剧院。许多受过高等教育的外国人的存在帮助伦敦成为2014年世界上最具活力的国际大都市——可能是有史以来最具活力的国际大都市。然而,在那些公园或礼堂里,或者周五晚上乘坐横跨大西洋的航班或欧洲之星列车的英国公民一定会想:我们是谁?如果有需要,英国应该如何评估外国公司和世界各地临时居住在伦敦的人在英国的收入?

值得再次强调的是,在银行业乃至整个金融服务业工作的大多数人,从事的都是相对平凡的文书工作,收入并不高。尽管巴克莱有1 443名员工(2013年)年收入超过50万英镑,但超过一半的员工年收入不到2.5万英镑;巴克莱15万名员工中,薪酬最高的3 000名员工的薪酬很可能占到员工薪酬总额的一半以上。尽管巴克莱（在鲍勃·戴蒙德被解雇之前）极其专注于提升其最高级别员工的利益[30]，但整个金融行业确实存在员工回报差异巨大的情况。[31]

薪酬结构的不平衡引发了更广泛的政策问题。30年来，这个国家相当一部分最优秀的毕业生都被高得惊人的薪水吸引，从事对商业或社会几乎没有价值的活动。除了在一些最狭窄的领域，这些活动对发展他们的技能、知识或智力能力几乎没有帮助。如果这种金融化没有发生，他们的生活以及英国的经济和社会会有怎样的不同？

金融服务业中有许多身居高位的人，他们显然很享受自己的角色，对自己所从事的工作感到兴奋，并且即使薪酬降低很多，也希望继续从事这些工作。对沃伦·巴菲特来说，幸福就是"每天跳着踢踏舞去上班"，他在84岁高龄的时候仍然这样做。但巴菲特通常是个例外。《我们是华尔街》没有传达出作者喜欢他们所做的事情的意思。弗兰克·帕特诺伊生动地描述了摩根士丹利交易员的讨论小组，他们找不到比自己正在从事的工作更令人不快的工作——汤姆·沃尔夫笔下"在债券市场上咆哮着要钱的年轻人"[32]。

如果你与收入很高的律师、医生、演员或足球运动员交谈，你会发现，大多数人都像巴菲特一样热爱自己的工作，并认可自己拥有一份感兴趣的工作和巨额经济回报的双重好运。但在金融领域则不然，许多金融从业者从工作中获得的内在满足感很少，他们从事这份工作除了钱没有任何其他理由，他们希望积累足够的资金，以便从伦敦金融城退休。尽管许多人发现，他们认为自己需要的能够舒适退休的金额增长速度和他们所积累的金额一样快。如果这些人没有获得丰厚的回报，他们可能会做什么？创业？做科研？写诗？

最随意的酒吧谈话显示出人们对银行家高薪的普遍不满，而例如韦恩·鲁尼或比尔·盖茨的收入则不会招致这种不满。这并不奇怪：

鲁尼和盖茨都是天赋异禀的人，他们对社会的贡献是显而易见的。对许多金融业活动效用的怀疑，以及认识到全球金融危机暴露出金融业许多人（即使在他们自己的参照系内）并不太擅长自己的工作，这些充分的理由助长了人们对金融业收入的不满。

所有的不平等在某种程度上都具有社会腐蚀性，但没有因果联系的不平等尤其具有腐蚀性。伦敦金融城在全球取得的成功，最令人不安的负面影响是，普通道德和人类价值观的贬值对整个社会造成了腐蚀。与部分金融部门有关的道德标准一直都糟透了。读一读那些负责提交欺诈性利率的人士之间往来的电子邮件，或是劳埃德银行员工的观察资料吧，这些人伪造了回报率，以便从政府的银行纾困计划中吸引更多资金。这些人在想什么？

突然发现自己拥有太多金钱的年轻人滥用性、酒精和毒品，伦敦对那些用从本国民众那里偷来的钱购买豪宅的寡头和腐败的外国政客具有吸引力，这些都不是英国社会可以引以为傲的事情。然而，对于古代的雅典和罗马，或者文艺复兴时期的佛罗伦萨或威尼斯，人们可能也说过很多同样的话。身处世界中心是要付出代价的，也许是高昂的代价。

-10-
改革

改革的原则

> 道之以政，齐之以刑，民免而无耻；道之以德，齐之以礼，有耻且格。
>
> ——孔子

自全球金融危机爆发以来，"加强监管"的呼声不断高涨。几乎无一例外，"加强监管"的提倡者所考虑的是对日常金融行为制定更详细的规则，比如将巴塞尔规则手册的篇幅增加了几倍。

这一行动方针将会失败。规则已经太多，而不是太少。公众理应关注的问题，其根源在于金融业的结构以及金融企业的组织、激励机制和文化。在缺乏解决这些更根本问题的措施的情况下，"加强监管"所提供的只是一种表象，对行业行为几乎没有显著影响：19世纪理查德·奥尔尼描述的铁路老板的喧嚣和愤怒没有任何意义。

自全球金融危机以来，决策者的首要目标一直是确保金融体系的稳定。这一目标继而被解释为确保现有金融机构的稳定。实现这一目标的手段是，要求金融机构拥有更充足的资本和流动性储备。监管机构已经确定了"系统重要性金融机构"，这些机构将受到特别监管和（隐性或显性的）政府支持。

政治领袖们以极其虚伪的态度，公开反对未来的银行救助，而其代理人则向市场证明，他们言行不一。奥巴马总统断言，《多德－弗兰克法案》的通过意味着"没有税收资助的纾困期"，而他的财政部长不仅支持"盖特纳主义"——不允许任何重要金融机构倒闭，而且在他的回忆录中重申了这一立场。无论是在实质内容上还是在欺骗行为上，欧洲的立场基本上是相同的。继宣布纾困时代已经结束后，葡萄牙 Espirito Santo 银行的纾困行动紧随其后。

确保现有机构的稳定，是应对全球金融危机的正确短期对策，也恰恰是错误的长期对策。全球金融危机的根源在于金融业的结构。稳定（实际上是僵化）的结构不仅无法避免未来的危机，反而会使危机变得不可避免。

金融系统的不稳定性是一个主要与自身打交道的行业固有的相互依赖性的结果。专门用于金融中介的资源规模的增长在很大程度上（或者在大多数情况下）根本不是客户需求变化的结果。金融活动的增长来自现有资产包装、重新包装和交易的大规模扩张。当今的金融部门做了许多不需要做的事情，很多需要做的事情却没有做。

满足实体经济需求的金融中介不应该是专业中介机构相互竞争、智胜对手的游戏。金融中介机构之间的竞争是有价值和必要的，但与其他行业的竞争一样，这种竞争的成功应该取决于满足客户需求的有效性。奖励的基础应是成功满足客户需求，且奖励应与所提供服务的价值成正比。

今天一部分金融部门，例如华尔街的金融机构，展示了所有合法行业中最低的道德标准。如果伦敦赌场被指控犯有伦敦银行承认的不当行为——虚假报告、误导客户和未经授权交易，那么相关个人将被禁止进入该行业，相关机构的营业执照将在数小时内被吊销。从虚假贷款到操纵伦敦银行同业拆借利率，金融业经历了大规模真正的犯罪，业内领先企业已将支付数十亿美元的罚款和赔偿金视为例行公事。这已经形成一种文化，在这种文化中，任何行为，无论多么触及法律的底线，只要对参与者有利，都是可以接受的。在一个以保障企业和家庭财务状况为主要职能的部门，出现这样糟糕的记录，是对我们监管体系和金融体系的全面控诉。

法律和监管框架的指导目的应该是，强制执行与他人资金管理相关的个人和机构的忠诚和审慎义务。这种文化上的变化只能通过监管法令或管理法令在非常有限的范围内实施；只有当与处理他人资金相适应的价值观被市场参与者自身内化时，变革才会生效。

从某种意义上讲，道德行为准则的内化是自我监管，但允许市场中介机构"管理"利益冲突并自行决定什么是"善待客户"则不是自我监管：这种做法显然失败了。在一个开放、自由、民主的社会中，只有受法律和法规约束的大多数人赞成法律和法规所提倡的价值观，法律和法规才可以发挥作用。我们避免谋杀和入室盗窃，不是因为我们害怕惩罚，而是因为谋杀和入室盗窃根本不在我们考虑的行动范围之内：这一事实使我们有可能获得资源和公共合作，以追查和惩罚少数违反这些禁令的人。限速和酒驾禁令之所以可以执行，是因为大多数人都认同这些规定是有意义的。

我经常听到金融界人士对监管和监管者发表长篇大论，这些长篇大论极其乏味无聊，不仅因为它们总是重复，还因为它们几乎从未对如何满足推动金融监管的合理公众关切加以描述。但是，当这些抱怨来自真正关心公共利益的聪明人时，有人就说他们对监管和监管者缺乏尊重，这使得当前的监管方式不太可能奏效。

以详细的指令性规则为基础的监管，以合规代替价值观，非但没有提高道德标准，反而破坏了它。关于证券交易所的"垂直"运作应该如何进行的极其详细的规定，与真实企业和普通家庭的日常需求相去甚远，以至在一定程度上与经济现实脱节。政府对金融部门的干预太多，而不是太少。政府和金融之间产生了适得其反的互动，这是错误的意识形态和市场参与者自身过度影响的产物。

金融业需要一个全新的行业结构，并且改变个人和企业的激励机制，这样，从长远来看，客户至上才能带来个人回报和企业利润，而且就业关系和客户关系都应该纳入时间尺度的考量，从而结束"我会离开，你也会离开"的现状。

交易文化的兴起不仅导致了道德标准的下降，还导致了金融系统的不稳定，并增强了"行动偏好"，从而增加了金融中介的成本。合适的目标是将交易量减少到适当的水平，以满足非金融经济的实际需要。一项被广泛讨论的改革建议是对所有金融交易进行征税。这种税率很低，对长期投资的利润影响不大，但会扼杀高频交易的吸引力，因为高频交易依赖于快速套利和细微的价格变化。这一建议通常被称为"托宾税"，以美国经济学家詹姆斯·托宾的名字命名。詹姆斯·托宾于1972年提出了这一建议[1]，并在欧盟得到了广泛支持。

如果托宾税能够在其地理范围内普遍实行，并以非歧视的方式适用于所有形式的金融工具，那么它将具有相当大的吸引力。但是，如果有些金融管辖区不征税（这似乎是不可避免的）——就连美国目前也不可能征收托宾税，并且如果没有切实可行的方法在衍生品交易或其他复杂工具和基础证券交易之间非歧视性地征收这种税（这也是不可避免的），那么这项税收的副作用可能比益处更多。这样一种不完善的税收可能会诱发新的监管套利，也可能成为交易员的另一个利润来源，而长期投资者的利益将受到税收的直接影响。印花税就是这样一种类型的税，作为英国针对股权交易征收的既定税种，实际上只对长期投资者产生影响。

一个更可取的策略是"让野兽挨饿"：采取结构性改革措施，减少可用于支持交易活动的资金量，并取消对这些活动的交叉补贴。这里提出的是一种彻底变革的监管方式。我们需要的不是更多的监管，而是更好的监管，这是老生常谈，却也是事实。但这需要不同的监管理念，而不是更好的监管机构。认为解决办法是任命具备诺查丹玛斯的远见、福尔摩斯的侦探技巧和马基雅弗利的政治洞察力，以及约伯的耐心和坚不可摧的毅力的监管人员，是毫无意义的。一个有效的监管架构是由在现实世界中可以被招募到监管机构工作的人来实施的。

改革要坚持以下原则：

- 中介链应该短、简单、线性。市场参与者之间的联系太多，与储户和资金使用者的联系太少太弱。中介机构之间的交易优先于与最终用户的交易，导致金融中介成本过高、金融体系不稳定以及未能提供必要的信息，以实现公司治理的正当性和资本配置的效率。显然，通过提供更多资金来支持老牌金融机构的交易活动，并不能解决这些问题。
- 应恢复与金融服务用户有直接联系，并从其识别和满足这些用户需求的技能中获得竞争优势的重点专业机构。虽然一些强制性结构改革的监管措施是必要的，但下文所述的进一步建议将鼓励由于市场力量而进行更多的结构改革。
- 任何为他人理财或为他人提供理财建议的人，都应在与客户交易时表现出符合忠诚和审慎标准的行为，并避免利益冲突。
- 在管理他人钱财时，这些高标准行为的义务应通过主要针对的是个人而非组织的刑事和民事处罚来强制执行。虽然组织文化至关重要，但文化是个人行为的产物，尤其是那些负有领导责任的人的个人行为。
- 政府应该像对待其他行业一样对待金融服务行业。监管应针对具体问题——存款保护、用户滥用和防止欺诈。应该取消公共补贴、国家担保和其他政府支持机制，包括日益模糊但被广泛依赖的"最后贷款人"概念。
- 金融业不应被用作经济政策的工具，金融部门人士对经济政策的看法应该得到与其他商业人士的政治意见同等的（适度）对待。

稳健的系统和复杂的结构

现在，古代幼发拉底河的大部分洪泛平原都位于耕作边界之外，成为一片空旷荒凉的地区……然而，这里曾经是世界上最古老的城市和文明的中心地带。
——R. McC. 亚当斯，1981年，被约瑟夫·泰恩特于1988年引用[2]（古代幼发拉底河的洪泛平原位于今天的伊拉克和叙利亚）

是什么原因使管理部门对机器产生了不可思议的信心？……其中一个原因可能是为了确保美国国家航空航天局（NASA）的完美和成功，以确保资金的供应。另一个原因可能是他们打心底里相信这是真的，这表明他们和他们的工程师之间几乎令人难以置信地缺乏沟通……对于一项成功的技术来说，现实必须优先于公共关系，因为大自然不会被愚弄。
——理查德·费曼，个人观察，总统委员会关于挑战者号航天飞机失败的附录F，1986年[3]

现代金融的复杂设计和运作主要是为了使金融中介机构而不是金融服务的使用者受益。艾伦·格林斯潘、蒂莫西·盖特纳等人声称，新工具的创新应用使金融体系更加稳健，这是错误的。金融机构的相互依存度已经到了一定程度，以至整个系统显示出复杂性所带来的脆弱性。

"大而不倒"一词在全球金融危机中被广泛使用，用来描述决策者在解决具有系统重要性的金融机构的事务时所面临的困境。[4]这句话引发了合理的反驳："大而不倒就是大到不能倒。"但"大到不能倒"没有抓住关键。金融化导致了金融机构规模的扩大，但核心问题不是规模，而是复杂性。银行业的规模至少在一定程度上可以增强稳定性。英国在20世纪避免了严重的银行倒闭事件，正是因为其银行规模庞大，这与1933年分散的美国银行业的崩溃形成鲜明对比。英国银行业的倒闭发生在2008年，而且极其严重，不是因为该行业变得更加集中，而是因为它变得更加复杂。

从一般意义上讲，雷曼兄弟不是一家具有经济重要性的企业。如果它是一个具有系统重要性的金融机构，它就不是一个真正重要的金融机构。该企业没有为实体经济提供其他地方没有的服务，对实体经济的服务更是微乎其微。该公司经营不善，主要是为了自己的员工，尤其是高级管理人员的利益。但雷曼兄弟内部联系非常紧密。在破产时，该公司在世界各地有200多家子公司，近100万笔未完成交易，几乎全部是与其他金融机构进行的。这种相互依赖的直接影响是，该公司错综复杂的结构将在未来10年里逐渐消失，届时将雇用律师和会计师。更深层次的影响是，对雷曼兄弟有敞口的金融机构无法确定其债权的价值。

由于许多机构都与雷曼兄弟有过交易，不确定性具有传染性。即使是与这家破产银行几乎没有直接联系的企业，也不确定它们对有这种联系的机构的债券的价值。信心崩溃蔓延到整个金融体系，对非金融经济产生的不利影响持续至今。雷曼兄弟不是大到不能倒，而是太复杂了不能倒。

历史学家约瑟夫·泰恩特研究了各种各样曾经繁荣但已不复存在的复杂社会的文明的瓦解。[5]美索不达米亚的底格里斯河和幼发拉底河的洪泛平原是第一个城市文明和现代农业发展的所在地。古罗马最终在城门前向野蛮人屈服了。北美的玛雅文明和查科文明是高度复杂的社会，如今只是作为考古遗址为世人所知。社会和经济互动中复杂性的增长是文明化的显著标志，但复杂性，以及随之而来的不平等和专业化，必然导致回报递减。最终，管理这种复杂性的社会和政治成本将变得难以承受，并促成内部分解。

乍一看，将金融化进程与罗马帝国衰亡相提并论似乎有些牵强。然而，我们也可以从中吸取教训。罗马帝国之所以失败，是因为其复杂性的增长最终产生了适得其反的后果，无法管理其增长带来的组织问题，越来越关注与外部世界脱节的仪式，以及无法进行实质性的自我批评或自我修复。我们可以在现代金融体系中看到所有这些问题。

教训是，一方面要避免不必要的复杂性，另一方面要密切关注不可避免的复杂性的管理。第6章将金融服务网络的无计划演变与其他公用事业网络（如电力）的有意识设计进行了对比。对系统稳定性压倒一切的需求根植于每一个电力供应从业者的思想中。任何认为电力供应没有金融系统复杂的人，都对维持电网稳定的复杂性知之甚少。第9章描述了试图将电力供应金融化的混乱后果。但是，以对其他网络运营商来说很自然的系统性方式考虑金融体系，这种做法并不常见，尽管最近经历了系统故障的后果。

组织社会学家查尔斯·佩罗研究了工程系统在不同背景下的稳健

性和弹性，如核电站和海洋事故。⁶ 稳健性和弹性要求系统的各个组件都按照高标准来设计。提高资本和流动性水平的要求旨在加强各组成机构。但是，从第 6 章描述的风险敞口规模可以看出，与保护金融机构免受全球金融危机等恐慌影响所需的资源规模相比，设想的资本和流动性水平是不足的——不足得可笑。⁷ 更重要的是，单个组件的弹性对实现系统稳健并不总是必要的，也永远不是充分的。在复杂的系统中，失败是不可避免的，没有人有信心能预测到所涉及的各种交互。

负责交互式复杂系统的工程师已经意识到，稳健性和弹性需要有意识的、系统的简化、模块化（可以容纳故障）和冗余（可以忽略故障元素）。简化、模块化、冗余这些特征都没有成为 2008 年金融体系发展的特征。相反，金融化极大地增加了复杂性、互动性和相互依赖性。冗余，例如持有高于监管最低要求的资本，在任何地方都被视为效率低下的指标，而不是实力的指标。

在佩罗的分析中，如果系统具有交互复杂性（一切都依赖于其他一切）和紧密耦合（对错误的容忍度很低），那么系统就缺乏稳健性。核电站的交互复杂性和紧密耦合是当前技术发展的必然结果。自相矛盾的是，试图通过引入多层安全保障措施来增加弹性，可能会增加系统的复杂性，从而使系统不那么稳健。装配线是复杂的，但不是交互式的复杂——它依赖于事件的线性序列，其中每个步骤在逻辑上都遵循前一个步骤。这样的过程可以是紧密耦合的，也可以是松散耦合的。传统汽车厂装配线的传动带是紧密耦合的，而通常从手稿到出版的轻松生产过程是松散耦合的：没有人对作者的延迟交稿感到惊讶，也没有人对生产过程感到不安。

稳健的系统通常是线性的。我不时通过 UPS（美国联合包裹运送服务公司）寄包裹到我们在法国的家。通过公司的跟踪系统，我可以跟踪包裹的动向。包裹在星期二下午揽收，并在当天夜里通过英吉利海峡到巴黎。星期三，它会到达里昂，紧接着在凌晨被卡车运到尼斯。星期四早上，一位友善的快递员会在8点左右电话通知包裹已到达，然后在午餐时间将其送到家里。

UPS配送系统虽然复杂，但它是线性的，而不是交互的，并且是松散耦合的。有一次，一个包裹没有按时送到，我很容易就能快速确定该包裹已经离开了巴黎，但没有到达尼斯，然后发现原来是法国中部的一场大雪封锁了太阳高速公路。当积雪和滞留车辆被清理后，包裹在两天后到达里昂，代理人适应了延迟交货。该系统的线性可以快速识别和隔离问题，松散耦合可以使系统快速恢复。类似的线性金融系统是指中介机构与最终用户打交道，而不是彼此打交道。基本原则应该是，资本配置的中介机构通常应该熟悉借款人或贷款人的需求——或两者皆熟悉。

事实证明，2000年新经济泡沫破裂的影响远不如2008年全球金融危机那么严重和持久。在股票市场错误定价的那个阶段，"骗局"的规模（被创造后又被摧毁的虚构财富）并不一定比后来的信贷市场错误定价的阶段更大。[8] 然而，科技股的涨跌并不涉及信贷繁荣期间金融机构之间那种复杂的相互依赖关系：它们之间几乎没有复杂性的交互，耦合也相当松散。

另一方面，日本股市和房地产泡沫（日本银行也被牵连其中）对日本经济造成了持久的损害，因为资产价格的上涨和随后的下跌对金融领域的其他部门和工业企业的资产负债表产生了多重影响。由于高频交易的增长和交易所交易基金（与其他证券一样被买卖的现有证券的组合）的广泛应用所产生的复杂的交互作用，今天的股市崩溃能否像2000年那样得到平静的应对还是个未知数。

交互复杂性的增加和更紧密的耦合正是杰克逊霍尔研讨会的参与

者所庆祝的创新。公司本身的交互式复杂性变大。2008年倒闭的企业集团，大多数都因与其主营业务无关的活动而被拖垮。雷曼兄弟的破产并不是全球金融危机的原因——原因要深刻得多。但雷曼兄弟对实体经济的贡献，与其破产所造成的损害并不相称。其交互复杂性的公共成本远远超过任何公共利益。雷曼兄弟对隔夜拆借的依赖——隔夜拆借的断供导致其突然倒闭——是紧密耦合的缩影。

现代金融体系的许多方面都被设计得给人一种极其紧迫的印象：没完没了的"新闻"推送、不断变换的交易员屏幕、灯火通明的办公室、需要连续工作30个小时的年轻分析师。然而，金融领域的业务很少真正需要这种持续的兴奋和活跃。只有最无聊的部分——支付系统——才是现代经济持续运转所依赖的一项基本工具。即使股市休市一周（就像"9·11"恐怖袭击事件之后那样）或更长时间，或者一项并购被推迟，或者大型投资项目被推迟数周，或者首次公开发行发生在下月而不是现在，也不会产生严重的后果。纽约和芝加哥之间数据传输的毫秒级改进在计算机相互交易的荒谬世界之外没有任何意义。

这种紧密耦合是完全没有必要的，交易员玩的游戏中不断流动的"信息流"没有更广泛的相关性，许多员工超时工作是为了竞相展示自己的优秀品质，以换取大额奖励。传统的银行经理午餐和下午的高尔夫球场文化可能比彭博终端提供了更多有用的商业信息。

雷曼兄弟这家管理不善、提供不必要产品的公司恰恰代表了在运转良好的市场经济中应该倒闭的那种企业。有一种观点认为，美国政府允许雷曼兄弟倒闭是一个错误，这不是出自那些怀念雷曼兄弟提供的服务的人，而是出自那些对雷曼兄弟倒闭的后果感到遗憾的人。教训不在于政策制定者应该努力防止此类失败，而在于公共程序应该确保类似的失败更容易被遏制。

别人的钱

> 参议员卡尔·莱文（民主党，密歇根州）：当你听说你的员工在这些电子邮件中看到这些交易时说，"天哪，这真是一笔糟糕的交易"，"天哪，真是一堆垃圾"，你有什么感觉？
>
> 维尼亚（高盛首席财务官）：我认为出现这种情况是非常不幸的。
>
> ——2010年4月27日，美国参议院常设调查小组委员会

所有在金融系统中流通的钱都是别人的钱。嗯，几乎全部。在德意志银行这样的现代机构中，约3%的风险资本是该行自己的：其余97%属于贷款人和储户。典型的保险公司杠杆率较低，股东的资金与其投保人的资金一起投资。（沃伦·巴菲特的伯克希尔－哈撒韦是保险公司和投资基金的混合体）。资产管理公司或养老基金只使用别人的钱。

即使是银行系统中少量的股权，也代表着其他人的钱。股权来自股东；高级管理人员为其控制的基金承担个人财务责任的合伙制时代已经一去不复返了。巴菲特和许多对冲基金经理与他们的投资者一起进行重大投资，但这种事情极少发生，不是普遍现象。

处理别人的钱曾经被认为是一项繁重的责任。客户的存款被有选择性地贷给当地借款人，或者被放在政府股票和类似的安全资产上。养老基金和人寿保险公司是个人长期储蓄的主要工具，这些中介机构敏锐地意识到，在管理他人的资金时要保持审慎和忠诚。这就是麦卡迪法官严厉主持的世界。

"合格的交易对手"的概念是这种侵蚀他人资金责任的核心。作为零售客户，当购买金融产品时，你会得到一定程度的保护，尽管这通常在一定程度上不符合中介机构的忠诚和审慎义务："公平对待客户"（英国的标准）比"客户至上"更模糊，要求更低。然而，一旦你的资金转移到中介手中，这些保护措施就失效了。你的代理人肯定是权利较少的"专业投资者"，也许是"合格的交易对手"，对他们来说，"买者自负"或多或少是条规则。高盛的客户通常是"合格的交易对手"。

高盛的斯帕克斯和维尼亚在国会做证时几乎没有表现出对客户的尊重，但他们找到了理由——用监管术语来说也是如此，他们不是在与普通公众打交道。该公司的客户可能是"提线木偶"（格雷格·史密斯在从高盛辞职的当天在《纽约时报》上撰文称，这个词被频繁使用[9]），但他们是金融专业人士，要为自己的愚蠢负责。

这忽略了关键的一点。尽管几经周转，中介机构处理的钱还是普通公众的钱。管理他人资金的忠诚和审慎义务应转交给中介机构，并最终传递给使用储蓄者资金的公司、政府或其他机构。到那时，忠诚和审慎就成了公司董事、政府或任何负责任的代理人的义务。

当多诺霍夫人在她的姜汁啤酒中发现一只蜗牛时，上议院认定饮料制造商对她的疾病负有责任，尽管该公司与多诺霍夫人没有直接的合同关系。[10] 很难理解为什么金融中介机构的责任会比姜汁啤酒制造商的责任少得多。在日常生活中，我们非常认真地对待别人的钱，甚至希望孩子们能意识到别人的钱和自己的钱之间的明显区别。我们不应该期望以理财为职业的人会有更低的行为标准。许多金融界人士，尤其是零售银行和资产管理行业的人士都同意这一点。他们对利益冲突的不安不像维尼亚那样，仅仅是看到他们的道德困惑被记录在电子邮件上的不安。他们会承认并履行对那些拥有金钱的人的忠诚和审慎义务。

利益冲突是现代金融集团所固有的——这种冲突显然与妥善管理他人资金不相符。当斯帕克斯和高盛的维尼亚描述"伟大的法布"的Abacus交易时，他们并没有刻意强调这种责任感。事实上，斯帕克斯和维尼亚并不知道，也不可能知道这是谁的钱。Abacus赌注的一方是那些直接或间接投资约翰·保尔森对冲基金的人。另一方是那些持有保单或将存款存入机构的人，这些机构被愚蠢地通过分割抵押贷款支持证券创造的高评级债券吸引。一些个人和养老基金同时下注也是完全有可能的。这些倒霉的投资者不会知道，其他人也不会知道。

"客户至上"首先要确定目标客户。在"伟大的法布"的交易案例中，高盛可能一直代表保尔森的利益，保尔森希望押注次级抵押贷款普遍违约。或者，该公司可能一直代表基于这些抵押贷款的证券购买者的利益。高盛的交易也可能是为了高盛股东的利益。企业本应适当地对三方中的任何一方负有忠诚和审慎的义务，但不可能适当地代表所有三方行事。这种道德混乱的可预见结果是，在现实中，"伟大的法布"是在演戏，他不是为了这些当事人中的任何一个的利益，而是为了"伟大的法布"本身的利益。

在麦卡迪法官的时代，那些经手他人资金的人被要求避免利益冲突。现代监管架构只是让金融机构去"管理"利益冲突。麦卡迪理由充分地认为，如果一个经纪人发现自己处于一个可以利用冲突为自己谋利的位置，他很可能会利用这种冲突。

利益冲突伴随着文化冲突。零售银行业务应该以客户为中心，但必须是官僚主义和保守主义的——这是一个很难实现的组合，其成功实现与投资银行积极的销售导向和风险承担不相容。交易活动只涉及金融业一小部分人，但交易的风气已经污染了整个金融业。

匿名交易文化脱离了经济背景，贬低或消除了人际关系，助长了自我膨胀。除了更广泛的社会影响,这种风气不利于有效提供金融服务。职能变得混淆和混乱,削弱了在处理别人资金时秉持审慎和忠诚的必要性。在没有明确承认这些责任的情况下,那些谈论恢复金融行业信任的人只是在夸夸其谈。

结构性改革

> 当你出去为自由和真理而战的时候,千万不要穿你最好的裤子。
>
> ——易卜生《人民公敌》(1882年)

英国和美国在20世纪最后20年逐步放宽了对成立综合性金融机构的限制,事后看来,这是一个重大的政策失误。一站式商店能给客户带来一些好处,他们可以在一个商店购买所需的所有商品和服务。但与全球金融危机给世界经济带来的成本相比,这些好处微不足道。这些成本是这些企业集团内部和之间复杂交互的直接结果,并继续影响着金融体系之外的家庭和企业。

在全球金融危机中,这些稳定市场的紧急措施进一步扩大了金融集团的范围和规模。正如为保证银行流动性和偿付能力而采取的紧急措施一样,正确的短期应对措施与正确的长期应对措施恰恰相反。要使金融体系具有弹性,并以客户需求为导向,关键是回归到以专业机构为特征的市场结构。

金融业结构性改革的首要目标是降低复杂性和成本,增强稳定性，并促进储户和借款人之间的信息流动。这些目标应通过监管行动和市场力量的结合来实现。监管应侧重于结构性补救措施，其实施只需要有限度地使用判断——这些规则可以由循规蹈矩者加以监测。取消跨领域的交叉补贴以及政府补贴和担保，有利于市场进一步推动改革。

对实体经济中的家庭和企业来说，如今主导金融业的金融集团基本上没什么区别。寻找存款或长期投资渠道的储户、建立企业银行业务关系的公司、寻求资金的个人或企业借款人，都很难找出摩根大通、汇丰和德意志银行之间的任何区别，也很难找到令人信服的理由选择其中一家而不是另一家。商业模式的相似性在一定程度上是过度广泛的监管的结果，这必然会强加一个"一刀切"的框架。叮当兄和叮当弟之间的激烈竞争对两者本身关系重大，对它们的客户却无关紧要——主要是金融行业专注于自身的结果。目标是超越竞争对手，而不是服务于用户需求。

银行的适当经济角色是经营存款渠道，将短期存款导向借款人（主要是房屋所有者），并管理流动性供应，以协调存款安全与资金使用者的长期需求。政策目标应该是恢复存款人和借款人之间的线性中介框架。这种简化是实现储蓄者安全、经济和金融稳定、有效控制中介成本，并传递对资本配置做出良好决策所需信息的关键。

实施结构性改革的第一步是隔离存款渠道，以确保支付体系不会因金融集团的倒闭而受到损害。应取消对以存款作为抵押品的交易活动的补贴，即使不是完全消除，纳税人对常规存款的担保被收回的可能性也会受到限制。

在此期间，金融集团可能会变成金融控股公司，正如英国独立银行业委员会[11]和欧盟委托撰写的《利卡宁报告》所设想的那样。[12]但是这样的折中方案也有缺点。吸收存款和其他金融交易之间的围栏需要谨慎监管。文化交叉污染的问题仍然存在。

不过，只要"围栏"有效，这些企业集团本身作为控股公司进行交易就不会有什么财务优势。由于将投资银行和零售银行业务结合起来的管理问题会给金融机构本身带来成本，因此，有效的"围栏"很可能会导致它们自愿剥离吸收存款的业务。

这种"围栏"应该是分业经营进程的第一步。如果如今的大型金融机构不被允许利用其零售存款基础，并被剥夺政府资金、补贴或担保，它们将无法保持目前交易量的规模。它们内部的杠杆明显过高，以至其他交易员会对与它们打交道感到紧张。将交易量降至更合理的水平是另一个核心目标。

坚持明确区分机构和交易点，以进一步推进结构性改革。通过监管来管理冲突的尝试失败了，因为它催生了复杂的规则，却没有实现其根本目标。那些管理他人资金的人，或是对他人资金的管理提出建议的人，都是资金所有者的代理人。金融中介机构可以充当他人资金的托管人，也可以用自己的资金进行交易，但不能同时做这两件事。对客户的忠诚和审慎原则的有效应用，以及对避免利益冲突的坚持，终结了投资银行当前的业务模式，这种模式依赖于其多样化的活动来提供"优势"。

一些读者可能认为，仅存的两家大型独立投行之一高盛（另一家是摩根士丹利）是本书特别针对的目标。频繁提及高盛，并不是因为高盛高管或交易员特别贪腐——或许恰恰相反：这主要是该公司的成功及其引发的公众监督的结果。尽管高盛如今的声誉与过去相比已相去甚远，但在黯淡的形势下，它的地位仍高于许多其他公司。如果说高盛很多"校友"现在都担任着重要职位，那么在很大程度上是因为这家银行吸引了一些有才能的人。在这些人中，有加拿大央行前行长、英国央行行长马克·卡尼和美国商品期货交易委员会改革派主席加里·盖斯勒等人，即使在与前雇主利益不一致的情况下，他们也一直致力于追求公共利益。

但当前的投行模式无论适用于高盛这样的独立机构，还是适用于德意志银行这样的综合性金融集团，都是金融业给实体经济带来的问题的核心。投资银行如今从事证券发行、企业咨询和资产管理业务，做股票和 FICC 市场，并以自己的账户在这些市场进行交易。只需要列出这些业务，就可以看到每个活动都与其他活动相冲突。每一项都应在不同的机构内进行。随着银行间交易量下降、公开股票市场作用减弱以及资产管理公司更多地直接投资，这些活动的规模应该会大大缩小。

如今，在金融行业的所有参与者中，只有按所管理资金百分比收取费用的资产管理公司会因为无所事事而获得奖励。同样，专攻存款的银行的利润主要取决于其存款规模，其次是能否成功发放优质贷款。与专注于资金交易业务相比，专用的资本配置渠道有更合适的激励结构。

只要有风险，就会有赌徒。目标不应是消除投机性的短期交易活动。很难想象有人真的会这么做；禁止赌博几乎在所有尝试过的地方都失败了，通常会产生不良的副作用，成为犯罪行为的焦点。而且，即使消除短期交易的目标是可行的，实现它也不可取。交易员可能会提供资金，以满足投资者偶尔对流动性的真正需求——在找到下一位投资者之前变现的能力，并帮助稳定价格波动。目标应该是将交易量减少到适当水平，以满足非金融经济的实际需要。

但进行此类交易的工具是对冲基金。对冲基金是危险的——就像每一次用别人的钱下注一样。应该要求那些做短线交易的人用他们自己的钱进行交易：真正意义上他们自己的钱，或者是专门为此筹集的钱（在这种情况下，应该对资金的认购者负有审慎和忠诚义务）。

有关对冲基金发挥建设性作用的说法会让许多人感到震惊，对他们来说，对冲基金是金融化的罪魁祸首。许多人——我当然是其中之

——看到2003—2007年的信贷扩张将以悲剧告终，但认为对冲基金将处于这场风暴的中心。[13]我们错了。许多对冲基金消失了，但这并不重要。由于大型金融集团被卷入这场风暴，这场倒闭危机演变成了一场全球金融危机。

或许，对全球金融危机最奇怪的回应是欧盟寻求并实施了另类投资基金经理指令（AIFMD），这是对对冲基金和私募股权基金的攻击。一位匿名评论者将这一提议描述为，"利用在酒吧打架的机会，把角落里那个你从来都不喜欢的小家伙揍了一顿"[14]。但这些业务适用于那些与投资决策人有密切联系的人，以及那些非常清楚自己的钱将被用来做什么的人。无论如何，这些业务都应该与分支机构吸收存款的业务完全分开。

经营存款渠道的零售银行原本是相当乏味的机构，在这些机构中，贝利、班克斯和梅因沃林将再次感到宾至如归。嗯，也许我有点儿夸张了，但也没有特别夸张。储户储蓄的天然投资工具是政府借款和优质住房贷款。要恢复曾经主导住房金融市场的储蓄互助协会和建房互助协会的互助结构是不可能的。它们数十年积累起来的资本被花在给储户的意外之财和不明智的多元化投资上。如今，没有任何渠道可以获得足够数量、规模庞大、可用于大型互助企业的资本储备。新的住房机构将不得不从投资者那里筹集足够的股本。但应该有可能恢复当地对住房贷款的适当关注。此类机构应将有关房地产市场的知识和性格判断与自动信用评分相结合，并管理贷款直至偿还。

尽管吸收存款的机构应将投资资产限制在政府债券和住房抵押贷款上，但其他金融机构没有理由不拥有政府债券并发放住房贷款。事实上，对政府资金和更高贷款价值比的抵押贷款的需求规模需要这样的资金。

资产管理公司应该在投资渠道中扮演银行在存款渠道中同样的核

心角色。目标是相似的,为储户带来良好而稳定的回报,经济和金融稳定;控制成本;有形和无形资产及其管理的信息流动,提升经济效率,造福储户、客户、雇员和纳税人。

资产管理公司管理的中介不需要每天估值和赎回,这可能为资产管理公司及其客户提供了更大的灵活性和机会,使其免受公开市场的残酷统治和高频交易员的掠夺。资产管理公司可以通过投资风格和在资本配置领域的专业知识来实现差异化,而不是根据指数化的跟踪误差。这就需要专门的中介机构为消费信贷、小企业,或许还有非住宅地产提供资金。

用户的需求应该更加专业化。这一要求可能在小企业领域最为迫切。正如第 5 章所述,小企业的需求发生了变化。随着企业越来越轻资产,重知识,资本不再那么重要且更具可替代性,因此,中小企业部门对资本的需求往往是在发展初期为经营亏损提供资金,而不是以有形资产为担保进行借贷。一个世纪前,摩根大通告诉国会,"性格"是社交借贷的主要因素,如今现代企业性质的变化使企业家的性格变得更加重要,而企业资产所提供的安全性则不那么重要了。面对面的交流已被信用评分算法取代。

甚至在金融化之前,客户就受到了充当"财务顾问"的销售人员的影响,而现在这些人主导着银行分支机构,客户可能会受到更大的影响。佣金产生了对行动的偏见,也很难说服人们为"什么都不做"的好建议支付高额费用。即使在现在的英国,佣金在很大程度上也是被禁止的。监管政策仍抱有一种错觉,认为有可能为大众市场提供个性化的金融建议。但这种高水平的个人服务几十年前就从零售行业的大多数领域消失了:高质量的个性化建议太过昂贵,只有在高端市场才可行。与财务顾问相比,计算机有两个潜在的优势:计算机和它的程序员一样诚实,计算机的过程和结论可以被监控和审查。

由零售银行主导的存款渠道,以及由可信赖的、中介机构管理的、具有长期投资视野的资产管理公司组成的资产管理部门,就是我们重建旨在满足实体经济需求的金融部门的方式。

个人责任

雷诺队长:我很震惊,这里竟然有人在赌博!

(一名赌场管理员递给雷诺一大笔钱)

赌场管理员:你赢来的钱,先生。

雷诺队长:(低声说)哦,非常感谢。

雷诺队长(大声):所有人马上出去!

——《卡萨布兰卡》,华纳兄弟出品

当昨天听到这些指控时,我们都感到震惊。我必须告诉你,我对据称发生的这些事件很反感,不仅仅因为我当时是《世界新闻报》的主编。

——新闻国际首席执行官丽贝卡·布鲁克斯,2011年7月8日给员工的备忘录

1721年南海泡沫破裂后,英国财政大臣约翰·艾斯拉比被判犯有"最臭名昭著、最危险和最臭名远扬的腐败"罪,并被送进监狱。[15]全球金融危机爆发前,英国上一次重大银行倒闭危机是格拉斯哥市银行的危机,该银行于1878年倒闭。三个月内,所有董事都身陷囹圄。纽约证券交易所总裁理查德·惠特尼在纽约可怕的辛辛最高

安全监狱服刑三年多。甚至在 20 世纪 90 年代初，在美国放松对储蓄机构监管的过程中出现的最臭名昭著的骗子查尔斯·基廷和垃圾债券的发明者迈克尔·米尔肯也进了监狱。

新经济泡沫的替罪羊没有受到那么严厉的对待。美国证券交易委员会几乎没有投入什么精力或资源来查明不当行为，而这类案件是通过对现已名誉扫地的纽约州前总检察长艾略特·斯皮策的持续调查才得以曝光的。瑞士信贷银行的投资银行家弗兰克·夸特罗内被起诉，但是在上诉中他的定罪被推翻。夸特罗内期望通过配置热门股票获得朋友和客户的支持。美林分析师亨利·布罗吉特向客户推荐"一坨屎"股票，杰克·格鲁曼则以推荐股票为自己的孩子在广受欢迎的 92 街 Y 幼儿园换取了申请入学的资格。（格鲁曼对美国电话电报公司的评级令该公司首席执行官迈克尔·阿姆斯特朗感到高兴，他在花旗集团董事会的投票对桑迪·威尔解除花旗集团联合首席执行官约翰·里德的职务至关重要。花旗集团向这所学校捐赠了 100 万美元，这对格鲁曼一家的申请很有利。）

对全球金融危机的反应表明，失败的金融巨头受到惩罚的日子终于结束了。在 2007—2008 年的金融危机中，最应该受到谴责的三个人可能是：雷曼兄弟首席执行官迪克·富尔德，对美国国际集团倒闭负有责任的金融产品集团负责人乔·卡萨诺，以及率先出售次级抵押贷款的美国国家金融服务公司集团负责人安吉洛·莫兹罗。据传，这些人的财富仍远远超过 1 亿美元：正如第 5 章提到的，莫兹罗以 6 750 万美元与美国证券交易委员会达成了和解，但其他人都没有面临任何形式的诉讼。

在美国的这场危机中，只有小玩家因其行为面临刑事指控。伯纳德·麦道夫被判 150 年监禁。"伟大的法布"图尔被罚款 82.5 万美元。在因参与 2007—2008 年金融危机而入狱的财务高管中，级别最高的是佛罗里达州抵押贷款经纪公司 Taylor Bean & whitaker 董事长李·法尔卡斯。

在英国、法国和德国，与本次危机相关的起诉都没有发生。皇家银行的弗雷德·古德温从未寻求或实现美国金融领袖们普遍拥有的个人财富，尽管他似乎确实陶醉于他所谓的高级职位的特殊待遇：他周围都是曾在该行任职的体育健将。最终，古德温在公开场合受到羞辱，被剥夺了爵士头衔，并被迫接受银行对其养老金的削减。但他每年仍有 34.25 万英镑的退休金。

较小的国家就没那么宽容了。在爱尔兰，益格鲁爱尔兰银行的肖恩·菲茨帕特里克可能是所有金融机构首席执行官中最鲁莽的一位（金融行业竞争激烈），他破产并（失败）被起诉。虽然他的一些同伙被判有罪，但法官认为，把他们送进监狱是"极其不公平的"。然而，冰岛法院确实对倒闭的 Kaupthing 银行的董事长和首席执行官判处了长期监禁。

就美国和英国当局近期对金融业违规行为的指控而言，它们的目标一直是企业而非个人。"伟大的法布"是高盛的替罪羊。图尔留下的电子邮件线索如此骇人听闻，以至他的起诉成为引发众怒的导火索。该公司支付了 5.5 亿美元的罚款，以了结美国证券交易委员会就 Abacus 交易对该公司的指控，但并未承认其责任。与此同时，美国证券交易委员会同意不再追究对该公司的其他指控。

多年来负责华尔街事务的纽约南区联邦法官杰德·雷科夫对美国证券交易委员会与企业协商罚款的政策进行了激烈而有力的抨击，与高盛达成的和解就是其中一个例子：

> 仅仅针对公司，在技术上和道德上都是可疑的。从技术上讲这是可疑的，因为根据法律，除非你能够证明该公司的某些管理人员犯下了被指控的罪行，否则你不应起诉或威胁起诉该公司；但如果

你能证明这一点，为什么不直接起诉那些管理人员呢？从道德的角度来看，因为一些未被起诉的人所犯的罪行而惩罚一家公司及其众多无辜的员工和股东，这似乎违背了道德责任的基本概念。[16]

据《华尔街日报》估计，2012年和2013年，摩根大通支付超过250亿美元的费用以和解对公司的指控——一般来说不承认责任。[17]摩根大通的高管愿意拿出这么多钱来弥补过去的错误，因为用的是别人的钱。公布的罚款金额让事情看上去似乎很严重，但事实并非如此。值得注意的是，摩根大通的声誉——曾经，或许现在仍然是最受尊敬的金融服务公司——现在只因250亿美元的赔偿金而略微受损。雷科夫认为："成功起诉个人的未来威慑价值远远大于实施内部合规措施的预防效果，这些措施通常不过是装点门面而已。"[18]

监管机构选择了对公司施加商定的处罚这条几乎无效的方式，因为它们认为对个人或公司定罪太难了。[19]执法应该针对负责任的个人，而不是公司，这样定罪应该更容易。英国议会银行标准委员会正确地认识到个人责任是核心问题，因此引入了一些措施（包括"鲁莽银行"这一象征性的刑事犯罪）。[20]目标应该是严格的责任，即坚持"在我的监督下"的海军原则，个人要对其监督下发生的事情负责。到此为止。

严格责任意味着证明事件发生就足够了，而不需要证明责任人造成了该事件。没有必要进一步调查动机、追究责任或确切查明有关人士对不法行为知道多少。严格责任结束了负责人对下属行为表示无知和恐惧的辩护。令丽贝卡·布鲁克斯"震惊"的最严重指控是在其担任《世界新闻报》主编期间，该报工作人员窃听了一名被谋杀女学生的语音信箱。当得知员工在伦敦同业拆借利率中伪造利率报告时，鲍勃·戴蒙德感到"身体不适"。[21]"震惊"的辩护将不当行为与不负责任联系在一起，因为上司对其下属的具体行为置身事外。合理的原则应该是："如果你拿了报酬，你就得承担责任。"

一家银行的首席执行官因为出纳员把手伸进了钱柜就进了监狱，这似乎很残酷，也是不可取的。当下属代表金融机构履行其职责时，其行为应适用严格责任。这一表面权威原则将偷窃的银行职员与向客户销售预期会失败的产品的交易员区分开来。而且，当伪造利率或不当销售生产价格指数（PPI）是一种普遍做法，而不是某个流氓个人的行为时，那些负责人应该自动承担责任。

可能有人会争辩说，这样的措施会阻止人们接受负责任的职位。[22]但这恰恰是其目的：确保金融机构的高级职位只由那些理解并接受处理他人资金所涉及的繁重义务的人担任。个人责任建立了强有力的激励机制：它鼓励负责任的官员制定旨在对行为实施有效控制的流程和程序，而不是"装点门面"；它减少了做出冠冕堂皇的政策宣言的诱惑，这些政策宣言对那些被期望执行这些政策的人几乎没有影响。

个人责任对改革至关重要。但这不应该让任何人认为，唯一或主要的问题就是从桶里拣出烂苹果。无论是通过诋毁个人，还是通过对"银行家"的全面谴责，都把糟糕的结果归咎于坏人太容易了。与其他行业一样，金融业有道德标准高的人，也有道德标准低的人；一种人坚持他们认为正确的东西，另一种人认为遵循主流规范更容易，或更有益。

但我们是社会性动物，我们倾向于按照我们所处的环境所期望的方式行事。领导力，不管是好是坏，都能影响这些预期，但只是在边缘产生影响。在与金融界人士的交谈中，我对许多人感到震惊：他们希望把工作做得更好，却发现自己对工作的体系、雇主的价值观和业务要求、客户不切实际和不适当的要求，以及强加给他们的监管框架感到沮丧。只有共同解决所有这些问题，我们才能重新建立一个满足实体经济需求的金融体系。

-11-
金融的未来

> 我既不能原谅他,也不能喜欢他,但我明白他所做的一切,对他来说,是完全正当的。一切都很马虎,很混乱。他们都是粗心大意的人,汤姆和黛西——他们把东西和生物砸得粉碎,然后退回到他们的钱里,或者退回到他们极大的粗心大意里,或者退回到不管什么使他们待在一起的东西里,让别人来收拾他们制造的烂摊子。
>
> ——尼克·卡拉韦,债券推销员,斯科特·菲茨杰拉德《了不起的盖茨比》,1925年

> 经济学家和政治哲学家的观点,无论是正确的还是错误的,都比人们通常理解的更有影响力。事实上,这个世界几乎不受其他东西的支配。相信自己不受任何知识影响的实干家,通常是某个过时经济学家的奴隶。
>
> ——约翰·梅纳德·凯恩斯,《就业、利息和货币通论》,1936年,383页

现代西方经济体的金融部门过于庞大。它吸收了学院和大学相当一部分最有能力的毕业生。它的增长并没有与为非金融经济提供的服务——支付系统、资本配置、风险缓释和个人以及家庭的长期财务安

全——的相应改善相匹配。金融化进程形成了一种以紧密耦合和交互复杂性为特征的结构，由此产生的不稳定对非金融经济产生了破坏性影响。

金融市场的交易量达到了荒谬的水平，这种水平削弱而不是提高了金融中介的质量，增加了而不是分散了全球经济面临的风险。目前还没有能使这些交易量与经济稳定相协调的资本资源，将来也不会有。如果没有零售存款和纳税人提供的隐性或显性支持，现代投资银行的业务量是无法达到当前规模的。

金融业的现有结构需要更多的资本，而不是《巴塞尔协议Ⅲ》要求的少量额外资本。但股权投资者不会向金融企业集团提供所需规模的新资本。投资者不再信任银行的财务报表或管理层。他们对这些机构的长期盈利能力缺乏信心，并担心如果银行真的盈利，监管者和高管除了向股东分配利润，还有其他的优先事项。

相反，各国央行以较低的利率向金融集团发放大量贷款，希望它们能从交易中获得足够的利润，以重建资产负债表。但不能合理地要求纳税人以这种方式补贴银行，尤其是当其中很大一部分利润被抽走，用来奖励相关交易员和表面上监督他们的经理，使他们获得普通人做梦都想不到的薪酬水平时。与此同时，银行家及其游说者声称，为银行提供充足的股本将使银行的股本回报率降低到不具吸引力的水平，并抑制银行向实体经济贷款的正常职能。

如果一项业务无法筹集到足够的股本以确保充足的资本，或者在资本充足的情况下无法获得令人满意的股本回报率，那么市场经济学的教训是明确的：不应该进行此类业务；或者至少应该大幅削减其规模。这就是我们应该如何看待现有的银行体系。

我们需要一个金融部门来管理支付系统，为住房供应提供资金，重建基础设施，为退休提供资金，并支持新业务。但是，当今金融业的专业知识很少涉及支付的便利、住房的提供、大型建筑项目的管理、老年人的需要或小企业的培育。金融中介过程本身已经成为一种目的。

有价值的专业知识是了解其他金融中介机构的活动。这种专业知识不是用于创造新的资产，而是用于现有资产的重组。高薪和奖金的发放，并非出于对金融服务用户需求的充分理解，而是出于胜过竞争的市场参与者。一个迷失了目标的行业最极端的表现是，聘请了全球一些最优秀的数学和科学人才，设计计算机化证券交易的算法，利用其他交易算法的弱点。

但正如美国前财政部长拉里·萨默斯所言，金融并非一个数学难题。金融是为家庭和企业服务的。从事金融业务的个人和公司至少应该对用户的某些需求有专门的了解。我们需要目的明确、有重点的金融业务，以及与这一目的相适应的管理制度、治理制度和资本结构。我们应该致力于恢复和培育20世纪80年代以前存在于金融业中的丰富多样的机构和组织形式。

对这一建议最常见的批评是，它会"让时光倒流"。如果时钟显示的时间是错的，你就应该"让时光倒流"——在这种情况下，它的确是错的。即使有必要，我们也不可能像重建历史建筑那样，恢复一种特定的现状。然而，在一个经过几十年发展和演变的行业结构和监管流程中，智慧是存在的，这种智慧被政客的意识形态狂热和金融家及交易撮合者的个人野心摈弃了。

很多人很怀疑这个世界会有很大的不同。与我交谈过的金融界人士认为，很难想象未来的金融体系是这样的：大公司在回购市场上不活跃，资产支持证券不是住房融资不可或缺的一部分，没有期货合约或股市指数。然而，曾经有一段时期，这些东西都不存在，而且可能会再次出现这样的时期。我们需要花旗和高盛做的一些事情，事实上并不需要由它们来做。花旗和高盛所做的许多事情根本没必要做。

2008年，金融业濒临崩溃。世界上大多数主要金融机构的存续都依赖于政府的支持——在很大程度上，现在仍然如此。在全球金融危机期间，各国政府基本上可以对金融部门施加任何它们喜欢的条件。但它们没有强加什么条件。

在财政部长亨利·保尔森解释国会为拯救美国银行系统而拨付的7 000亿美元将如何分配的会议上，美林首席执行官约翰·塞恩（在美林倒闭时，他已经因花100万美元重新装修办公室而声名狼藉）迅速切入主题。"如果改变薪酬政策，您能为我们提供什么样的保护？"他问。[1]塞恩被他的新老板、美国银行的零售银行家肯·刘易斯斥责了一顿。不久之后，由于美国银行的愚蠢收购，刘易斯和塞恩都失业了。但在一个重要的方面，塞恩将是胜利者。2009年初，美林向员工发放了36亿美元的奖金。

即使在全球金融危机之后，金融业也普遍存在优越感。在很短的时间内，劳埃德·布兰克费恩就开始描述"上帝的工作"，而鲍勃·戴蒙德则宣称"悔恨的时代结束了"。[2]即使抛开"我们是华尔街"这种粗俗的无稽之谈，到2010年，自鸣得意和自我满足也取代了2008年弥漫整个行业的恐惧感，这是非同寻常的。

然而，危机并未结束。新的"流氓交易员"在保安的护送下离开了他们的办公桌。各种操纵利率的丑闻表明，危机深深根植在金融行业的文化之中。货币政策推高了资产价格，奖励了那些享受财富积累的人，而牺牲了那些从就业中获得收入的人。欧元区的混乱局面还在继续。

当2008年全球金融危机爆发时，所有政党的政治家和官员基本上都不知所措。奥巴马总统的幕僚长伊曼纽尔说，永远不要让一场危机被白白浪费，但危机确实被浪费掉了。[3]伊曼纽尔的冷嘲热讽体现了现代政治的务实现实主义特征。但是，在这种情况下，"现实主义"

往往没有结果，因为缺乏分析或知识内容的实用主义只能做无效的修补。缺乏解释性的叙述导致语无伦次的反应。在政治左翼方面，那些等资本主义在自身内部矛盾的重压下垮台等了一个世纪的政党，因为担心资本主义可能真的会崩溃而陷入恐慌。社会主义在某些国家的失败已经耗尽了欧洲左派知识分子的自信。银行国有化，这个曾经的图腾政策，即使作为一种权宜之计，也遭到人们的唾弃。

对右翼人士来说，这些事件证明，市场能够自我平衡的说法是错误的。新自由主义理论显然不足以解释当时的经济或政治。过了一段时间，其拥护者才成功地说服自己（如果没有说服其他人），这场危机是由政府干预市场造成的。

金融化的失败几乎没有削弱这一学说的影响力。认为盈利能力是社会合法性的衡量标准的信念不仅在金融业深入人心，还蔓延至整个商界。冷静地看，"我们是华尔街"的抗议与犯罪团伙的宣言几乎没有区别。人们普遍不能区分利润创造与财富创造，或者看清资源的挪用和资源的生产之间的区别，以及对接近欺诈且有时越界的活动加以许可的意愿。

市场体系的支持者和批评者都未能认识到，投资银行的交易大厅不是市场经济的缩影，而是市场经济的累赘。左翼和右翼观察家都错误地认为，西方经济体的金融化进程是这些西方经济体在与东欧中央政权在竞争中取得成功的一部分。

利润体现价值这一荒谬的命题也证明了它同样荒谬的对立面：利润本身是不道德的。但是，如果一项活动对社会的贡献是由发起人从中赚了多少钱来判断的，那么金融和商业以外的人就会认为，这种价值观不应该出现在学校和医院，或者出现在制药业、基础设施和超市附近。他们鄙视银行家。

那种认为棒球卡交易可以促进繁荣的想法与一种经济模式有关，

这种模式误解了市场在使复杂的现代经济体能够管理信息方面发挥的（重要）作用。价格是一种信号，价格机制是资源配置的重要指引：但这并不意味着彭博社网站上不断变化的价格是对时代智慧完整而全面的升华。无论是一部莎士比亚戏剧还是一个商业组织，除了价格，还有许多衡量价值的指标。尽管这些经济模型对自由市场在现实中是如何运作的，往好了说是一种过度简化，往坏了说是一种歪曲，但它们的言辞一直都很有力，而且很方便。

但是，意识形态的影响并不仅仅取决于其思想的力量。如今，金融业是所有工业游说团体中最强大的。国际货币基金组织前首席经济学家西蒙·约翰逊将华尔街与历史上支配大多数国家的寡头政治进行了深刻的比较。[4] 经济权力是用来巩固政治权力的；政治权力是用来增强经济权力的，这是一个自我强化的过程。

在前现代的欧洲社会，寡头政治建立在对土地的所有权和招募大批人为国王服务或与竞争对手作战的能力上。宗教寡头也是这样的。在今天的俄罗斯，以及许多新兴经济体，寡头政治的核心是对基础设施和自然资源的控制。对强盗大亨的打击是阻止美国寡头政治出现的一次（部分成功的）尝试。

只要政府存在，寡头的影响就一直很强大。在美国，没有比金钱更能发挥金融力量的东西了。竞选资金对政客的重要性，以及金融部门的应对准备，确保了华尔街在国会听证会上的优势。金钱也在欧洲政治中发挥作用，但规模要小得多，而且影响力也没有那么大。

英国是一个复杂的例子。腐败的偏袒交易减少了。但政界人士对伦敦成功将自己置于全球金融舞台的中心地位，以及他们被告知伦敦已带来的税收和其他经济利益，都持保护立场。英国金融服务管理局前主席阿代尔·特纳称其为"思维俘获"。[5] 伦敦金融城到处都是能言善辩、聪明富有的人。政治家或许更善于表达，但往往不那么聪明，当然也不那么富有,他们对此印象深刻。如果想找人解释一种债务抵押债券,你可以求助的人很少,而且不包括很多对这项创新持批评态度的人。

在拥有庞大金融系统的国家中,法国和德国的反市场言论最为强烈。但它们也是自全球金融危机以来在实施实质性金融改革方面做得最少的国家。主要原因是两国本能的社团主义,将金融服务中的国家利益与大型国家金融服务公司的利益等同起来。因此,不仅在国内政策上,而且(尤其是)在国际金融谈判的立场上,德意志银行的声音都被视为德国的声音。德国的政策立场也受到其他许多地区和社区银行的地方政治联系(这些联系既有积极方面,也有许多消极方面)的影响。在法国,精英阶层的身份可以在董事会成员和内阁成员之间游刃有余地切换,强化了国家和国家工业龙头是一体的这种认识。由于法国和德国是欧盟最有影响力的两个成员国,企业的影响力延伸到了布鲁塞尔的会议室。

除非减少金钱对政治的影响,否则金融改革很难取得进展。美国的情况似乎无法修复。如今花在竞选上的钱是不合理的,2010年,最高法院在"联合公民"一案中裁定,对企业政治献金的限制违反了《第一修正案》的言论自由权利,这打开了企业支出的闸门。欧洲通常对竞选开支有法律和实际限制,但结果是,数额小得惊人的资金也能产生重大影响。人们对有偿持有的观点的表达不是言论自由,而是对言论自由的否定。国家对政党的资助,加上对其他资金来源的严格限制,似乎是为(更)诚实的政治付出的廉价代价。

将高级政界人士和官员送入私营企业高薪职位的"旋转门"仍在旋转。公共部门和私营机构之间的知识和经验交流对社会有实实在在的好处;但退休的政治家应该只是政治家,而不是身价千万的经纪人,前公务员的专业特长应该服务于公共利益,而不是个人利益。给那些在公共部门任职的人支付远低于私营部门标准的薪酬，期望他们以后能弥补差额，这种做法对政策的损害程度与它节省的公共资金不成比例。

政策制定者应该能够获得其他建议来源，并加以利用。我在第2章和第8章解释了学术界——或许是向权力表达真相的最天然的渠道——如何以及为什么在很大程度上未能在金融领域发挥这种冷静的作用。占主导地位的知识范式与一个愿意促进其发展并为其追随者提供资金的行业相契合。记者依赖于他们的消息来源，不可避免会受到日常谈话对象观点的影响，很容易被俘获。如果不这么做，他们很可能会发现自己被排除在信息之外，从而导致他们产生不知情的敌意。

监管机构中有许多真正追求公共利益的人，但只要监管政策关注的是规范性规则手册，而不是结构和激励，就不会取得什么进展。在一个监管专业人士的会议上，几分钟的时间就会有人大声呼喊，希望大家不要只见树木，不见森林。全球金融危机对监管行业来说可能是一个倒退，但实际上是一个巨大的推动。"加强监管"的呼声很普遍，人们几乎不可能跟上描述新机构、委员会和监督机构的大量首字母缩略词的步伐。而且，无论措辞如何，这些活动都不是为了进行根本性的改革，而是为了更好地，或至少是更广泛地利用监管者及其同僚已有的技能和专业知识。

尽管如此，仍有许多在金融行业工作或曾经工作的人，许多学识渊博又对传统智慧持批评态度的人：一些人在资产管理行业工作，另一些人则是幡然醒悟的投资银行前雇员。但是没有一个组织搜集这些声音。[6]我开始相信，行业内外的许多人都对他们所认为的全球投资银行无处不在的权力和影响力感到害怕（尽管在公开场合保持沉默——他们很少参与公开辩论）。

这种权力和影响力导致金融行业根本上的结构性改革短期内是不可行的。然而，寡头政治的本质是寡头是少数，这一点在"占领华尔街"的口号"我们是99%"中得到了生动的体现。但要确定这99%的人反对什么，比确定他们支持什么更容易。当我经过突兀地坐落在伦敦市中心，也是英国示威发生地的圣保罗教堂的墓地时，我发现了一块写着"禁止高频交易"的牌子，但我找不到这个牌子的作者，也找不到任何一个愿意参与评论的人。我所发现的是一群语无伦次但充满好奇的左翼、环保主义者和无政府主义者。

　　这种不一致是全球金融危机之后公众无重点的愤怒的典型表现：对金融业的愤怒，对未能预见危机或有效应对危机的政治失败的愤怒。大多数国家将危机期间执政的政府——无论是左翼还是右翼——赶下台。但这并没有对金融部门的公共政策产生实质性的影响。除了呼吁"加强监管"，没有任何知识框架来支持这样的政策，这怎么可能呢？

　　也许，我们这个时代最重大的政治发展是民粹主义愤怒，民众不再相信他们所生活的国家与自己的价值观是一致的，他们认为自己在国家整体繁荣中所得到的少于他们应得的份额。作为对被认为与普通民众需求脱节的民主政治的回应，发达国家的边缘政党吸引了"落后"群体的选票，美国的茶党、英国的英国独立党、法国的国民阵线、意大利的贝佩·格里洛的五星运动、希腊激进左翼联盟和金色黎明党，这些政党除了都认为"他们"（当权者）无法理解或认同抗议者的需求和价值观，没有任何共同点。

　　在全球金融危机爆发以来的几年里，即使是在政治中心，抨击银行家也具有民粹主义的吸引力，而各个政治派别的竞选者都因沉迷于此而赢得了掌声。憎恨银行家的选民远远超过银行家，甚至超过那些被雇用的"为自己做市的冒险家"。但是，大多数选民有其他事情要考虑，而金融行业的专业游说者则没有。游说者一直在，当涉及法律或法规的细节时,他们的影响无可避免地至关重要。投资银行家经常出入财政部。蒂莫西·盖特纳在他的回忆录中理直气壮地抱怨道,他经常被误认为是银行家,甚至被误认为是高盛一派的同党,而实际上,他的职业生涯是在公共服务领域度过的。然而,他似乎并没有停下来问自己,为什么这个错误如此频繁地出现。

建立一个更小、更简单、更适合非金融经济需要的金融服务系统,以实现高效的支付系统、有效的资本配置、更强的经济稳定性、更安全的计划和管理我们的个人财务,以及对咨询顾问有更合理的信心,这是有可能的。我们不会在明天或明年醒来,就发现一切都已实现。那么,描绘这一愿景毫无意义吗?我不这么认为。我在公共政策、商业和学术界的经历让我相信,本章开始时凯恩斯的那些言论是正确的——思想的长期力量。"那些凭空臆想的掌权的疯子,通常从几年前的某些三流学者那里提炼出了他们的疯狂。"[7]如今,谢天谢地,我们没有几个"掌权的疯子"了。像盖特纳这样规规矩矩的普通官员更为典型,但他们同样需要,或许也更容易吸纳周围的观点。

衡量成功影响公共政策的标准是,你过去的想法今天依然是新颖的,将来则会作为传统智慧被传承下去。在我的一生中,政治可能性的边界已经发生了如此大的变化,而且发生得如此频繁——英国的煤矿被关闭了,铁路被私有化了,同性婚姻被允许了,黑人当选总统了,以至受到所谓"政治可能性"的限制简直是一种想象力的失败。在民主社会中,对权力滥用最有效的反击是教育在创造知情的公众舆论方面的作用,本书旨在为实现这一目标做出贡献。

这里的建议旨在为即将面临下一次金融危机的民主政治家们提供指导。必将出现另一场重大的金融危机:金融化危机反复发生的根本决定因素没有改变,本书试图解释脆弱性如何以及为何持续增加。当前的政策轨迹是以日益严重的金融危机为特征的。这并不一定意味着每场危机都会比之前的危机更严重,只意味着趋势是上升的。已经制定的但并不很有效的监管措施针对的是上一次危机,而不是下一次危机。

本书概述的金融业重组旨在为深思熟虑的政策制定者如何为下一次危机做准备提供一个临时蓝图。他们本可以利用危机后对金融部门的控制来重组该行业。但他们没有,这使得他们肯定会得到另一个机会——也许会再次犯类似的错误。

大萧条使世界陷入政治和经济灾难,但当时娴熟的政治领导人在国内和国际上做出了妥协,确保了民主和市场经济的未来——尽管差距不是很大。风险很高,但金融不是一场游戏,用体育比喻是不合适的。是时候回去工作了:认真负责地管理别人的钱。

结语
皇帝侍卫的新衣

从前有一位伟大的皇帝,他统治着广袤的土地。帝国的宝藏被保存在一个箱子里,由身穿细条纹套装、头戴圆顶礼帽的人看守,这些人诚实而无趣,他们代表皇室支付款项并接受皇帝臣民的进贡。

但有一天,新来了一个人,他穿的不是传统的细条纹套装,而是一套用最好的丝线绣金的衣服。这位皇帝对花哨的服装心存疑虑,因为几年前他曾被一对儿冒充裁缝的管理顾问骗过。骗子曾承诺制作一件划时代的华丽服装,却未能兑现。于是他仔细地检查了一下。但毫无疑问,这套服装就是真正的舍曼·麦科伊。

新来者的衣服越来越华丽,他在宫廷里被称为"金人"。他得到了大量的随从,从帝国遥远的角落招募了一些最优秀的数学家,他们会求解微分方程。还有交易员。金人的雇员不满足于只在箱子里留下多余的财宝。每天,交易员彼此之间都在传递宝箱,速度之快、技巧之熟练,以至几乎没有人注意到在路上擦掉的金片。很快,金人及其侍从就成了帝国最富足的臣民。

金人的名声广为流传,帝国各地的商人纷纷前来寻求他的建议。金人精美的衣服不正是他非凡的技巧和智慧的见证吗?他身上不断增加的金子,不正是他的倡议给帝国带来繁荣的标志吗?皇帝很看重金人的建议，不仅在管理帝国宝藏方面，而且在所有国家事务上。很快，金人就成了皇帝所有顾问中最有权势的人。

有一天，出了一桩大丑闻，交易员之一的"雷曼"突然瘫倒了。当他倒下的时候，他的宝箱被撞开了，人们发现里面空无一物。经过一番深刻的反省，皇帝下令对帝国宝箱中的宝物进行一次查验。

人们发现，用来购买金人华丽衣服的钱、交易员的奖金和解微分方程者的薪水都是从帝国宝箱里拿出来的。自金人进入宫廷以来，表面上的繁荣景象完全是虚幻的。金人和交易员被扒光衣服，拖着走上街头，人们高呼："他们赤身裸体，不过是普通人！"他们被送进了很深的地牢里，在那里，那两个早先用假冒服装残忍欺骗皇帝的管理顾问还在受苦。于是，会求解微分方程的数学家又回到了设计火箭的任务上，以便进一步扩大这个伟大帝国的疆域。

致谢

我有幸能够将学术和公共政策背景与 20 多年来的金融运作高层经验结合起来。我要感谢使这个在英国不寻常的机会成为可能的人,特别是马克·康沃尔－琼斯、乔恩·福尔兹和艾伦·麦克林托克（已过世）。马克、乔恩和艾伦代表了伦敦金融城最好的传统：高智商、完全正直,对管理他人资金的强烈责任感。

在金融界,这样的人仍有很多,虽然可能比以前少了。这本书受益于与他们中的许多人的讨论,尤其是在我 2012—2013 年为英国政府进行股票市场审查期间。我非常感谢英国商业、创新和技能大臣文斯·凯布尔邀请我参与这项工作,以及他所在部门的团队对我的支持。

伊丽莎白·贝茨从项目的早期就一直是一位尽职尽责的研究助理,我非常感谢她的帮助,也感谢罗伯特·梅茨,他在这本书快完成时接替了伊丽莎白的工作。斯科特·埃德蒙兹和卡伦·西提供了额外的支持。菲利普·奥格、阿马尔·比德、戴维·伯达尼斯、尼克·亨格福特、罗伯特·詹金斯、默文·金,布朗温·马多克斯和弗兰克·帕特诺伊对手稿的草稿做出了有益的评论,这也包括 Profile Books 出版社的苏珊娜·汉密尔顿和安德鲁·富兰克林。米卡·奥尔德姆自始至终都支持这个项目,她也是一位细心的编辑。特别感谢乔·查林顿,17年来,她一直是我的私人助理,如果没有她,我就不可能保持生活和工作的协调。

注释

更详细的说明和来源细节可以在 www.johnkay.com 上找到。

序言 | 从一头牛说起
1. 这个寓言的一个版本最早出现在 2012 年 7 月 25 日的《金融时报》上。
2. Surowiecki, J.M., 2005, *The Wisdom of Crowds: Why the Many Are Smarter than the Few*, London, Abacus.

前言 | 好事过犹不及
1. A survey is Levine, R., 2005, 'Finance and Growth: Theory and Evidence', in *Handbook of Economic Growth*, ed. Aghion, P., and Durlauf, S.N., Amsterdam, Elsevier, pp. 865–934.
2. 人们普遍认为该词是由杰拉尔德·爱泼斯坦首创的。Epstein, G.A. (ed.), 2005, *Financialisation and the World Economy*, Cheltenham, Edward Elgar.
3. 这种描述似乎是通过澳大利亚时任总理陆克文首先在澳大利亚被广泛使用的。
4. Summers, L.H., 1985, 'On Economics and Finance', *Journal of Finance*, 40 (3), July, pp. 633–635.

1 | 历史
1. Summers, L.H., 2004, 'Fourth Annual Marshall J. Seidman Lecture on Health Policy', remarks at Harvard University, Boston, MA, 27 April.
2. 据报道,2010 年这封邮件在华尔街广泛流传,并在第二年以其为基础向"占领"抗议者印发了有关传单。
3. Haldane, A.G., 2010, 'Patience and Finance', Oxford China Business Forum, Beijing, 2 September.
4. Tonnies, F., 1887, *Gemeinschaft und Gesellschaft*, Leipzig, Fues; trans. Weber, M., 1978, as *Economy and Society*, Oakland, CA, University of California Press.

5. Black, F., and Scholes, M., 1973, 'The Pricing of Options and Corporate Liabilities', *Journal of Political Economy*, 81 (3), May–June, pp. 637–654.
6. 这一称号由美国证券交易委员会授予约 10 家企业。实际上，穆迪和标准普尔这两家公司占据了主导地位，而排在第三位的惠誉国际与前两者拉开了很大的差距。
7. Coates, J.M., and Herbert, J., 2008, 'Endogenous Steroids and Financial Risk Taking on a London Trading Floor', *Proceedings of the National Academy of Sciences*, 105 (16), pp. 6167–6172.
8. Lewis, M., 1989, *Liar's Poker: Two Cities, True Greed*, London, Hodder & Stoughton, p. 93.
9. Salmon. F., 2009, 'Recipe for Disaster', *Wired*, 22 March.
10. Stephens, P., 1996, *Politics and the Pound: The Conservatives' Struggle with Sterling*, London, Macmillan.
11. Lack, S., 2012, *The Hedge Fund Mirage: The Illusion of Big Money and Why It's Too Good To Be True*, Hoboken, NJ, Wiley.
12. Bloomberg Billionaires, 2012,http://www.bloomberg.com/billionaires/2014-07-18/cya, *Bloomberg Businessweek*, 20 February.
13. Bryan, L.L., 1988, *Breaking Up the Bank: Rethinking an Industry Under Siege*, Homewood, IL, Dow Jones–Irwin 以及 Litan, R. E., 1988, 'The Future of Banking: Are "Narrow" Banks the Answer?', *Proceedings*, 219, Federal Reserve Bank of Chicago, pp. 639–645.
14. 金融化的一个结果是在大型会计师事务所的游说下发展了有限责任合伙企业。
15. DLJ，一个小得多的机构，在 12 年前就已经转型了。
16. Lewis, M.M., 2011, *Boomerang: The Meltdown Tour*, London, Allen Lane.
17. Nakamoto, M., and Wighton, D., 2007, 'Citigroup Chief Stays Bullish on Buy-Outs', *Financial Times*, 9 July.
18. 牛顿最初被报道说，他可以"计算不稳定物体的运动，但不能计算大众的疯狂"，参见 Francis, J., 1850, 'Chronicles and Characters of the Stock Exchange', *The Church of England Quarterly Review*, 27 (6), pp. 128–155，但上述更简洁的措辞现在广泛流传。
19. Macmillan, H., 1957, 'Leader's Speech', remarks at Conservative Party rally, Bedford, 20 July.
20. Rieffel, A., 2003, *Restructuring Sovereign Debt: The Case for Ad Hoc Machinery*, Washington, DC, Brookings Institution Press, pp. 289–294.
21. 对由此产生的崩溃进行的有趣描述可参见 Harris, R., 2012, *The Fear Index*, London, Arrow Books, is an amusing description of a resulting meltdown.
22. Van Agtmael, A., 2007, *The Emerging Markets Century: How a New Breed of World-Class Companies Is Overtaking the World*, London, Simon and Schuster.
23. Meeker, M., 1995, *The Internet Report*, New York, Morgan Stanley.
24. Lucas Jr, R.E., 2003, 'Macroeconomic Priorities', *The American Economic*

Review, 93 (1), March, pp. 1–14.
25. Bernanke, B.S., 2004, 'The Great Moderation', remarks by Governor Ben S. Bernanke at the meeting of the Eastern Economic Association, Washington, DC, 20 February.
26. Draghi, M., 2012, 'Speech by Mario Draghi President of the European Central Bank', remarks at Global Investment Conference, London, 26 July.
27. Tuckett, D., 2011, *Minding the Markets*, London, Palgrave Macmillan.
28. Josephson, M., 1934, *The Robber Barons: The Great American Capitalists, 1861–1901*, New York, Harcourt, Brace & Co.
29. Tarbell, I.M., 1904, *The History of the Standard Oil Company*, New York, McClure, Phillips & Co.
30. Sinclair, U., 1906, *The Jungle*, London, Werner Laurie.
31. Jensen, M.C., and Meckling, W.H., 1976, 'Theory of the Firm: Governance, Residual Claims and Organizational Forms', *Journal of Financial Economics (JFE)*, 3 (4). Rappaport, A., 1986, *CreatingShareholder Value: The New Standard for Business Performance*, New York, Free Press.
32. Welch, J.F., 1981, 'Growing Fast in a Slow–Growth Economy', speech to financial community representatives, Hotel Pierre, New York, 8 December.
33. Manne, H.G., 1965, 'Mergers and the Market for Corporate Control', *The Journal of Political Economy*, 73 (2), April, pp. 110–120.
34. Burrough, B., and Helyar, J., 1990, *Barbarians at the Gate: The Fall of RJR Nabisco*, London, Arrow.
35. Reader, W.J., 1970–1975, *Imperial Chemical Industries: A History*, London, Oxford University Press.
36. Kay, J., 2010, *Obliquity*, London, Profile Books.
37. Langley, M., 2003, *Tearing Down the Walls*, New York, Simon & Schuster, pp. 324–325.
38. Guerrera, F., 2009, 'Welch Condemns Share Price Focus', *Financial Times*, 12 March.
39. Storrs, F., 2006, 'The 50 Wealthiest Bostonians', *Boston Magazine*, March.
40. 虽然从年表上看,里德(1939年出生)比韦尔奇(1935年出生)和威尔(1933年出生)都要年轻。
41. *Mail on Sunday*, 23 May 2009.
42. Berle, A., and Means, G., 1932, *The Modern Corporation and Private Property*, New York, Macmillan.
43. Bakija, J., Cole, A., and Heim, B.T., 2012, *Jobs and Income Growth of Top Earners and the Laws of Changing Income Inequality: Evidence from US Tax Return Data*, Office of Tax Analysis.
44. US Bureau of the Census, 2013, 'Income, Poverty, and Health Insurance Coverage in the US', http://www.census.gov/prod/2013pubs/p60-245.pdf. 由于单身家庭数

量的增加，普通个人收入的停滞不前没有这一数字显示的那么夸张。但这一趋势确实存在，而且在英国也重现了，只是由于福利的增加部分抵消了这一变化，导致停滞效应不是特别明显。Institute for Fiscal Studies, 2011, 'Why Did Britain's Households Get Richer?', London.

45. Taibbi, M., 2009, 'The Great American Bubble Machine', *Rolling Stone*, 9 July.

2 | 风险

1. Rajan, R.G., 2005, 'Has Financial Development Made the World Riskier?', *Proceedings*, Federal Reserve Bank of Kansas City, August, pp. 313-369.
2. Kohn, D.L., 2005, 'Commentary: Has Financial Development Made the World Riskier?', *Proceedings*, Federal Reserve Bank of Kansas City, August, pp. 371-379.
3. Greenspan, A., 1999, 'Financial Derivatives', speech to the Futures Industry Association, Boca Raton, FL, 19 March.
4. Summers, L.H., 2005, 'General Discussion: Has Financial Development Made the World Riskier?', *Proceedings*, Federal Reserve Bank of Kansas City, August, pp. 387-397.
5. Bernanke, B.S., 2006, 'Modern Risk Management and Banking Supervision', remarks at the Stonier Graduate School of Banking, Washington, DC, 12 June.
6. Geithner, T.F., 2006, 'Risk Management Challenges in the U.S. Financial System', remarks at the Global Association of Risk Professionals 7th Annual Risk Management Convention & Exhibition, New York City, 28 February.
7. 从美联储退休后，科恩成为英国央行审慎监管局的成员。
8. Henderson, P.D., 1977, 'Two British Errors: Their Probable Size and Some Possible Lessons', *Oxford Economic Papers*, 29 (2), July, pp. 159-205.
9. Brittan, S., 1973, *Is There an Economic Consensus?* London, Macmillan.
10. 还有一件事，在复利的作用下，他们现在可以买回曼哈顿岛了。
11. Greenspan, A., 1999, 'Financial Derivatives', speech to the Futures Industry Association, Boca Raton, FL, 19 March.
12. Albert, M., 1993, *Capitalismecontrecapitalisme*, Paris, Seuil; trans. ByP. Haviland as *Capitalism vs Capitalism,* London, Whurr Publishers.
13. Carlill v. Carbolic Smoke Ball Company (1892), 2QB 489. 碳酸烟球案是英国法律中最令人难忘的案件之一。据称这种石炭酸烟丸能够有效预防流感，因此制造商答应给发现它不起作用的人100英镑。卡利尔夫人在使用烟丸后感染了流感，当公司拒绝付款时她起诉了公司。后来的英国首相赫伯特·阿斯奎斯为该公司提出了许多似是而非的论点，其中之一是，该要约是一种赌博，因此无法执行。
14. 御用大律师罗宾·波茨为国际掉期与衍生工具协会准备的观点。Erskine Chambers, 24 June 1997, para. 5, citing Wilson v. Jones (1867) 2 Exch. Div. 150; cited in Kimball-Stanley, A., 2008, 'Insurance and Credit Default Swaps: Should

Like Things Be Treated Alike?', *Connecticut Insurance Law Journal*, 15 (1), p. 247.

15. 关于劳合社市场的崩溃和复苏的描述可参见 Duguid, A., 2014, *On the Brink: How a Crisis Transformed Lloyd's of London*, Basingstoke, Palgrave Macmillan.
16. Cohan, W.D., 2011, *Money and Power: How Goldman Sachs Came to Rule the World*, New York, Random House, p. 515.
17. Ceresney, A., 2013, 'Statement on the Tourre Verdict', US Securities and Exchange Commission Public Statement, 1 August.
18. Loewenstein, G., 1987, 'Anticipation and the Value of Delayed Consumption', *Economic Journal*, 97 (387), September, pp. 666–684.
19. 有多项相关研究。Malkiel, B. G., 2012, *A Random Walk down Wall Street*, 10th edn, New York and London, W.W. Norton. pp. 177–183; Porter, G.E., and Trifts, J.W., 2014, 'The Career Paths of Mutual Fund Managers: The Role of Merit', *Financial Analysts Journal*, 70 (4), July/August, pp. 55–71.Philips, C.B.,Kinniry Jr, F.M., Schlanger, T., and Hirt, J.M., 2014, 'The Case for Index-Fund Investing', Vanguard Research, April,https://advisors.vanguard.com/VGApp/iip/site/advisor/researchcommentary/article/IWE_InvComCase4Index.
20. 卡尼曼本人对此并不感到内疚。Kahneman, D., 2011, *Thinking Fast and Slow*, New York, Farrar, Straus and Giroux.
21. Rubin, R., 2004, *In an Uncertain World*, New York, Random House.
22. 唐纳德·拉姆斯菲尔德对于"未知的未知"的描述很有名。Taleb, N.N., 2007, *The Black Swan: The Impact of the Highly Improbable*, London, Penguin.
23. Greenspan, A., 2008, Statement to the House, Committee on Oversight and Government Reform, Hearing, 23 October (Serial 110–209).
24. 出处同上。
25. Tett, G., 2013, 'An Interview with Alan Greenspan', *FT Magazine*, 25 October.
26. Ramsey, F.P., 1926, 'Truth and Probability', in Ramsey, F.P., 1931, *The Foundations of Mathematics and Other Logical Essays*, ed. Braithwaite, R.B., London, Kegan, Paul, Trench, Trubner& Co.
27. Buffett, W., 1988, Chairman's Letter to the Shareholders of Berkshire Hathaway Inc.
28. Fox, J., 2009, *The Myth of the Rational Market*, New York, Harper Business, pp. 86–88.
29. Isaacson, W., 2013, *Steve Jobs: The Exclusive Biography*, New York, Little Brown.
30. Hair, P.E.H., 1971, 'Deaths from Violence in Britain: A Tentative Survey', *Population Studies*, 25 (1), pp. 5–24.
31. Adams, J., 1995, *Risk: The Policy Implications of Risk Compensation and Plural Rationalities*, London, Routledge.
32. Geithner, T., 2014, *Stress Test*, New York, Crown.
33. Donne, J., 1987, *Devotions upon Emergent Occasions*（Originally published 1624）, ed. Raspa, A., New York, Oxford University Press.
34. Tuckett, D., 2011, *Minding the Markets*, London, Palgrave Macmillan, p. 18.

35. Sinclair, U., 1994, I, *Candidate for Governor: And How I Got Licked*（Originally published 1935）, London, University of California Press, p. 109.

3 | 中介

1. McCardie, J., Armstrong v. Jackson (1917) 2KB 822.
2. 乔治·阿克尔洛夫以二手车市场为例，强调了当存在信息不对称时，市场是如何崩溃的。Akerlof, G.A., 1970, 'The Market for "Lemons": Quality Uncertainty and the Market Mechanism', *Quarterly Journal of Economics*, 84 (3), pp. 488-500.
3. Shiller, R.J., 1981, 'Do Stock Prices Move Too Much to Be Justified by Subsequent Changes in Dividends?', *The American Economic Review*, 71 (3), June, pp. 421-436.
4. Kay, J., 2012, 'The Kay Review of UK Equity Markets and Long-Term Decision Making', Final Report, https://www.gov.uk/government/uploads/system/uploads/attachment_data/file/253454/bis-12-917-kay-review-of-equity-markets-final-report.pdf.
5. 在安然公司的欺诈过程中，该公司带着分析师参观了一个新的"交易室"，实际上是一个骗局。McLean, B., and Elkind, P., 2003, *The Smartest Guys in the Room: The Amazing Rise and Scandalous Fall of Enron*, New York, Penguin, pp. 179-180. 失败的美国抵押贷款再保险商房利美的盈利增长异常频繁，以至最终被指控欺诈，并被迫重述账目。Morgenson, G., and Rosner, J., 2011, *Reckless Endangerment*, New York, Times Books, Henry Holt & Co., pp.118-119.
6. Galton, F., 1907, 'Vox Populi (The Wisdom of Crowds)', *Nature*, 1949 (75), pp. 450-451. "从一头牛说起"的寓言就是从这篇文章开始流传的。
7. Keynes, J.M., 1936, *The General Theory of Employment, Interest and Money*, London, Macmillan, p. 156.
8. Lack, S., 2012, *The Hedge Fund Mirage: The Illusion of Big Money and Why It's Too Good to Be True*, Hoboken, NJ, Wiley.
9. 金融经济学中最著名的命题之一——通常被称为莫迪利亚尼-米勒定理——强调了风险与回报之间的关系，以及金融工程无论多么复杂，都无法降低整体风险。债务与股权的比率越大，债务和股权的风险和回报就越大。假设一个项目50%的资金来自债务，回报率为5%，50%来自风险更高的股权，预期回报率为10%。现在，假设项目的发起人将债务占比从二分之一提高到三分之二。债务风险更大，因此要求的回报率会更高，比如6%。股权风险也更高，因此承诺的回报率也需要更高，比如10.5%。在这个例子中，项目融资的总成本（债务回报率6%，股权回报率10.5%）与采用最初的50/50融资方法时的成本相同，为7.5%。Modigliani, F., and Miller, M.H., 1958, 'The Cost of Capital, Corporation Finance and the Theory of Investment', *The American Economic Review*, 48 (3), June, pp. 261-297.
10. 参见尼古拉斯·纳西姆·塔勒布所著的 *Fooled by Randomness: The Hidden Role of Chance in the Markets and in Life*, London and New York, Texere, 2001。其中作

者指出这个问题实际上是金融部门交易的核心问题。
11. 20世纪70年代，在美国海上石油钻探许可证的拍卖中，"赢家的诅咒"首次被发现。这些许可证传统上以固定和适中的价格提供给合格的投标人。但市场原教旨主义意识形态的兴起促使联邦政府拍卖它们。竞标者是主要的石油公司。事后看来，他们付出了太多。这并不是因为他们被拍卖的热度吸引——尽管他们可能是，而是因为为这些公司工作的地质学家在相当不确定的条件下工作。当一家公司对一个区块的估价高于其他石油公司同等能力的专业人员时，通常的原因是他们的地质学家搞砸了。

4 | 利润

1. Buffett, W., 1988, Chairman's Letter to the Shareholders of Berkshire Hathaway Inc.
2. Cookson, R., 2012, 'Here Be Dragons: Anthony Bolton', *Financial Times*, 12 May.
3. Goodman, A., 2013, 'Top 40 Buffett-isms: Inspiration to Become a Better Investor', *Forbes*, 25 September.
4. Zweig, J., 2011, 'Keynes:HeDidn'tSayHalfofWhatHeSaid.OrDidHe?', *The Wall Street Journal MarketBeat*, 11 February.
5. 高价格将吸引新入行者进入该行业。这就是投资基金和房地产公司太多的原因。而要加入外科手术行业则受到医学院容量的限制。
6. Abrahamson, M., Jenkinson, T., and Jones, H., 2011, 'Why Don't U.S. Issuers Demand European Fees for IPOs?', *Journal of Finance*, 66 (6), December, Sabin, P., pp.2055–2082.
7. Augar, P., 2006, *The Greed Merchants: How the Investment Banks Played the Free Market Game*, London, Penguin, p.107.
8. ElPasoCorporation, ShareholderLitigation, 2012, Del.Ch41A.3d432.
9. 参见高盛商业行为和道德准则。http://www.goldmansachs.com/investor-relations/corporate-governance/corporate-governance-doucuments/revise-code-of-conduct.pdf. 最近访问：2014年7月31日。
10. Cohan, W. D., 2012, *Money and Power*, London, Penguin.
11. Summers, L., 2000, Remarks of Treasury Secretary Lawrence H. Summers to the Securities Industry Association, Office of Public Affairs, 9 November.
12. 2007年8月9日的投资者电话会议记录，彭博社网站，2008年11月25日报道。
13. Congressional Oversight Panel, June Oversight Report: The AIG Rescue, Its Impact on Markets, and the Government's Exit Strategy, 10 June 2010.
14. Shaxson, N., 2011, *Treasure Islands*, New York, St Martin'sPress.
15. Taleb, N.N., 2007, *The Black Swan: The Impact of the Highly Improbable*, London, Penguin, p.43.
16. Edwards, J.S.S., Kay, J.A., and Mayer, C.P., 1987, *The Economic Analysis of Accounting Profitability*, Oxford, Oxford University Press.
17. McLean, B., and Elkind, P., 2003, *The Smartest Guys in the Room: The Amazing Rise and Scandalous Fall of Enron*, New York, Penguin, p.41.

18. Galbraith, J.K., 1955, *The Great Crash, 1929,* London, HamishHamilton, pp.137–139.
19. Munger, C.T., 2000, 'Talk of Charles T. Munger to Breakfast Meeting of the Philanthropy Round Table', remarks at Philanthropy Round Table, Pasadena, CA, 10 November.
20. 更复杂的是,银行持有"交易账簿"和"银行账簿",前者适用于按市值计价会计准则,后者不适用。这为两者之间的资产套利创造了明显的(且有利可图的)空间。
21. 在进一步自说自话的扭曲中,如果没有实际的市场,你可以通过参考有市场的证券价格来估计假如有市场时价格会是多少——"按模型定价"。
22. 在欧洲银行业,按市值计价会计准则的应用已引起争议。2003年至2007年,信贷市场蓬勃发展,银行和银行家利用贷款证券化产生的虚构利润来提高利润、奖金和资产负债表。与人们天真的预料不同,此时这种争议并不存在。有关这种会计惯例的争议始于金融危机之后,当时许多较早以更高价格出售的复杂金融工具实际上已经无法出售。一直以来,没有人真正知道或了解其中的内容,现在人们终于认识到这一点。其结果是,这些资产只能以非常低的价格"按市值计价"。银行辩称——或许不无道理,按市值计价的做法低估了它们的价值。
23. Lucchetti, A., and Timiraos, N., 2010, 'After $9 Billion Loss, Trader Revives Career', *The Wall Street Journal,* 13 September.
24. Buffett, W., 1989, Chairman's Letter to the Shareholders of Berkshire Hathaway Inc.
25. Partnoy, F., 2009, *The Match King,* London, Profile Books, argues that, adjusted for inflation, Ivar Kreuger's Ponzi scheme was even larger.
26. Taleb, N.N., 2001, *Fooled by Randomness: The Hidden Role of Chance in the Markets and in Life,* London and New York, Texere, p. 22.
27. Salz, A., 2013, *Salz Review: An Independent Review of Barclays' Business Practices,* London, April, provides an account of how this was the case at Barclays.
28. Basel Committee on Banking Supervision (BCBS), 2010, 'An Assessment of the Long-Term Economic Impact of Stronger Capital and Liquidity Requirements', Basel, Bank for International Settlements.
29. Draghi, M., 2012, 'Speech by Mario Draghi President of the European Central Bank', remarks at Global Investment Conference, London, 26 July.
30. Final Report: Oral and Written Evidence, 23 November 2011, HC 680 2011–2012, Ev 62. House of Commons Treasury Committee, Independent Commission on Banking.
31. Haldane, A.G., 2010, 'The $100 Billion Question', remarks at the Institute of Regulation & Risk, Hong Kong, 30 March.
32. International Monetary Fund, 2014, Global Financial Stability Report: Moving from Liquidity- to Growth-Driven Markets, Washington, DC, April, p. 104, https://www.imf.org/external/pubs/ft/gfsr/2014/02/pdf/text.pdf.
33. 《银行家》杂志估计,2013年银行业总利润为9 200亿美元,创历史新高,其中约三分之一与中资银行有关。

5 | 资本配置

1. Arlidge, J., 2009, '"I'm Doing God's Work": Meet Mr. Goldman Sachs', *The Sunday Times*, 8 November. 受益于天意的不只是高盛；杰夫·斯基林声称，他在安然做的是上帝的工作。McLean, B., and Elkind, P., 2003, *The Smartest Guys in the Room: The Amazing Rise and Scandalous Fall of Enron*, New York, Penguin. p. xxv.
2. Putnam, R.D, 2000, *Bowling Alone*, New York, Simon and Schuster, 将社会资本的概念和短语引入并推广到现代用语中。
3. 托马斯·皮凯蒂（2014, *Capital in The Twenty-First Century*, Cambridge, MA, The Belknap Press of Harvard University Press）所著的这本被广泛引用的书中的数据主要依赖于上述第一种方法——实物资产评估，尽管他的很多讨论似乎与第二种方法有关。
4. 这些估计的质量并不高，尤其是就长期公共资产而言。主要的计算方法是"永续存货"法，它使用 solera 原则，每年增加报告的新投资并对现有存量进行重估和折旧。例如，在伦敦地铁的案例中，我们不清楚在评估价值时应该应用什么原则。
5. Wallison, P.J., 2011, Dissenting Statement, Financial Crisis Inquiry Commission, January.
6. Lewis, M.M., 2010, *The Big Short: Inside the Doomsday Machine*, London, Allen Lane and Mian, A., and Sufi, A., 2014, *House of Debt: How They (and You) Caused the Great Recession, and How We Can Prevent It from Happening Again*, Chicago and London, The University of Chicago Press.
7. Megginson, W.L., and Netter, J.M., 2001, 'From State to Market: A Survey of Empirical Studies on Privatization', *Journal of Economic Literature*, 39 (2), June, pp. 321–389.
8. 关于公共和私营部门反复出现的问题的解释参见 Flyvberg, B., 2003, *Megaprojects and Risk*, Cambridge, Cambridge University Press。
9. King, A., and Crewe, I., 2013, *The Blunders of Our Governments*, London, Oneworld, pp. 201–221.
10. 参见高盛 2013 年年报。
11. Lewis, M.M., 2004, *Moneyball: The Art of Winning an Unfair Game*, New York and London, W.W. Norton.
12. 对其金融方面的出色描述参见 Janeway, W.H., 2012, *Doing Capitalism in the Innovation Economy*, Cambridge, Cambridge University Press。
13. Simon, H., 1996, *Hidden Champions*, Boston, MA, HBS Press；Simon, H., 2009, *Hidden Champions of the 21st Century*, London and New York, Springer Verlag.
14. 因此，新任命的金融服务专员希尔勋爵解释说："欧盟企业 80% 的融资来自银行，20% 来自债务证券。在美国，根据你阅读的是哪组统计数据，或者你在与哪些统计学家交谈，大体上说，这一比例是相反的。现在，我并不是在告诉你，我们应该——或者可以——简单地复制美国的做法。但这些数字阐释了一个明显的对比。我的目标很明确:帮助解冻欧洲各地目前被冻结的资金，并将其用于支持欧洲企业，尤其是中小企业。"这是希尔勋爵 2014 年 11 月 6 日在布鲁塞尔的演讲。除了不可交易资产，很难给"冻结资本"赋予任何明

注释

确的含义。

15. Bloomberg Billionaires, 2012, http://www.bloomberg.com/billionaires/2014-07-18/cya, *Bloomberg Businessweek*, 20 February.

6 | 存款渠道

1. 这包括为家庭服务的非营利机构。
2. 如今品牌估值是一项广泛而可疑的业务；例如，无形资产的核算可参见 http://www.interbrand.com/en/BestRetailBrands/2014/best-retail-brands-methodology.aspx。
3. Whittard, D., 2012, '1 The UK's External Balance Sheet-the International Investment Position (IIP)', Office for National Statistics, March.
4. Murray, A., 2009, 'Paul Volcker: Think More Boldly', *The Wall Street Journal*, 14 December.
5. 菲利克斯·马丁提供了一个关于石币"fei"的极好的历史例子，在密克罗尼西亚，石头即使掉到海里也继续被用作计账单位。Martin, F., 2013, *Money: The Unauthorised Biography*, London, Bodley Head.
6. Taleb, N.N., 2012, *Antifragile: Things That Gain from Disorder*, New York, Random House.
7. Taylor, M., 2014, 'Banks Have Failed to Exorcise Their Technical Gremlins', *Financial Times*, 30 January.
8. House of Commons Treasury Committee, The Future of Cheques, 24 August 2011, HC 1147, pp. 2010-2012.
9. 据研究机构"对冲基金研究"统计，目前存在的对冲基金数量约为1万只，其中每年平均有1 000只倒闭。
10. Buffett, W., 2002, Chairman's Letter to the Shareholders of Berkshire Hathaway Inc.
11. 德意志银行资产负债表上的资产——7 680亿欧元——是那些未偿付的衍生品合约的价值，目前这些合约的价值为正。根据美国通用会计准则，如果一份衍生品合约显示亏损，而与同一交易对手的另一份衍生品合约显示盈利，那么你只需要记录与该交易对手交易的净利润或净亏损。即使一种衍生品是利率掉期，而另一种是远期外汇合约，这种将一种合约与另一种合约"净额"的方法也适用。
12. Vickers, J.S., 2011, *Independent Commission on Banking Final Report: Recommendations*, London, HMSO.
13. Liikanen, E. (chair), 2012, *Report of the European Commission's High-Level Expert Group on Bank Structural Reform*, EU Commission, October.
14. Dodd-Frank Wall Street Reform and Consumer Protection Act, Ch. 17, 12 U.S.C., § 1851.

7 | 投资渠道

1. 西奥多·罗斯福的反托拉斯检察官将最初的标准石油公司拆分成许多业务，其中新泽西州的标准石油公司，即后来的埃克森是最大的。

2. Andrews, S., 2010, 'Larry Fink's $12 Trillion Shadow', *Vanity Fair*, April.
3. 'Top Asset Management Firms', www.relbanks.com.
4. Galbraith, J.K., 1954, *The Great Crash*, Boston, MA, Houghton Mifflin.
5. Lenzner, R., 2009, '"Bid 'Em Up Bruce": A Winner, Hands Down', *Forbes*, 14 October.
6. Burrough, B., and Helyar, J., 1990, Barbarians at the Gate: The Fall of RJR Nabisco, London, Arrow. 沃瑟斯坦自传: Wasserstein, B., *Big Deal*, New York, Warner, 1998。
7. Bogle, J.C., 1999, *Common Sense on Mutual Funds: New Imperatives for the Intelligent Investor*, New York and Chichester, John Wiley.
8. Kay, J., 2009, *The Long and the Short of It: A Guide to Finance and Investment for Normally Intelligent People Who Aren't in the Industry*, London, The Erasmus Press.
9. Cannacord Genuity, 2014, Annual investment trust handbook.

8 | 监管

1. 苏格兰有不同的法律体系。
2. Hoshi, T., 2001, 'What Happened to Japanese Banks?' *Monetary and Economic Studies*, 19 (1), February, pp. 1–29.
3. Tor, M., and Sarfraz, S., 2013, 'Largest 100 Banks in the World', *SNL Financial LC*, 23 December.
4. Mirrlees, J.A., et al., 2011, *Tax by Design*, Oxford, Oxford University Press.
5. 我写过这样一本书，不过是很久以前的事了。Kay, J.A., and King, M.A., 1979, *The British Tax System*, Oxford, Clarendon Press, 5th edn, 1992.
6. Von Mises, L., 1927, *Liberalismus*, Jena, Gustav Fischer. Hayek, F.A., 1944, *The Road to Serfdom*, London, Routledge & Kegan Paul.
7. 这一论点的有力阐述可参见 Bhidé, A., 2011, *A Call for Judgment*, Oxford, Oxford University Press。
8. 出自克利福德·斯托尔和加里·舒伯特。Keeler, M.R., 2006, *Nothing to Hide*, Lincoln, NE, iUniverse, Inc., p.112
9. 尽管当局有不起诉的自由裁量权，但人们希望他们已经这么做了。如最高法院在德克斯案中的判决所规定的，美国法律要求具有欺诈意图；要根据欧洲法律定罪，只要这些信息对价格敏感——欺诈行为肯定是这样，而且当事人知道自己未经授权持有这些信息就足够了。
10. Soble, R.L., and Dallos, R.E., 1975, *The Impossible Dream: The Equity Funding Story; The Fraud of the Century*, New York, G.P. Putnam's Sons.
11. Americans for Financial Reform, 2014, 11 December, http:// ourfinancialsecurity.org/#.
12. Sunlight Foundation, 2009, 1 December; Sunlight Foundation, 2013, 25 March, http://sunlightfoundation.com/.
13. 杜鲁门不会为商业代言、游说、写信或打电话"收取任何费用"。他"不会接受咨询费"。"如果不是我卖掉了我哥哥、姐姐和我从母亲那里继承的一些财产，我实际上会得到救济，但卖掉这些财产后，我在经济上就不会陷入困境了。"哈里·杜鲁门，1957 年。McCullough, D., 1992, *Truman*, New York, Simon & Schuster, p. 988. 克莱门特·艾德礼于 1967 年去世，留下了 7 295 英镑的遗产。

14. Corporate Europe Observatory, April 2014.
15. Bureau of Investigative Journalism, 2012, 9 July, http://www. thebureauinvestigates.com/.
16. ProPublica, 2013, 10 October, http://www.propublica.org/article/ ny–fed–fired–examiner–who–took–on–goldman.
17. Markopolos, H., 2010, *No One Would Listen: A True Financial Thriller*, Hoboken, NJ, Wiley.
18. Ferguson, C. (prod. and dir.), and Marrs, A. (prod.), 2010, *Inside Job*, United States, Sony Pictures Classics.
19. Stigler, G.J., 1971, 'The Theory of Economic Regulation', *The Bell Journal of Economics and Management Science*, 2 (1), Spring, pp. 3–21.
20. Dekker, S., 2012, *Just Culture*, Aldershot, Ashgate.

9 | 经济政策

1. Woodward, R.U., 2001, *Maestro: Greenspan's Fed and the American Boom*, New York and London, Simon & Schuster.
2. Greenspan, A., 2008, Statement to the House, Committee on Oversight and Government Reform, Hearing, 23 October (Serial 110–209).
3. Carlson, M.A., 2006, 'A Brief History of the 1987 Stock Market Crash with a Discussion of the Federal Reserve Response', *Finance and Economics Discussion Series 2007-2013*, Divisions of Research & Statistics and Monetary Affairs Federal Reserve Board, p. 10.
4. 出处同上，第 19 页
5. 出处同上
6. Bagehot, W., 1873, *Lombard Street: A Description of the Money Market*, New York, Scribner, Armstrong & Co.
7. Federal Reserve, Recent balance sheet trends.
8. Bank of England, Annual Reports 2007–2014, Financial Statements.
9. Reinhart, C.M., and Rogoff, K.S., 2010, 'Growth in a Time of Debt', *American Economic Review: Papers & Proceedings*, 100 (2), May, pp. 573–578.
10. Herndon, T., Ash, M., and Pollin, R., 2013, 'Does High Public Debt Consistently Stifle Economic Growth? A Critique of Reinhart andRogoff', University of Amherst, Political Economic Research Institute Working Paper 322. 这篇评论受到的关注几乎和原文一样多。
11. 最新的（2014 年）受托人报告显示，该基金足以支付当前和预计到 2042 年的福利。国会预算办公室认为这是令人悲观的。
12. "答案"似乎是，股权投资会获得非常高的回报率。这一论点的混乱之处不胜枚举。领养老金的人吃的面包就是今天烤的面包。
13. Kamstra, M.J., and Shiller, R.J., 2010, 'Trills Instead of T–Bills: It's Time to

Replace Part of Government Debt with Shares in GDP', *The Economists' Voice*, 7 (3), September.
14. Dilnot, 2011, The Commission on Funding of Care and Support, July, http://webarchive.nationalarchives.gov.uk/20130221130239/http://dilnotcommission.dh.gov.uk/.
15. Kotlikoff, L.J., 1992, *Generational Accounting: Knowing Who Pays, and When, for What We Spend*, New York, Free Press.
16. Brokaw, T., 1998, *The Greatest Generation*, New York, Random House.
17. Burroughs, W.S., *Letter from a Master Addict to Dangerous Drugs*, written in 1956, first published in *The British Journal of Addiction*, 52 (2) (January 1957), p. 1. 后在 *The Naked Lunch* 中被用作脚注。
18. OECD, 2013, Population and Employment by Main Activity.
19. International Labour Organization, 2012, Employee Distribution by Economic Activity and Occupation.
20. City of London Corporation 2013.
21. Office for National Statistics, *Business Register and Employment Survey*, 2013.
22. Haldane, A., Brennan, S., and Madouras, V., *What is the Contribution of the Financial Sector?* in Turner, A., et al., 2010, *The Future of Finance*, London, London School of Economics.
23. Office for National Statistics, 2014, *The United Kingdom Balance of Payments Pink Book 2014*.
24. Reich, R.B., 1990, 'Who Is Us?', *Harvard Business Review*, January.
25. HM Revenue and Customs, 2014, *Corporation Tax Statistics*, Table 11.1A.
26. Office for National Statistics, 2014, *Public Sector Accounts*, November.
27. Office for National Statistics, 2014, *United Kingdom Nation Accounts: The Blue Book*, Table 2.2.
28. Barclays Plc, 2014, *Annual Report 2013*, p. 123 (available from www.barclays.com).
29. HM Revenue and Customs, 2014, *Pay-As-You-Earn and Corporate Tax Receipts from the Banking Sector*.
30. Salz Review, 2013, *An Independent Review of Barclays' Business Practices*, 3 April.
31. Barclays plc, 2014, *Annual Report 2013*, p. 122 (available from www.barclays.com).
32. Partnoy, F., 2009, *FIASCO: Blood in the Water on Wall Street*, London, Profile Books.

10 | 改革

1. Tobin, J., 1978, 'A Proposal for International Monetary Reform', *Eastern Economic Journal*, 4 (3–4), pp. 153–159.
2. Adams, R.McC., 1981, *Heartland of Cities*, Chicago, University of Chicago Press, p. xvii. Tainter, J., 1988, *The Collapse of Complex Societies*, Cambridge, Cambridge University Press, p. 1.
3. 挑战者号航天飞机在起飞时爆炸，7名机组人员遇难。费曼是诺贝尔物理学奖得主，也是迄今为止任何学科最优秀的讲师之一，他保证了委员会结论的清晰性——据报道，他拒绝在报告上签字，除非报告将这些评论包括在内。
4. 安德鲁·罗斯·索尔金的同名小说成了畅销书，甚至还被拍成了电影。
5. Tainter, J., 1988, *The Collapse of Complex Societies*, Cambridge, Cambridge University Press.
6. Perrow, C.B., 1984, *Normal Accidents: Living with High-Risk Technologies*, New York, Basic Books.
7. Admati, A.R., and Hellwig, M.F., 2013, *The Bankers' New Clothes: What's Wrong with Banking and What to Do about It*, Princeton and Oxford, Princeton University Press, pp. 176–183. Miles, D.K., Yang, J., and Marcheggiano, G., 2013, 'Optimal Bank Capital', *The Economic Journal*, 123 (567), pp. 1–37.
8. 这很难以任何精确的方式确定。一个指标是美国标准普尔500指数从高峰到低谷的跌幅，2000年至2002年以及2008年至2009年其跌幅分别为50%和54%。
9. Smith, G., 2012, 'Why I Am Leaving Goldman Sachs', *The New York Times*, 14 March.
10. Donoghue v. Stevenson [1932] AC 562.
11. Vickers, J.S., 2011, *Independent Commission on Banking Final Report: Recommendations*, London, HMSO.
12. Liikanen, E. (chair), 2012, *Report of the European Commission's High-Level Expert Group on Bank Structural Reform*, EU Commission, October.
13. 同时期的评估参见www.Johnkay.com。
14. *Financial Times*, 2009, 'Government's Response Like That of a Rowdy Drinker in a Bar Brawl', 5 July.
15. Sedgwick, R., 1970, *The House of Commons 1715-1754*, New York, Oxford University Press, p. 409.
16. Rakoff, J.S., 2014, 'The Financial Crisis: Why Have No High-Level Executives Been Prosecuted?', *The New York Review of Books*, 9 January.
17. Farrell, M., 2014, 'J.P. Morgan Adds $2.6 Billion to Its $25 Billion Plus Tally of Recent Settlements', *The Wall Street Journal MoneyBeat*, 7 January.
18. Rakoff op.cit.
19. 这一机制受到欢迎的另一个原因是，它已成为一种收入来源，尤其是对国家而言。英国财政大臣乔治·奥斯本把罚款捐给了军事慈善机构，赢得了廉价的掌声。
20. Parliamentary Commission on Banking Standards, 2013, *Changing Banking for Good*, First Report of Session 2013-2014, 12 June.
21. House of Commons Treasury Committee, 2012, *Fixing LIBOR: Some Preliminary Findings*, Vol. 2: *Oral and Written Evidence*, 4 July, HC 481-II 2012-13, Ev 10.
22. 2014年10月，汇丰银行的两名董事辞职，理由是银行董事面临新的法律责任。

11 | 金融的未来

1. Sorkin, A.R., 2009, *Too Big to Fail: Inside the Battle to Save Wall Street*, London, Allen Lane, p. 525. 这一说法得到了出席会议的盖特纳的证实。
2. Goff, S., and Parker, G., 2011, 'Diamond Says Time for Remorse is Over', *Financial Times*, 11 January.
3. Zeleny, J., 2008, 'Obama Weighs Quick Undoing of Bush Policy', *The New York Times*, 9 November.
4. Johnson, S., and Kwak, J., 2010, *13 Bankers: The Wall Street Takeover and the Next Financial Meltdown*, New York, Random House.
8. Turner, A., 2009, 'How to Tame Global Finance', *Prospect*, 27 August.
6. 欧洲议会富有想象力地资助了金融观察组织来对抗这种游说,尽管其资源规模相对来说微不足道。Schumann, H., 2012, 'Finance Watch: A Lobby to Break the Lobbies', *VoxEurop*, 23 February.
7. Keynes, J.M., 1936, *The General Theory of Employment, Interest and Money*, London, Macmillan, p. 383.

参考文献

Abrahamson, M., Jenkinson, T., and Jones, H., 2011, 'Why Don't U.S. Issuers Demand European Fees for IPOs?', *Journal of Finance*, 66 (6), December, pp. 2055-82.

Adams, J., 1995, *Risk: The Policy Implications of Risk Compensation and Plural Rationalities*, London, Routledge.

Adams, R.McC., 1981, *Heartland of Cities*, Chicago, University of Chicago Press.

Admati, A.R., and Hellwig, M.F., 2013, *The Bankers' New Clothes: What's Wrong with Banking and What to Do about It*, Princeton and Oxford, Princeton University Press.

Akerlof, G.A., 1970, 'The Market for "Lemons": Quality Uncertainty and the Market Mechanism', *Quarterly Journal of Economics*, 84 (3), pp. 488-500.

Albert, M., 1993, *Capitalisme contre capitalisme*, Paris, Seuil; trans. P. Haviland as *Capitalism vs Capitalism*, London, Whurr Publishers.

Americans for Financial Reform, 2014, 11 December, http://ourfinancialsecurity.org/#.

Andrews, S., 2010, 'Larry Fink's $12 Trillion Shadow', *Vanity Fair*, April.

ARCADIS, 2014, Global Built Asset Performance Index 2014.

Arlidge, J., 2009, '"I'm Doing God's Work": Meet Mr. Goldman Sachs', *The Sunday Times*, 8 November.

Armstrong *v.* Jackson, 1917, 2 KB 822.

Arner, D.W., 2009, 'The Competition of International Financial Centres and the Role of Law', *Economic Law as an Economic Good: Its Rule Function and Its Tool Function in the Competition of Systems*, ed. Meessen, K.,

Munich, Sellier, Chapter 16.

'As Goldman and Morgan Stanley Shift, a Wall St. Era Ends', 2008, *The Wall Street Journal DealBook*, 21 September.

Atkinson, A.B., and Morelli, S., 2014, *Chartbook of Economic Inequality*, ECINEQ Working Paper.

Augar, P., 2006, *The Greed Merchants: How the Investment Banks Played the Free Market Game*, London, Penguin.

Bagehot, W., 1873, *Lombard Street: A Description of the Money Market*, New York, Scribner, Armstrong & Co.

Bakija, J., Cole, A., and Heim, B.T., 2012, *Jobs and Income Growth of Top Earners and the Laws of Changing Income Inequality: Evidence from US Tax Return Data, Office of Tax Analysis*.

Bank of England, Annual Reports 2007–14, financial statements.

Basel Committee on Banking Supervision (BCBS), 2010, 'An Assessment of the Long-Term Economic Impact of Stronger Capital and Liquidity Requirements', Basel, Bank for International Settlements.

Berle, A., and Means, G., 1932, *The Modern Corporation and Private Property*, New York, Macmillan.

Bernanke, B.S., 2004, 'The Great Moderation', remarks by Governor Ben S. Bernanke at the meeting of the Eastern Economic Association, Washington, DC, 20 February.

Bernanke, B.S., 2006, 'Modern Risk Management and Banking Supervision', remarks at the Stonier Graduate School of Banking, Washington, DC, 12 June.

Bhidé, A., 2011, *A Call for Judgment*, New York, Oxford University Press.

BIS, 2013, *Triennial Central Bank Survey: Foreign Exchange Turnover in April 2013: Preliminary Global Results*, Basel, Bank for International Settlements.

Black, F., and Scholes, M., 1973, 'The Pricing of Options and Corporate Liabilities', *Journal of Political Economy*, 81 (3), May–June, pp. 637–54.

Bloomberg Billionaires, 2012, http://www.bloomberg.com/billionaires/2014-07-18/cya.

Bloomberg Businessweek, 20 February.

Bogle, J.C., 1999, *Common Sense on Mutual Funds: New Imperatives for the Intelligent Investor*, New York and Chichester, John Wiley.

Brandeis, L., 1914, *Other People's Money*, New York, F.A. Stokes.

Brittan, S., 1973, *Is There an Economic Consensus?* London, Macmillan.

Brokaw, T., 1998, *The Greatest Generation*, New York, Random House.

Brumbaugh, R.D., and Carron, A.S., 1987, 'Thrift Industry Crisis: Causes and Solutions', *Brookings Papers on Economic Activity*, 18 (2), 1987, pp. 349–88.

Bryan, L.L., 1988, *Breaking Up the Bank: Rethinking an Industry under Siege*, Homewood, IL, Dow Jones-Irwin.

Buffett, W., 1988, Chairman's Letter to the Shareholders of Berkshire Hathaway Inc.

Buffett, W., 1989, Chairman's Letter to the Shareholders of Berkshire Hathaway Inc.

Buffett, W., 2002, Chairman's Letter to the Shareholders of Berkshire Hathaway Inc.

Bureau of Investigative Journalism, 2012, 9 July, http://www.thebureauinvestigates.com/.

Burrough, B., and Helyar, J., 1990, *Barbarians at the Gate: The Fall of RJR Nabisco*, London, Arrow.

Burroughs, W.S., 1957, *Letter from a Master Addict to Dangerous Drugs*, first published in *The British Journal of Addiction*, 52 (2) (January 1957), p. 1, and later used as footnotes in *The Naked Lunch*.

Cannacord Genuity, 2014, Annual investment trust handbook.

Carlill v. Carbolic Smoke Ball Company, 1892, 2QB 489.

Carlson, M.A., 2006, 'A Brief History of the 1987 Stock Market Crash with a Discussion of the Federal Reserve Response', *Finance and Economics Discussion Series 2007–13*, Divisions of Research and Statistics and Monetary Affairs Federal Reserve Board, p. 10.

Cassidy, J., 2002, *Dot.con: How America Lost Its Mind and Money in the Internet Era*, New York, HarperCollins.

Ceresney, A., 2013, 'Statement on the Tourre Verdict', US Securities and Exchange Commission Public Statement, 1 August.

Chan, S., and Story, L., 2010, 'Goldman Pays $550 Million to Settle Fraud Case', *The New York Times*, 15 July.

Chernow, R., 2010, *The House of Morgan: An American Banking Dynasty and the Rise of Modern Finance*, New York, Grove Press.

Chrisafis, A., 2012, 'Nicolas Sarkozy's Worst Election Fear Realized with Loss of AAA Rating', *The Guardian*, 13 January.

Citizens United v. Federal Election Commission, 2010, 558 U.S. No. 08-205.

CNNMoney, 1999, 'End of an Era for Goldman', 3 May.

Coates, J.M., and Herbert, J., 2008, 'Endogenous Steroids and Financial Risk Taking on a London Trading Floor', *Proceedings of the National Academy of Sciences*, 105 (16), pp. 6167–72.

Cohan, W.D., 2011, *Money and Power: How Goldman Sachs Came to Rule the World*, New York, Random House.

Congressional Oversight Panel, June Oversight Report, 2010, 'The AIG Rescue, Its Impact on Markets, and the Government's Exit Strategy', 10 June.

Conrad, J., 1902, *Typhoon*, New York, Putnam.

Cookson, R., 2012, 'Here Be Dragons: Anthony Bolton', *Financial Times*, 12 May.

Crisafulli, P., 2011, *The House of Dimon: How J.P. Morgan's Jamie Dimon Rose to the Top of the Financial World*, Hoboken, NJ, John Wiley and Sons.

Dekker, S., 2012, *Just Culture*, Aldershot, Ashgate.

Dilnot, A., 2011, *The Commission on Funding of Care and Support*, July, http://webarchive.nationalarchives.gov.uk/20130221130239/http://dilnotcommission.dh.gov.uk/.

Dodd–Frank Wall Street Reform and Consumer Protection Act, Ch. 17, 12 U.S.C., § 1851.

Donne, J., 1987, *Devotions upon Emergent Occasions* (originally published 1624), ed. Raspa, A., New York, Oxford University Press.

Draghi, M., 2012, 'Speech by Mario Draghi President of the European Central Bank', remarks at Global Investment Conference, London, 26 July.

Duguid, A., 2014, *On the Brink: How a Crisis Transformed Lloyd's of London*, Basingstoke, Palgrave Macmillan.

Edwards, J.S.S., Kay, J.A., and Mayer, C.P., 1987, *The Economic Analysis of Accounting Profitability*, Oxford, Oxford University Press.

El Paso Corporation, Shareholder Litigation, 2012, Del. Ch 41 A.3d 432.

Epstein, G.A. (ed.), 2005, *Financialisation and the World Economy*, Cheltenham, Edward Elgar, 2005.

Farrell, M., 2014, 'J.P. Morgan Adds $2.6 Billion to Its $25 Billion Plus Tally of Recent Settlements', *The Wall Street Journal MoneyBeat*, 7 January.

Ferguson, C. (prod. and dir.), and Marrs, A. (prod.), 2010, *Inside Job*, United States, Sony Pictures Classics.

Final Report: Oral and Written Evidence, 2011, HC 680 2011–12, Ev 62, 23 November. House of Commons Treasury Committee, Independent Commission on Banking.

Financial Times, 2009, 'Government's Response Like That of a Rowdy Drinker in a Bar Brawl', 5 July.

Fitzgerald, F.S., 1925, *The Great Gatsby*, New York, Charles Scribner's Sons.

Flyvberg, B., 2003, *Megaprojects and Risk*, Cambridge, Cambridge University Press.

Fox, J., 2009, *The Myth of the Rational Market*, New York, Harper Business.

Francis, J., 1850, 'Chronicles and Characters of the Stock Exchange', *The Church of England Quarterly Review*, 27 (6), pp. 128–55.

Friedman, M., and Friedman, R.D., 1980, *Free to Choose*, San Diego, CA, Harcourt.

Galbraith, J.K., 1954, *The Great Crash*, Boston, MA, Houghton Mifflin.

Galton, F., 1907, 'Vox Populi (The Wisdom of Crowds)', *Nature*, 1949 (75), pp. 450–51.

Geithner, T., 2006, 'Risk Management Challenges in the U.S. Financial System', remarks at the Global Association of Risk Professionals 7th Annual Risk Management Convention and Exhibition, New York City, 28 February.

Geithner, T., 2014, *Stress Test*, New York, Crown.

Gilbert, R.A., 1986, 'Requiem for Regulation Q: What It Did and Why It Passed Away', *Federal Reserve Bank of St. Louis Review*, February, 68 (2), pp. 22–37.

Goff, S., and Parker, G., 2011, 'Diamond Says Time for Remorse Is Over', *Financial Times*, 11 January.

Goldman Sachs Code of Business Conduct and Ethics, 2014. Last accessed: 31 July 2014, http://www.goldmansachs.com/investor-relations/corporate-governance/corporate-governance-documents/revise-code-of-conduct.pdf.

Goodman, A., 2013, 'Top 40 Buffett-isms: Inspiration to Become a Better Investor', *Forbes*, 25 September.

Greenspan, A., 1999, 'Financial Derivatives', speech to the Futures Industry Association, Boca Raton, FL, 19 March.

Greenspan, A., 2008, Statement to the House, Committee on Oversight and Government Reform, Hearing, 23 October (Serial 110-209).

Guerrera, F., 2009, 'Welch Condemns Share Price Focus', *Financial Times*, 12 March.

Hair, P.E.H., 1971, 'Deaths from Violence in Britain: A Tentative Survey', *Population Studies*, 25 (1), pp. 5–24.

Haldane, A.G., 2010, 'The $100 Billion Question', remarks at the Institute of Regulation and Risk, Hong Kong, 30 March.

Haldane, A.G., 2010, 'Patience and Finance', Oxford China Business Forum,

Beijing, 2 September.
Haldane, A., Brennan, S., and Madouras, V., 2010, 'What is the Contribution of the Financial Sector?', in *The Future of Finance*, ed. Turner, A., et al., London, London School of Economics.
Harris, R., 2012, *The Fear Index*, London, Arrow Books.
Hayek, F.A., 1944, *The Road to Serfdom*, London, Routledge & Kegan Paul.
Henderson, P.D., 1977, 'Two British Errors: Their Probable Size and Some Possible Lessons', *Oxford Economic Papers*, 29 (2), July, pp. 159–205.
Herndon, T., Ash, M., and Pollin, R., 2013, 'Does High Public Debt Consistently Stifle Economic Growth? A Critique of Reinhart and Rogoff', University of Amherst, Political Economic Research Institute Working Paper 322.
Hoshi, T., 2001, 'What Happened to Japanese Banks?' *Monetary and Economic Studies*, 19 (1), February.
House of Commons Treasury Committee, 2011, The Future of Cheques, 24 August, HC 1147, pp. 2010–12.
House of Commons Treasury Committee, 2012, *Fixing LIBOR: Some Preliminary Findings*, Vol. 2: *Oral and Written Evidence*, 4 July, HC 481-II 2012–13, Ev 10.
Institute for Fiscal Studies, 2011, 'Why Did Britain's Households Get Richer?', London.
International Labour Organization, 2012, 'Employee Distribution by Economic Activity and Occupation', Geneva.
International Monetary Fund, 2014, Global Financial Stability Report, https://www.imf.org/external/pubs/ft/gfsr/2014/02/pdf/text.pdf.
Isaacson, W., 2013, *Steve Jobs: The Exclusive Biography*, New York, Little Brown.
Janeway, W.H., 2012, *Doing Capitalism in the Innovation Economy*, Cambridge, Cambridge University Press.
Jensen, M.C., and Meckling, W.H., 1976, 'Theory of the Firm: Governance, Residual Claims and Organizational Forms', *Journal of Financial Economics (JFE)*, 3 (4).
Johnson, S., and Kwak, J., 2010, *13 Bankers: The Wall Street Takeover and the Next Financial Meltdown*, New York, Random House.
Josephson, M., 1934, *The Robber Barons: The Great American Capitalists, 1861–1901*, New York, Harcourt, Brace & Co.
Kahneman, D., 2002, 'Mapping Bounded Rationality: A Perspective on

Intuitive Judgment and Choice', Nobel Lecture, Stockholm, Sweden, 8 December.

Kahneman, D., 2011, *Thinking Fast and Slow*, New York, Farrar, Straus and Giroux.

Kamstra, M.J., and Shiller, R.J., 2010, 'Trills Instead of T-Bills: It's Time to Replace Part of Government Debt with Shares in GDP', *The Economists' Voice*, 7 (3), September.

Kay, J., 2003, *The Truth about Markets*, London, Allen Lane.

Kay, J., 2009, *The Long and the Short of It: A Guide to Finance and Investment for Normally Intelligent People Who Aren't in the Industry*, London, The Erasmus Press.

Kay, J., 2010, *Obliquity*, London, Profile Books.

Kay, J., 2012, 'The Kay Review of UK Equity Markets and Long-Term Decision Making', Final Report, https://www.gov.uk/government/uploads/system/uploads/attachment_data/file/253454/bis-12-917-kay-review-of-equity-markets-final-report.pdf.

Kay, J.A., and King, M.A., 1979, 5th edn 1992, *The British Tax System*, Oxford, Clarendon Press.

Keeler, M.R., 2006, *Nothing to Hide*, Lincoln, NE, iUniverse, Inc.

Keynes, J.M., 1936, *The General Theory of Employment, Interest and Money*, London, Macmillan.

Kindleberger, C.P., 1978, *Manias, Panics, and Crashes: A History of Financial Crises*, London, Macmillan.

King, A., and Crewe, I., 2013, *The Blunders of Our Governments*, London, Oneworld.

Kohn, D.L., 2005, 'Commentary: Has Financial Development Made the World Riskier?', *Proceedings*, Federal Reserve Bank of Kansas City, August, pp. 371–9.

Kotlikoff, L.J., 1992, *Generational Accounting: Knowing Who Pays, and When, for What We Spend*, New York, Free Press.

Kynaston, D., 2011, *City of London: The History: 1815–2000*, London, Chatto and Windus.

Lack, S., 2012, *The Hedge Fund Mirage: The Illusion of Big Money and Why It's Too Good to Be True*, Hoboken, NJ, Wiley.

Langley, M., 2003, *Tearing Down the Walls*, New York, Simon & Schuster.

Lenzner, R., 2009, '"Bid 'Em Up Bruce": A Winner, Hands Down', *Forbes*, 14 October.

Levine, R., 2005, 'Finance and Growth: Theory and Evidence', in *Handbook of Economic Growth*, ed. Aghion, P., and Durlauf, S.N., Amsterdam, Elsevier, pp. 865–934.

Lewis, M.M., 1989, *Liar's Poker: Two Cities, True Greed*, London, Hodder and Stoughton.

Lewis, M.M., 2004, *Moneyball: The Art of Winning an Unfair Game*, New York and London, W.W. Norton.

Lewis, M.M., 2010, *The Big Short: Inside the Doomsday Machine*, London, Allen Lane.

Lewis, M.M., 2011, *Boomerang: The Meltdown Tour*, London, Allen Lane.

Liikanen, E. (chair), 2012, *Report of the European Commission's High-Level Expert Group on Bank Structural Reform*, EU Commission, October.

Litan, R.E., 1988, 'The Future of Banking: Are "Narrow" Banks the Answer?', *Proceedings*, Federal Reserve Bank of Chicago, pp. 639–45.

Loewenstein, G., 1987, 'Anticipation and the Value of Delayed Consumption', *Economic Journal*, 97 (387), September.

Lucas Jr, R.E., 2003, 'Macroeconomic Priorities', *The American Economic Review*, 93 (1), March, pp. 1–14.

Macmillan, H., 1957, 'Leader's Speech', remarks at Conservative Party rally, Bedford, 20 July.

Malkiel, B.G., 2012, *A Random Walk down Wall Street*, 10th edn, New York and London, W.W. Norton.

Manne, H.G., 1965, 'Mergers and the Market for Corporate Control', *The Journal of Political Economy*, 73 (2), April, pp. 110–20.

Markopolos, H., 2010, *No One Would Listen: A True Financial Thriller*, Hoboken, NJ, Wiley.

Martin, F., 2013, *Money: The Unauthorised Biography*, London, Bodley Head.

McArdle, M., 2009, 'Why Goldman Always Wins', *The Atlantic*, 1 October.

McCardie, J., 1917, Armstrong v. Jackson, 2KB 822.

McCullough, D., 1992, *Truman*, New York, Simon & Schuster.

McLean, B., and Elkind, P., 2003, *The Smartest Guys in the Room: The Amazing Rise and Scandalous Fall of Enron*, New York, Penguin.

Meeker, M., 1995, *The Internet Report*, New York, Morgan Stanley.

Megginson, W.L., and Netter, J.M., 2001, 'From State to Market: A Survey of Empirical Studies on Privatization', *Journal of Economic Literature*, 39 (2), June, pp. 321–89.

Mian, A., and Sufi, A., 2014, *House of Debt: How They (and You) Caused the Great Recession, and How We Can Prevent It from Happening Again*, Chicago and London, The University of Chicago Press.

Miles, D.K., Yang, J., and Marcheggiano, G., 2013, 'Optimal Bank Capital', *The Economic Journal*, 123 (567), pp. 1–37.

Mirrlees, J.A., et al., 2011, *Tax by Design*, Oxford, Oxford University Press.

Modigliani, F., and Miller, M.H., 1958, 'The Cost of Capital, Corporation Finance and the Theory of Investment', *The American Economic Review*, 48 (3), June, pp. 261–97.

Morgenson, G., and Rosner, J., 2011, *Reckless Endangerment*, New York, Times Books, Henry Holt & Co.

Munger, C.T., 2000, 'Talk of Charles T. Munger to Breakfast Meeting of the Philanthropy Round Table', remarks at Philanthropy Round Table, Pasadena, CA, 10 November.

Murphy, A.E., 1978, 'Money in an Economy without Banks: The Case of Ireland', *The Manchester School*, 46 (1), March, pp. 41–50.

Murray, A., 2009, 'Paul Volcker: Think More Boldly', *The Wall Street Journal*, 14 December.

Nakamoto, M., and Wighton, D., 2007, 'Citigroup Chief Stays Bullish on Buy-Outs', *Financial Times*, 9 July.

Neal, L., 1990, *The Rise of Financial Capitalism: International Capital Markets in the Age of Reason*, New York, Cambridge University Press.

OECD, 2011, Life Expectancy and Healthy Life Expectancy at Age 65, http://www.oecd-ilibrary.org/.

ONS, 2013, Business Register and Employment Survey, http://www.ons.gov.uk/ons/rel/bus-register/business-register-employment-survey/2013-provisional/index.html.

Parliamentary Commission on Banking Standards, 2013, *Changing Banking for Good*, First Report of Session 2013–14, 12 June.

Partnoy, F., 2009, *FIASCO: Blood In the Water on Wall Street*, London, Profile Books.

Partnoy, F., 2009, *The Match King*, London, Profile Books.

Pecora, F., 1939, *Wall Street under Oath: The Story of Our Modern Money-Changers*, New York, Simon and Schuster.

Perrow, C.B., 1984, *Normal Accidents: Living with High-Risk Technologies*, New York, Basic Books.

Philippon, T., and Reshef, A., 2012, 'Wages and Human Capital in the US Financial Industry, 1909–2006', *Quarterly Journal of Economics*, 127 (4): 1551–1609.

Philips, C.B., Kinniry Jr, F.M., Schlanger, T., and Hirt, J.M., 2014, 'The Case for Index-Fund Investing', Vanguard Research, April, https://advisors.vanguard.com/VGApp/iip/site/advisor/researchcommentary/article/IWE_InvComCase4Index.

Piketty, T., 2014, *Capital in the Twenty-First Century*, Cambridge, MA, The Belknap Press of Harvard University Press.

Porter, G.E., and Trifts, J.W., 2014, 'The Career Paths of Mutual Fund Managers: The Role of Merit', *Financial Analysts Journal*, 70 (4), July/August, pp. 55-71.

Potts QC, R., Erskine Chambers, 24 June 1997, para. 5, citing Wilson *v.* Jones (1867) 2 Exch. Div. 150; cited in Kimball-Stanley, A., 2008, 'Insurance and Credit Default Swaps: Should Like Things Be Treated Alike?', *Connecticut Insurance Law Journal*, 15 (1), p. 247.

ProPublica, 2013. 10 October, http://www.propublica.org/article/ny-fed-fired-examiner-who-took-on-goldman.

Putnam, R.D, 2000, *Bowling Alone*, New York, Simon and Schuster.

Rajan, R.G., 2005, 'Has Financial Development Made the World Riskier?', *Proceedings*, Federal Reserve Bank of Kansas City, August, pp. 313-69.

Rakoff, J.S., 2014, 'The Financial Crisis: Why Have No High-Level Executives Been Prosecuted?', *The New York Review of Books*, 9 January.

Ramsey, F.P., 1926, 'Truth and Probability', in Ramsey, F.P., 1931, *The Foundations of Mathematics and Other Logical Essays*, ed. Braithwaite, R.B., London, Kegan, Paul, Trench, Trubner & Co.

Rappaport, A., 1986, *Creating Shareholder Value: The New Standard for Business Performance*, New York, Free Press.

Rawnsley, J.H., 1995, *Going for Broke: Nick Leeson and the Collapse of Barings Bank*, London, HarperCollins.

Reader, W.J., 1970-75, *Imperial Chemical Industries: A History*, London, Oxford University Press.

Reich, R.B., 1990, 'Who Is Us?', *Harvard Business Review*, January.

Reinhart, C.M., and Rogoff, K.S., 2010, 'Growth in a Time of Debt', *American Economic Review: Papers & Proceedings*, 100 (2), May, pp. 573-8.

Rieffel, A., 2003, *Restructuring Sovereign Debt: The Case for Ad Hoc Machinery*, Washington, DC, Brookings Institution Press, pp. 289-94.

Roosevelt, T., 1975, *The Autobiography, Condensed from the Original Edition, Supplemented by Letters, Speeches, and Other Writings*, ed. Andrews, W., New York, Charles Scribner's Sons.

Rubin, R., 2004, *In an Uncertain World*, New York, Random House.
Salmon, F., 2009, 'Recipe for Disaster', *Wired*, 22 March.
Salz, A., 2013, *Salz Review: An Independent Review of Barclays' Business Practices*, London, April.
Sedgwick, R., 1970, *The House of Commons 1715–1754*, New York, Oxford University Press.
Senor, D., and Singer, S., 2009, *Start-Up Nation: The Story of Israel's Economic Miracle*, London, Little, Brown.
Shaxson, N., 2011, *Treasure Islands*, New York, St Martin's Press.
Shiller, R.J., 1981, 'Do Stock Prices Move Too Much to Be Justified by Subsequent Changes in Dividends?', *The American Economic Review*, 71 (3), June, pp. 421–36.
Simon, H., 1996, *Hidden Champions*, Boston, MA, HBS Press.
Simon, H., 2009, *Hidden Champions of the 21st Century*, London and New York, Springer Verlag.
Sinclair, U., 1906, *The Jungle*, London, Werner Laurie.
Sinclair, U., 1994, *I, Candidate for Governor: And How I Got Licked*, orig. pub. 1935, London, University of California Press.
Smith, A., 1776, *An Inquiry into the Nature and Causes of the Wealth of Nations*, 5th edn, 1904, ed. Edwin Cannan, London, Methuen.
Smith, G., 2012, 'Why I Am Leaving Goldman Sachs', *The New York Times*, 14 March.
Soble, R.L., and Dallos, R.E., 1975, *The Impossible Dream: The Equity Funding Story, the Fraud of the Century*, New York, G.P. Putnam's Sons.
Sorkin, A.R., 2009, *Too Big to Fail: Inside the Battle to Save Wall Street*, London, Allen Lane.
Stafford, P., 2010, 'Spread Networks Unveils Managed Services', *Financial Times*, 22 November.
Stephens, P., 1996, *Politics and the Pound: The Conservatives' Struggle with Sterling*, London, Macmillan.
Stigler, G.J., 1971, 'The Theory of Economic Regulation', *The Bell Journal of Economics and Management Science*, 2 (1), Spring, pp. 3–21.
Storrs, F., 2006, 'The 50 Wealthiest Bostonians', *Boston Magazine*, March.
Summers, L.H., 1985, 'On Economics and Finance', *Journal of Finance*, 40 (3), July, pp. 633–5.
Summers, L.H., 2000, Remarks of Treasury Secretary Lawrence H. Summers to the Securities Industry Association, Office of Public Affairs, 9 November.

Summers, L.H., 2004, 'Fourth Annual Marshall J. Seidman Lecture on Health Policy', remarks at Harvard University, Boston, MA, 27 April.

Summers, L.H., 2005, 'General Discussion: Has Financial Development Made the World Riskier?', *Proceedings*, Federal Reserve Bank of Kansas City, August, pp. 387–97.

Sunlight Foundation, 1 December 2009, 25 March 2013, http://sunlightfoundation.com.

Surowiecki, J.M., 2005, *The Wisdom of Crowds: Why the Many Are Smarter Than the Few*, London, Abacus.

Taibbi, M., 2009, 'The Great American Bubble Machine', *Rolling Stone*, 9 July.

Tainter, J., 1988, *The Collapse of Complex Societies*, Cambridge, Cambridge University Press.

Taleb, N.N., 2001, *Fooled by Randomness: The Hidden Role of Chance in the Markets and in Life*, London and New York, Texere.

Taleb, N.N., 2007, *The Black Swan: The Impact of the Highly Improbable*, London, Penguin.

Taleb, N.N., 2012, *Antifragile: Things That Gain from Disorder*, New York, Random House.

Tarbell, I.M., 1904, *The History of the Standard Oil Company*, New York, McClure, Phillips & Co.

Taylor, M., 2014, 'Banks Have Failed to Exorcise Their Technical Gremlins', *Financial Times*, 30 January.

Tett, G., 2010. *Fool's Gold*, New York, Free Press.

Tett, G., 2013, 'An Interview with Alan Greenspan', *FT Magazine*, 25 October.

Tobin, J., 1978, 'A Proposal for International Monetary Reform', *Eastern Economic Journal*, 4 (3–4), pp. 153–9.

Tolstoy, L.N., 1886, *Anna Karenina*, trans. N. Haskell Dole, New York, Thomas Y. Crowell & Co.

Tonnies, F., 1887, *Gemeinschaft und Gesellschaft*, Leipzig, Fues; trans. M. Weber, 1978, as *Economy and Society*, Oakland, CA, University of California Press.

Tor, M., and Sarfraz, S., 2013, 'Largest 100 Banks in the World', *SNL Financial LC*, 23 December.

Tuckett, D., 2011, *Minding the Markets*, London, Palgrave Macmillan.

Turner, A., 2009, 'How to Tame Global Finance', *Prospect*, 27 August.

US Bureau of the Census, 2013, 'Income, Poverty and Health Insurance Coverage in the US', http://www.census.gov/prod/2013pubs/p60-245.pdf.

Van Agtmael, A., 2007, *The Emerging Markets Century: How a New Breed of World-Class Companies Is Overtaking the World*, London, Simon and Schuster.

Vickers, J.S., 2011, *Independent Commission on Banking Final Report: Recommendations*, London, HMSO.

Voigtländer, M., 2009, 'Why Is the German Homeownership Rate So Low?', *Housing Studies*, 24 (3), pp. 355–72.

Von Mises, L., 1927, *Liberalismus*, Jena, Gustav Fischer.

Wallison, P.J., 2011, Dissenting Statement, Financial Crisis Inquiry Commission, January.

Wasserstein, B., 1998, *Big Deal*, New York, Warner.

Whittard, D., 2012, 'The UK's External Balance Sheet: The International Investment Position (IIP)', Office for National Statistics, March, http://www.ons.gov.uk/ons/rel/bop/the-international-investment-position/2010/art-uk-s-iip.html.

Wolf, M., 2008, *Fixing Global Finance*, Baltimore, MD, The Johns Hopkins University Press.

Wolfe, H., 1930, *The Uncelestial City*, London, Gollancz.

Wolfe, T., 1987, *The Bonfire of the Vanities*, New York, Farrar, Straus and Giroux.

Woodward, R.U., 2001, *Maestro: Greenspan's Fed and the American Boom*, New York and London, Simon and Schuster.

Zeleny, J., 2008, 'Obama Weighs Quick Undoing of Bush Policy', *The New York Times*, 9 November.

Ziegler, P.S., 1988, *The Sixth Great Power: Barings, 1765–1929*, London, Collins, 1988.

Zuckerman, G., 2010, *The Greatest Trade Ever: How John Paulson Bet against the Markets and Made $20 Billion*, London, Viking.

Zweig, J., 2011, 'Keynes: He Didn't Say Half of What He Said. Or Did He?', *The Wall Street Journal MarketBeat*, 11 February.